Das zivilprozessuale Rev
Spannungsverhältnis zw
maxime und Entscheidu

Europäische Hochschulschriften

European University Studies

Publications Universitaires Européennes

Reihe II	**Rechtswissenschaft**
Series II	Law
Série II	Droit

Band/Volume **5977**

Sanela Hodžić

Das zivilprozessuale Revisions- verfahren im Spannungsverhältnis zwischen Dispositionsmaxime und Entscheidungsinteresse

Eine Untersuchung unter besonderer Berücksichtigung von Verfahren aus dem Bereich des Versicherungswesens

PETER LANG

Bibliografische Information der Deutschen Nationalbibliothek

Die Deutsche Nationalbibliothek verzeichnet diese Publikation in der Deutschen Nationalbibliografie; detaillierte bibliografische Daten sind im Internet über http://dnb.d-nb.de abrufbar.

Zugl.: Berlin, Freie Univ., Diss., 2016

Gedruckt auf alterungsbeständigem, säurefreiem Papier.

D 188
ISSN 0531-7312
ISBN 978-3-631-73617-3 (Print)
E-ISBN 978-3-631-73675-3 (E-PDF)
E-ISBN 978-3-631-73676-0 (EPUB)
E-ISBN 978-3-631-73677-7 (MOBI)
DOI 10.3726/b12098

© Peter Lang GmbH
Internationaler Verlag der Wissenschaften
Berlin 2018
Alle Rechte vorbehalten.
Peter Lang – Berlin · Bern · Bruxelles · New York · Oxford · Warszawa · Wien

Diese Publikation wurde begutachtet.

www.peterlang.com

Für meine Eltern Ramo und Najfa Hodžić

Mojim roditeljima Ramo i Najfa Hodžić

Vorwort

Die vorliegende Arbeit wurde im Wintersemester 2016/2017 vom Fachbereich Rechtswissenschaft der Freien Universität Berlin als Dissertation angenommen.

Meinem verehrten Doktorvater, Herrn Univ.-Prof. a. D. Dr. Horst Baumann, danke ich herzlich für die aufschlussreiche Betreuung des Promotionsverfahrens, die nicht besser hätte sein können. Die vielen Gespräche mit ihm, die auch über das Thema meiner Dissertation hinausgingen, haben mich gestärkt und stets motiviert.

Mein Dank gilt auch Herrn Univ.-Prof. Dr. Christian Armbrüster für die zügige Erstellung des Zweitgutachtens.

Der Dr. Carl-Arthur Pastor–Stiftung sowie dem Deutschen Verein für Versicherungswissenschaft e.V. danke ich für die Gewährung des Stipendiums während meines Promotionsverfahrens. Mein Dank gilt dabei insbesondere auch Frau Dr. Andrea Uber vom Deutschen Verein für Versicherungswissenschaft e.V. und Ihrem Team für die schöne Zeit in der Bibliothek des Vereins.

Meinen Freunden danke ich für die wundervolle nimmermüde Unterstützung während des Promotionsverfahrens. Ganz besonders gilt dies für Frau RA'in Samira Fazlić, Sabina Čohodarević und Herrn RA Jan-Christoph Thode.

Mein grösster Dank gebührt Dr. Thomas Kühn, meinem „Fels in der Brandung", der wie niemand sonst an mich geglaubt hat und mich das jeden Tag des Promotionsverfahrens hat spüren lassen. Erst durch seine aufmunternde und tatkräftige Unterstützung konnte ich diese Arbeit mit Freude beenden. Ich danke Dir.

Nicht zuletzt danke ich meiner Familie für die materielle und emotionale Unterstützung, allen voran meinen Eltern.

Berlin, August 2017   Sanela Hodžić

Gliederung

§ 1 Einleitung und Darstellung der Problematik

Großunternehmen, Banken und vor allem Versicherer sind oft der Kritik ausgesetzt, durch prozesstaktisches Verhalten Grundsatzurteile der obersten Gerichte zu verhindern, weil sie während des Revisionsverfahrens den Klageanspruch anerkennen, die Revision zurücknehmen oder die Klageforderung erfüllen, nachdem sich abzeichnet, dass das oberste Gericht ihre Rechtsauffassung nicht teilt. So wird der Rechtsstreit beendet, ohne dass das oberste Gericht eine Entscheidung fällt und gegebenenfalls für Rechtssicherheit sorgt. Die Empörung über ein solches Vorgehen zeigt sich insbesondere, wenn weitere Verfahren in parallel gelagerten Konstellationen anhängig sind und eine Grundsatzentscheidung für Klarheit hätte sorgen können. Die öffentliche Wirkung derartiger Vorgehensweisen lies sich etwa der Zeitung „Die Zeit" entnehmen, die von der „Ohnmacht" der Richter berichtete, weil „Banken und Versicherungen Grundsatzurteile verhindern, die Anlegerrechte stärken würden"[1]. Hier hatte die Sparkasse Frankfurt ihre Revision zurückgenommen. Das Verfahren betraf Schadensersatzforderungen gegen die Bank, weil von dieser empfohlene Lehman Brothers Zertifikate nach deren Insolvenz wertlos wurden. Schätzungsweise 50.000 Anleger hätten laut „Die Zeit" in Deutschland in die Lehman-Brothers Zertifikate investiert. Viele hatten die Hoffnung, der BGH würde eine Grundsatzentscheidung fällen – vergeblich, hatte die Bank doch die Revision zurückgenommen.[2]

Mit der nachstehenden Untersuchung soll geklärt werden, ob Empörung und Kritik über die genannte Handlungsweise gerechtfertigt sind, ob tatsächlich Handlungsbedarf besteht und welche Lösungen des Problems möglich sind.

Ausgangspunkt der Überlegungen muss zunächst aber sein, dass das Anerkennen des Klageanspruchs, die Zurücknahme eines Rechtsmittels, aber auch die Erfüllung der Forderung gesetzlich vorgesehene Rechte der Prozessparteien sind, die es erlauben, den Rechtsstreit beizulegen. Sie sind Ausfluss der Dispositionsmaxime. Danach bestimmen im Zivilprozess die Parteien den Streitgegenstand und den Verlauf des Verfahrens. Diese Verfügungsfreiheit ist der Ausfluss der grundrechtlich geschützten Selbstbestimmungsfreiheit des Einzelnen, in

---

1 http://www.zeit.de/2012/14/F-Grundsatzurteile-Anlegerrechte.
2 http://www.zeit.de/2012/14/F-Grundsatzurteile-Anlegerrechte; siehe Beispiele aus dem Versicherungswesen in § 5. II., S. 51 ff.

der zugleich das prozessuale Substrat der zivilrechtlichen Privatautonomie zum Ausdruck kommt.[3]

Die Verfügungsfreiheit der Parteien kann andererseits nicht grenzenlos gewährleistet sein und wird kraft gesetzlicher Anordnung etwa dort eingeschränkt, wo ein besonderes öffentliches Interesse dem Recht des Einzelnen vorgehen muss. So ist beispielsweise in Ehesachen nach dem Familienverfahrensgesetz weder ein Anerkenntnis noch ein Vergleich zulässig. Eine ähnliche Konstellation ergibt sich auch bei § 308a ZPO, wo das Gericht in einer Streitigkeit zwischen Vermieter und Mieter oder Untermieter auch ohne Antrag aussprechen kann, für welche Dauer und unter welchen Änderungen das Mietverhältnis fortgesetzt wird, wenn der Räumungsanspruch unbegründet ist, weil der Mieter nach §§ 574 bis 574b BGB eine Fortsetzung des Mietverhältnisses verlangen kann.

Wenn aber das besondere öffentliche Interesse der Verfügungsfreiheit der Prozessparteien bereits jetzt in Einzelfällen vorgehen kann, liegt die Frage nahe, ob solche Einzelfälle nicht auch dann gegeben sein können, wenn – wie dargestellt – Großunternehmen, Banken und Versicherer Grundsatzurteile der obersten Gerichte mit Auswirkungen auf parallel gelagerte Verfahren durch ihr taktisches Prozessverhalten – Anerkenntnis, Zurücknahme, Erfüllung – verhindern.

Diese Überlegungen sind Anknüpfungspunkt der folgenden Arbeit. Sie hat folgenden Aufbau: Im ersten Untersuchungsverlauf sind zunächst die historischen Grundlagen (§ 2), der grundsätzliche Zweck des Revisionsverfahrens (§ 3) und die allgemeinen Grundsätze des Zivilprozesses (§ 4) darzustellen. An deren Ende gilt es, im Einzelnen nachzuweisen und darzustellen, wie prozesstaktisches Verhalten grundlegende Gerichtsentscheidungen verhindern kann (§ 5). Im anschließenden weiteren Untersuchungsverlauf sind dann die maßgeblichen gegenläufigen Rechtspositionen – Dispositionsfreiheit (§ 6) und besonderes Entscheidungsinteresse (§ 7) – darzustellen und zu gewichten. Im Anschluss daran ist eine Konkordanz zwischen diesen Rechtspositionen herzustellen, wobei beiden grundsätzlich ein möglichst breiter Anwendungsspielraum erhalten bleiben soll. Im Ergebnis wird zu erarbeiten sein, dass die Dispositionsmaxime während des Revisionsverfahrens jedenfalls bei Vorliegen eines besonderen Entscheidungsinteresses eingeschränkt werden kann (§ 9).

Einen wesentlichen Teil der Bearbeitung wird dabei die Frage einnehmen, wann ein besonderes Entscheidungsinteresse überhaupt angenommen werden

---

3   *Jauernig/Hess* § 24 Rn. 2.

kann (§ 7). Hebt man die grundsätzliche Bedeutung von Revisionsentscheidungen und die Gedanken von Rechtseinheit und -fortbildung hier besonders hervor, müsste man bei sämtlichen Revisionsverfahren (die ja nur in diesen Fällen zugelassen werden) ein besonderes Entscheidungsinteresse annehmen. Dies würde die Dispositionsfreiheit der Parteien unverhältnismäßig verkürzen. Es wird daher zu prüfen und nachzuweisen sein, ob jedenfalls in Teilbereichen des Zivilrechts ein deutlich überwiegendes Bedürfnis an grundlegenden Entscheidungen besteht (§ 7 II.). Dort ist dann eine ausreichende Zahl sichtbarer Entscheidungen sicherzustellen. Dazu bietet sich aus Gründen der Verhältnismäßigkeit nicht der vollständige Ausschluss der Dispositionsfreiheit an. Vielmehr ist eine weniger intensive aber gleichwohl effektive Korrektur durch die Beteiligung eines Dritten am Rechtsstreit möglich (§ 10). Es wird sich zeigen, dass durch dessen Beteiligung eine vorzeitige, prozesstaktische Beendigung von Revisionsverfahren zur Verhinderung grundlegender Revisionsentscheidungen ausgeschlossen werden kann. Auf dieser Grundlage sind schließlich die notwendigen Vorschläge zur Anpassung der zivilprozessualen Vorschriften darzustellen (§ 10 II.).

§ 2 Rechtshistorische Entwicklung des zivilprozessualen Revisionsverfahrens seit der CPO 1877

Ausgangspunkt der Überlegungen zur Ausgestaltung des Revisionsverfahrens ist die Entstehungsgeschichte des zivilprozessualen Revisionsverfahrens seit der CPO 1877.[4]

I. Die CPO 1877

Die Gründung des Deutschen Reiches 1871 ermöglichte erst die Schaffung einer einheitlichen Zivilprozessordnung.[5] Ein einheitliches Rechtssystem existierte vorher weder in prozessualer noch materieller Hinsicht, weil die territoriale Zersplitterung auch die Zersplitterung des Rechtssystems bedeutete.[6] Die Geschichte der heutigen Revision[7] beginnt also mit der CPO vom 30.01.1877. Ob die Revision ihren Ursprung in der Nichtigkeitsbeschwerde hat oder nicht, kann hier dahinstehen.[8] Die Begründung des Entwurfs der CPO von 1877 weist darauf hin, dass der Vergleich mit anderen Rechtsmitteln, insbesondere zu der früheren Nichtigkeitsbeschwerde, zu unerwünschten Missverständnissen führen könne.[9] Die Bezeichnung des Rechtsmittels als Revision wurde aber wohl lediglich gewählt, „weil man einen besseren Ausdruck nicht zu finden vermochte."[10]

Ob es erforderlich war, das Revisionsgericht vor einer Überlastung mit Geschäften zu bewahren, wurde bei den Beratungen zur CPO von 1877 kontrovers diskutiert. Die Kontroverse drehte sich insbesondere um die Ausgestaltung des

---

4   Zur Revision nach der Reichshofratsordnung von 1654 siehe *Sellert*, S. 373 ff. Ausführliche Darstellungen über die historische Entwicklung der Revision finden sich insbesondere bei *Schwinge*, S. 7ff, *Prütting*, Zulassung, S. 22ff. sowie *Gottwald*, Revisionsinstanz, S. 58 ff.

5   *May*, S. 5, Rn. 4; *Kraemer*, ZZP 64, 131.

6   *Traut*, S. 15.

7   Das Rechtsmittel, in dem heute verstandenen Sinne, kannte der klassische römische Zivilprozess nicht, vielmehr war der iudex, der den Streit zu entscheiden hatte, von den Parteien vereinbart, siehe *Blomeyer*, § 95 II.

8   Die Bejahung dieser Fragestellung mit sehr guter und ausführlicher Begründung findet sich bei *Schwinge*, S. 11 ff.

9   *Hahn/Stegemann*, II /1, S. 363.

10   *Hahn/ Stegemann* II/1, S. 142.

Zugangs zum Revisionsgericht und die damit zusammenhängenden Beschränkungen.[11] Der erste Entwurf der CPO 1877 stützte sich in § 485 Abs. 1 noch auf das so genannte Difformitätsprinzip. Demnach sollte eine Revision nur dann zulässig sein, wenn der Urteilstenor der Berufungsentscheidung von dem Urteilstenor der erstinstanzlichen Entscheidung abwich.[12] Ein solches Zugangserfordernis wurde jedoch zugunsten eines Modells fallen gelassen, nach dem die Zulässigkeit der Revision vom Erreichen einer Revisionssumme in Höhe von RM 1.500 abhängig war.[13] Diese Änderung begründeten die Mehrheit der Ausschussmitglieder damit, dass das Streitwertmodell sowohl dem Interesse der Parteien an einer ordnungsgemäßen Entscheidung ihres Rechtsstreites als auch der Erhaltung der Rechtseinheit besser entspreche als das Difformitätsmodell.[14] Die bloße Übereinstimmung des Urteilstenors der beiden unterinstanzlichen Urteile, die keineswegs zugleich auch eine einheitliche Urteilsbegründung, geschweige denn eine inhaltliche Korrektheit impliziere, bilde keinen sachlichen Grund dafür, die Überprüfungsbefugnis des höchsten Gerichts auszuschließen.[15] Zwar wurde gegen die Streitwertrevision der Vorwurf erhoben „…ein Reichsgericht nur für die Reichen zu schaffen".[16] Diesem Einwand widersprach die Mehrheit der Mitglieder der Ausschusssitzung aber mit der Erwägung, es sei ein vollberechtigter Gedanke, dass der Einzelne für die Entscheidung seiner Streitsache nur ein gewisses Maß von Geld- und Menschenkraft seitens des Staats in Anspruch nehmen könne, welches mit dem Wert des Prozessgegenstandes nicht außer Verhältnis stehen dürfe.[17]

Ohne Rücksicht auf den Wert sah § 509 CPO die Revision auch in vermögensrechtlichen Streitigkeiten vor, wenn es sich um die Unzuständigkeit des Gerichtes, die Unzulässigkeit des Rechtsweges oder die Unzulässigkeit der Berufung handelt, sowie bei Ansprüchen, bei denen das Landgericht ohne Rücksicht auf den Streitgegenstand ausschließlich zuständig war. Die Revision war gegen Endurteile der Oberlandesgerichte statthaft und nur auf Prüfung der Rechtsfrage beschränkt. § 520 CPO ordnete hinsichtlich des weiteren Verfahrens die

---

11 *Hahn/Stegemann*, II/1, S. 727, 730.
12 *Hahn/Stegemann*, II/1, S. 142, siehe dazu auch *Maultzsch*, S. 60.
13 §§ 507, 508 CPO 1877, siehe *Hahn/Stegemann*, II/2, S. 1688.
14 Dazu die Ausführungen des Abgeordneten *Struckmann* in *Hahn/Stegemann* I/1, S. 722 ff.
15 *Maultzsch*, S. 60.
16 *Hahn/Stegemann* Band I/1, S. 721 ff., 729.
17 Abgeordneter *von Putkammer* in der Begründung des Entwurfs in *Hahn/Stegemann* I/1, S. 731.

Anwendung der in erster Instanz für das Verfahren vor den Landgerichten geltenden Vorschriften an. Hinsichtlich der Zurücknahme der Revision wurden die Vorschriften über das Berufungsverfahren für anwendbar erklärt. Die Zurücknahme der Revision setzte dabei nach Beginn der mündlichen Verhandlung die Einwilligung des Revisionsbeklagten gemäß §§ 529, 476 CPO voraus.

Die weitere Entwicklung der CPO war insbesondere von dem Bestreben gekennzeichnet, das Revisionsgericht zu entlasten. Dazu wurden die Wertgrenzen[18] und die Anzahl der Richter erhöht.[19] Im Jahr 1910 wurde die Wertgrenze für die Revisionszulassung durch Art. III Nr. 4 des Gesetzes betreffend die Zuständigkeit des Reichsgerichts[20] auf RM 4.000,00 erhöht.

Im Jahr 1924 fand erstmals die Revisionszulassung Eingang ins deutsche Zivilprozessrecht. Gemäß Teil 1 Kapitel II Art. 1 Abs. 2 der VO zur Entlastung des Reichsgerichts vom 15.1.1924[21] war die Revision in Ehesachen nur noch zulässig, wenn das Berufungsgericht die Revision zur Klärung einer Rechtsfrage von „grundsätzlicher Bedeutung" zugelassen hatte. Der Gesetzgeber dehnte das Zulassungsprinzip auf weitere Verfahren aus, 1926 auf das arbeitsgerichtliche Verfahren[22] und danach auf die Finanzgerichtsbarkeit.[23]

II. Die Entwicklung nach dem zweiten Weltkrieg

Nach dem zweiten Weltkrieg wurde das Reichsgericht auf Befehl der amerikanischen Besatzungsmacht beseitigt.[24] Der zunächst noch funktionsfähige Alliierte Kontrollrat ordnete aufgrund der Proklamation Nr. 3 vom 20. Oktober 1945[25] durch das Gesetz Nr. 4 vom 30. Oktober 1945[26] alsbald die Wiederherstellung

---

18 So wurde 1898 eine Erhöhung der Revisionssumme auf 3.000 RM vorgeschlagen, fand jedoch keine Zustimmung im Reichstag, siehe dazu *Hahn/Mugdan*, VIII, S. 26 und S. 509.
19 Siehe dazu *Traut*, Fn. 57 und 58.
20 Art. III Nr. 4 des Gesetzes, betreffend die Zuständigkeit des Reichsgerichts vom 22.5.1910, RGBl S. 767.
21 RGBl I S. 29.
22 Arbeitsgerichtsgesetz vom 23.12.1926, RGBl. 1926 I S. 507. Damit wurde auf dem Gebiet des Arbeitsrechts eine eigene Gerichtsbarkeit mit der Revision zu dem beim RG errichteten Reichsarbeitsgericht eingeführt.
23 Verordnung des Reichspräsidenten zur Sicherung der Wirtschaft und Finanzen vom 1.12.1930, RGBl I S. 552.
24 *Kraemer*, ZZP 64, S. 131, 132, *Kern*, S. 284ff.
25 Amtsblatt des Kontrollrates, Nr. 1, S. 22.
26 Amtsblatt des Kontrollrates, Nr. 2, S. 26.

des deutschen Gerichtswesens an. Ebenso ordnete er an, dass sich der Neuaufbau in grundsätzlicher Übereinstimmung mit dem Gerichtsverfassungsgesetz in der vor dem Jahr 1933 geltenden Fassung vollziehen sollte, verzichtete dabei aber auf die Wiedereinsetzung eines deutschen Obergerichts.

In den einzelnen Besatzungszonen knüpfte man damit im Wesentlichen an die Rechtslage an, die vor der nationalsozialistischen Machtergreifung bestand.[27] In der amerikanischen Zone waren dann zunächst die Oberlandesgerichte die Revisionsinstanz. Aufgrund des Gesetzes vom 11.5.1948[28] erhielt in Bayern das Bayerische Oberste Landesgericht die Funktion des Revisionsgerichts.

In der britischen Zone wurde durch die Verordnung der Militärregierung Nr. 98[29] und der dazu ergangenen Durchführungs-Verordnung vom 17.11.1947[30] der oberste Gerichtshof errichtet, der die Aufgaben des weggefallenen Reichsgerichts als Revisionsinstanz übernahm. Die Revision fand nach § 29 Abs. 1 der Durchführungs-Verordnung bei Zulassung im Berufungsurteil oder in vermögensrechtlichen Streitigkeiten statt, in denen der Wert des Beschwerdegegenstandes über 6.000 RM lag. Weiterhin konnte die Revision nach § 29 Abs. 2 der Durchführungs-Verordnung bei grundsätzlicher Bedeutung der Rechtssache zugelassen werden. Die Revision war auch stets statthaft, sobald die Unzulässigkeit der Berufung oder des Rechtsweges geltend gemacht wurde. § 29 der Durchführungs-Verordnung hatte die Förderung und Erhaltung der Rechtseinheit zum Ziel.[31]

Mit dem Rechtvereinheitlichungsgesetz[32] wurde der BGH als einheitliches zivilrechtliches Revisionsgericht errichtet. Der Revisionszugang war begrenzt durch eine Kombination von Zulassungs- und Streitwertrevision, und hatte, ebenso wie § 29 Durchführungs-Verordnung, die Erhaltung und Förderung der Rechtseinheit zum Ziel.

---

27 *May*, S. 6, Rn. 9.

28 Gesetz Nr. 124 über die Wiedererrichtung des Bayerischen Obersten Landesgerichts, Bayer. GVBl S. 83.

29 Verordnung zur Durchführung der Militärregierungsverordnung Nr. 98 über die Errichtung eines obersten Gerichtshofes für die britische Zone vom 17.11.1947, VOBl. BrZ 1947, S. 154.

30 VOBl. BrZ 1947, S. 149.

31 Vorspruch zur Verordnung Nr. 98 der Militärregierung, VOBl BrZ, S. 154; siehe auch *Traut*, S. 21.

32 Gesetz zur Wiederherstellung der Rechtseinheit auf dem Gebiet der Gerichtsverfassung, der bürgerlichen Rechtspflege, des Strafverfahrens und des Kostenrechts vom 1.9.1950, BGBl. I S. 455.

Zur Entlastung des BGH wurde der Revisionszugang durch das Änderungsgesetz 1975[33] neu ausgestaltet und die Revisionssumme auf 40.000 DM erhöht. Die gesetzliche Beschränkung des Zugangs zur Revisionsinstanz erfolgte durch eine Kombination von Zulassungs- und Streitwertrevision sowie Annahmerevision, die durch § 554 b Abs. 1 ZPO a.F. geregelt wurde. Demnach konnte das Revisionsgericht in Rechtsstreitigkeiten, über vermögensrechtliche Ansprüche, bei denen der Wert der Beschwer 40.000 DM überstieg, die Annahme der Revision ablehnen, wenn die Rechtssache keine grundsätzliche Bedeutung hatte.[34] Später kam es erneut zur Erhöhung der Revisionssumme auf DM 60.000,00[35], bevor sie als Zugangskriterium komplett abgeschafft wurde.

Mit der ZPO-Reform im Jahr 2001 wurde die ZPO grundlegend umstrukturiert. Bei der Revision wurde im Wesentlichen der Zugang neu geregelt.[36] Nach dem Kernstück des neuen Revisionsrechts[37], § 543 Abs. 2 ZPO, ist die Revision zuzulassen, wenn die Sache grundsätzliche Bedeutung hat oder die Fortbildung des Rechts oder die Sicherung einer einheitlichen Rechtsprechung eine Entscheidung des Revisionsrechts erfordert. Damit sind alle Zugangsbeschränkungen außer der Zulassung entfallen.[38] Allerdings ist die Nichtzulassungsbeschwerde nach § 544 ZPO weiterhin von einem Beschwerdewert abhängig.[39]

---

33 Gesetz zur Änderung des Rechts der Revision in Zivilsachen vom 8.7.1975, BGBl I S. 1863.

34 Laut BVerfG ist § 554 Abs. 1 ZPO a.F. nicht dahin auszulegen, dass die Annahme von Revisionen, die im Endergebnis Aussicht auf Erfolg besitzen, abgelehnt werden dürfte. Die Entscheidung begründete das BVerfG damit, dass die Vorschrift des § 554 b Abs. 1 ZPO a.F. dem Revisionsgericht ein Ablehnungsermessen einräume, die Ermessengründe für eine Nichtannahmeentscheidung seien in der Vorschrift selbst nicht näher bestimmt, BVerfG, 11.6.1980 – 1 PBvU 1/79 – BVerfGE 54, 277, 279. Durch diese Entscheidung wurde die Bedeutung der Annahmerevision verringert. Siehe dazu *Traut* S. 23 und 65ff.

35 Erhöhung der Revisionssumme durch Art. 1 Nr. 40 des Rechtspflege- Vereinfachungsgesetzes vom 17.12.1990, BGBl I S. 2847.

36 BT-Dr 14/ 7722, S. 103ff.

37 Wieczorek/Schütze/*Prütting* § 543 Rn. 2.

38 Die Revision gegen ein zweites Versäumnisurteil im technischen Sinn, § 345 ZPO, stellt die einzige Ausnahme vom Erfordernis der Zulassung dar, wenn das Versäumnisurteil in der Berufungsinstanz ergangen ist. Insoweit ist gemäß §§ 565, 514 Abs. 2 ZPO ein Rechtsmittel ohne Zulassung und ohne jede Rechtsmittelsumme gegeben, siehe Wieczorek/Schütze/*Prütting* § 543 Rn. 3; BGH, 3.3.2008 – II ZR 251/06 – NJW- RR 2008, 876.

39 Gemäß § 26 Nr. 8 EGZPO ist die Nichtzulassungsbeschwerde von einem Beschwerdewert in Höhe von 20.000 EUR abhängig. Die Regelung sollte zunächst für einen

Hinsichtlich des Verfahrens als Solches wurde auf die Vorschriften über die Berufung verwiesen. Dies führte dazu, dass nun auch die Revision – genauso wie die Berufung – gemäß §§ 565, 516 ZPO auch nach der mündlichen Verhandlung einseitig zurückgenommen werden konnte. Darüber hinaus wurde mit der Reform im Jahr 2001 das Antragserfordernis bei Abgabe des Anerkenntnisses abgeschafft. Das fehlende Antragserfordernis und die Möglichkeit der einseitigen Revisionsrücknahme haben immer mehr Parteien dazu genutzt, um unliebsame Entscheidungen des BGH kurz vor der Urteilsverkündung zu verhindern. Diese Rechtspraxis aber auch die Regelungen der ZPO erfuhren Kritik[40]. Die einseitige Rücknahme auch nach der mündlichen Verhandlung wurde als „Verschwendung von Ressourcen"[41] bezeichnet.

Die Kritik hat schließlich dazu geführt, dass der Gesetzgeber durch das Gesetz zur Förderung des elektronischen Rechtsverkehrs mit den Gerichten vom 13.6.2013[42] auch das Revisionsrecht änderte. Dem öffentlichen Interesse an der Entscheidung des Revisionsgerichts sollte nun besonders Rechnung getragen werden.[43] Gemäß § 565 Satz 2 ZPO kann die Revision daher nun ohne die Einwilligung des Beklagten nur bis zum Beginn der mündlichen Verhandlung zurückgenommen werden. Und nach § 555 Abs. 3 ZPO ergeht ein Anerkenntnisurteil nur noch auf besonderen Antrag des Klägers.

III. Zusammenfassung

Die rechtshistorische Entwicklung hat gezeigt, dass die Revision seit ihrer Entstehung 1877 einige Änderungen erfahren hat. Im Mittelpunkt fast jeder gesetzlichen Änderung stand der Zugang zum Revisionsgericht. Im Wesentlichen wurde dadurch versucht, das Reichgericht und später dann den BGH zu entlasten. Dies war erforderlich, weil sich schnell herausgestellt hatte, dass das oberste Gericht mit einer ständigen und zunehmenden Überlastung zu kämpfen hatte.[44] Während also der Zugang zum Revisionsgericht immer wieder umgestaltet und

---

Zeitraum von fünf Jahren gelten, die Frist wurde schon drei Mal verlängert, zuletzt bis zum 31.12.2016 durch das Gesetz zur Erleichterung der Umsetzung der Grundbuchamtsreform in Baden-Württemberg sowie zur Änderung des Gesetzes betreffend die Einführung der Zivilprozessordnung und des Wohnungseigentumsgesetzes vom 5.12.2014, BGBl I S. 1962.

40 *Rinkler* NJW 2002, 2449; *Hirsch*, VersR 2012, 929.

41 *Rinkler*, NJW 2002, 2449.

42 BT- Drs. 17/13948.

43 BT- Drs. 17/13948, S. 52 f.

44 Wieczorek/Schütze/*Prütting* § 542 Rn. 20.

die Zahl der Richter erhöht wurde, ist beachtlich, dass das Revisionsverfahren im Übrigen fast keine Veränderungen erfahren hat. Das Revisionsgericht wird auch dadurch belastet, dass die Parteien die Klärung einer Rechtssache zunächst anstreben, dann aber doch die Rechtsache und seine Klärung dem Gericht entziehen. Das Revisionsgericht wird so mit der gleichen Rechtsfrage jahrelang immer wieder beschäftigt. Da im Rahmen der Prozessgesetzgebung hinsichtlich des Zugangs zum Revisionsgericht auch gesellschaftliche Interessen Berücksichtigung finden, ist verwunderlich, dass die Verfügungsfreiheit erst mit der Änderung der §§ 516 und 555 ZPO[45] im Jahr 2013 Einschränkungen erfahren hat. Es wird noch gezeigt, dass der Gesetzgeber mit diesen Änderungen das Problem der Verhinderung von Grundsatzentscheidungen nicht gelöst hat.[46]

45 BT- Drs. 17/13948, S. 35 f.
46 Siehe dazu unten § 5 III. 3., S. 70 ff.

§ 3 Zweck des Revisionsverfahrens

Das zivilprozessuale Schrifttum beschäftigt sich seit Langem mit dem Zweck des Revisionsverfahrens.[47] Am Anfang jeder Abhandlung zu diesem Thema finden sich Auseinandersetzungen zum Zweck der Revision. Als Begründung wird angeführt, der Zweck sei als Maßstab für die Auslegung erforderlich.[48] Er sei der Schlüssel für alle dogmatischen Einzeluntersuchungen.[49]

Die Bestimmung des Zwecks der Revision bereitet indes Schwierigkeiten, weil die Revision eine Sonderstellung innerhalb der Rechtsmittel einnimmt. Sie ist – individualbezogen – ein echtes Rechtsmittel, das von den konkreten Parteien des Rechtsstreits eingelegt werden muss und darf. Auf der anderen Seite wird der Zugang zu den obersten Gerichten durch verobjektivierte Kriterien eingeschränkt. Die Revision muss durch das Berufungsgericht im Urteil oder durch das Revisionsgericht auf Beschwerde gegen die Nichtzulassung zugelassen werden. Zuzulassen sind aber nur Rechtssachen von grundsätzlicher Bedeutung. Diese Einschränkung zeigt, dass mit der Revision zugleich auch ein Allgemeininteresse an der Wahrung der Rechtseinheit verwirklicht werden soll.[50]

Für die vorliegende Arbeit, die sich mit dem Spannungsverhältnis zwischen der Dispositionsmaxime und dem Entscheidungsinteresse im Revisionsverfahren beschäftigt, ist die Auseinandersetzung mit dem Zweck der Revision grundlegend. Wenn der vorrangige Zweck der Revision im Interesse an Einzelfallgerechtigkeit läge, wäre die Gewichtung und Bedeutung der Dispositionsmaxime anders zu beurteilen, als wenn das Allgemeininteresse den Vorrang genösse. In dem Fall müsste man der Dispositionsbefugnis der Parteien weiteren Spielraum einräumen. Dann bedürften aber die jüngsten Änderungen der ZPO zu ihrer (verfassungsrechtlichen Legitimation) einer besonderen Rechtfertigung.

I. Theorien zum Revisionszweck

1. Gleichrangigkeit von Allgemein- und Parteiinteresse

Einige Autoren betonen die Doppelnatur der Revision als Rechtsmittel, das der Rechtseinheit und der gerechten Entscheidung des Einzelfalles diene. Aufgrund

---

47 Vgl. die Nachweise bei *Baur*, ZZP 71, Fn. 1; *Duske* S. 46ff.; *Schwinge*, S. 26ff.
48 *Prütting*, Zulassung, S. 85.
49 *Schwinge*, S. 5.
50 Wieczorek/Schütze/*Prütting* § 542 Rn. 11.

dieser Doppelnatur könne die Revision nicht nur dem Interesse der Parteien an der richtigen und gerechten Entscheidung ihrer Sache dienen. Die Revision sei vielmehr nur gegen solche Entscheidungen zulässig, die gleichzeitig das Interesse der Partei an einem gerechten Rechtsschutz im Einzelfall und das Interesse der Gesamtheit an einheitlicher Rechtsprechung der Gerichte betreffe.[51] Es verbiete sich, einen dieser Zwecke zu bevorzugen.[52]

2. Vorrang des Parteiinteresses an Einzelfallgerechtigkeit

Andererseits wird die Revision als „primäres Rechtsmittel für den Einzelfall"[53] angesehen. Unter anderem wird diese Meinung mit der Ausgestaltung der Revision als Rechtsmittel der Parteien begründet. Außerdem hätten es die Parteien in der Hand, ob sie Revision einlegten, auch wenn sie erst durch das Berufungsgericht zugelassen wurde. Die Erforderlichkeit der Beschwer spreche auch für den Vorrang der Einzelfallgerechtigkeit. Auch die zwingende Kostenfolge des § 97 ZPO lasse sich nicht aus dem Allgemeininteresse ableiten.[54] Darüber hinaus solle § 552 a ZPO deutlich zeigen, dass im Vordergrund der Revision die Einzelfallgerechtigkeit stehe.[55] Nur durch die Konzentration auf ein oberstes Gericht solle die Revision zur Rechtseinheit führen.[56]

Diese Argumentation überzeugt nicht. Wenn bloß die Einzelfallgerechtigkeit der maßgebende Zweck der Revision wäre, so läge es nahe, keinerlei Beschränkungen des Revisionszugangs vorzunehmen, also keine Zulassung durch das Berufungsgericht nach grundsätzlicher Bedeutung der Rechtssache oder wegen der Fortbildung des Rechts oder einheitlicher Rechtsprechung zu verlangen. Die Bündelung der Revisionsverfahren bei einem obersten Gericht und die Tatsache, dass es stets eine Beschränkung des Zugangs zur Revision gab, sprechen auch gegen die Annahme, das Revisionsverfahren diene lediglich der Einzelfallgerechtigkeit. Ebenso macht die Beschränkung der Revision auf Rechtsfragen eine Entscheidung des Gesetzgebers deutlich, bei der Abwägung übergeordneter Gemeinschaftsinteressen von grundsätzlicher Bedeutung einen Vorrang gegenüber den Interessen der Parteien zu erkennen. Die Ausgestaltung der Revision als

---

51 *R. Schmidt*, S. 797 und 807; *Wunderli*, S. 53f.; *Pohle*, Revision, S. 81ff., 83; *Wach*, S. 285.
52 *Pohle*, Revision, S. 82f.
53 *Neumann*, JW 1910, 314.
54 *Prütting*, Zulassung, S. 89; *ders.*, AnwBl. 2013, 401, 403ff.
55 *Prütting*, AnwBl. 2013, 401, 403.
56 *Pohle*, Gutachten für den 44. DJT, S. 15, 37.

Rechtsmittel der Parteien erklärt sich demgegenüber aus der gemeinrechtlichen Tradition und dem bürgerlich-liberalen Geist der Verfasser der CPO.[57] Dieser Ausgestaltung darf keine übertriebene Bedeutung beigemessen werden. Bei der Schaffung der CPO 1877 wurde der vorrangige Zweck der Revision gerade nicht in der Gewährung einer weiteren Instanz, sondern in der Sicherung einer einheitlichen Rechtsprechung gesehen.[58] Auch § 552a ZPO, wonach das Revisionsgericht die vom Berufungsgericht zugelassene Revision durch einstimmigen Beschluss zurückweist, wenn es davon überzeugt ist, dass die Voraussetzungen für die Revisionszulassung nicht vorliegen und die Revision keine Aussicht auf Erfolg hat, kann nicht als Indiz für den Vorrang des Einzelfallinteresses herangezogen werden. Das Gesetz wurde durch das 1. Justizmodernisierungsgesetz[59] mit Wirkung vom 1.9.2004 eingeführt. Mit dem Erfordernis der mangelnden Erfolgsaussicht wird zwar dem Gedanken der Einzelfallgerechtigkeit Rechnung getragen. In erster Linie bezweckt die Vorschrift jedoch die Entlastung des BGH, indem sie als Korrektiv zur Bindung des BGH an die Revisionszulassung durch das Berufungsgericht, § 543 Abs. 2 S. 2 ZPO, wirkt. Vor der Einführung der Vorschrift konnte das Revisionsverfahren auch dann nur aufgrund mündlicher Verhandlung erledigt werden, obwohl die Zulassungsvoraussetzungen nicht oder nicht mehr vorlagen. Ohne den Aufwand einer mündlichen Verhandlung, können nun aussichtlose Revisionen zurückgewiesen werden, wenn deren Durchführung nicht zur Rechtsfortentwicklung beitragen kann.[60]

3. Unterscheidung zwischen Revisionszugang und -verfahren

Prütting[61] entwickelte die Auffassung von der Unterscheidbarkeit zwischen dem Revisionszugang einerseits und dem weiteren Verfahren andererseits. Der Gesetzgeber habe spätestens mit der Einführung der generellen Zulassungsrevision in Zivilsachen am 01.01.2002 zwischen dem Zugang zur Revisionsinstanz und dem weiteren Verfahren eine gewichtige Trennung vorgenommen. Der Zugang sei hauptsächlich im Allgemeininteresse beschränkt. Das konkrete Revisionsverfahren sei dagegen ganz von der Dispositionsfreiheit der Parteien geprägt und

---

57 *Greger*, FS Link, S. 885, 892.
58 *Hahn/Stegemann* II/1, S. 144. „Der rechtfertigende Grund für die Eröffnung einer dritten Instanz vor einem obersten Gerichtshof wurde in dem Bedürfnisse nach Einheit des Rechts und der Rechtspflege gefunden."
59 BGBl I, Nr. 47 S. 2300.
60 Musielak/Voit/*Ball* § 552a Rn. 1.
61 *Prütting*, Zulassung, S. 85ff.

orientiere sich am Parteiinteresse.[62] Es gehe dann nur noch um Einzelfallgerechtigkeit, wie insbesondere § 561 ZPO zeige.[63] Danach ist die Revision grundsätzlich zurückzuweisen, wenn sich aus der Begründung des Berufungsurteils zwar eine Rechtsverletzung ergibt, die Entscheidung sich aber aus anderen Gründen als richtig erweist. Die dadurch mittelbar berührten öffentlichen Interessen, die Stärkung des Vertrauens der Bevölkerung in die Rechtsprechung und die Überwachung der Instanzgerichte, seien andererseits nur Reflexe, die für die Zweckbestimmung nicht von Bedeutung seien.[64] Die Möglichkeit des Verzichts oder der einseitigen Rücknahme[65] verdeutliche, dass das öffentliche Interesse an Rechtsfortbildung und -einheit in diesem Abschnitt des Verfahrens hinter das Parteiinteresse trete und keine Klärung einer grundsätzlichen Rechtsfrage zulasse. Die Bindung an die Parteianträge gemäß § 557 Absatz 1 ZPO zeige ebenfalls, dass das Allgemeininteresse in dem Abschnitt nicht vorrangig sei. Die Parteien könnten auf diese Weise Fragen von allgemeiner Bedeutung einer Nachprüfung entziehen.[66]

Diese, wie eingangs erwähnt, von *Prütting* entwickelte Theorie überzeugt nicht. Durch die Differenzierung zwischen der Zulassung und dem weiteren Verfahren wird aufgezeigt, dass in den Normen über die Zulassung der Revision die Algemeininteressen besonders ausgeprägt sind. Das bedeutet allerdings nicht, dass das Allgemeininteresse an Vereinheitlichung und Fortbildung des Rechts in dem eigentlichen Verfahren nur noch eine untergeordnete Rolle spielte. Die Rechtsfragen, aufgrund derer die Revision zugelassen wurde, sind in der Regel diejenigen, die den Ausgang des Verfahrens entscheidend beeinflussen.[67] Dass das Allgemeininteresse an der Rechtseinheit und Fortentwicklung des Rechts auch im konkreten Revisionsverfahren von erheblicher Bedeutung ist, zeigen die zuletzt vom Gesetzgeber eingeführten Einschränkungen der Revisionsrücknahme und des Anerkenntnisses. Diese erfolgten nur, damit eine begründete Entscheidung ergehen kann. Das Revisionsgericht kann nämlich seine gesetzlich normierten Aufgaben, das Recht fortzubilden und es zu vereinheitlichen, nur durch eine mit Gründen versehene Entscheidung erfüllen.[68]

62 Wieczorek /Schütze/*Prütting* § 542 Rn. 12.
63 *Traut*, S. 61.
64 *Traut*, S. 61 ff.
65 Diese Möglichkeit besteht nach der neuen Rechtslage nicht mehr.
66 *Traut*, S. 62.
67 Stein/Jonas/*Jacobs* vor §§ 542–546 Rn. 12.
68 BT- Drs. 17/ 13948, S. 35.

4. Vorrang des Allgemeininteresses an Rechtseinheit und -fortbildung

Ganz überwiegend wird der Zweck der Revision im Allgemeininteresse an der Wahrung der Rechtseinheit und an der Rechtsfortbildung gesehen.[69] Die Aufgabe des Revisionsverfahrens liege darin, die Einheitlichkeit der Auslegung und Fortbildung des Rechts zu sichern. Der subjektive Rechtsschutz habe daneben zurückzutreten.[70] Die Parteiinteressen würden dem Gemeinwohl dienstbar gemacht, dem an der gleichmäßigen Handhabung des Rechts gelegen sein müsse.[71] Dies ergebe sich daraus, dass in der Revisionsinstanz nur Rechtsfragen geprüft würden. Diese Einschränkung lasse sich nicht mit dem Parteiinteresse erklären, sondern einzig und allein durch den Rechtseinheitszweck.[72] Das bestätige auch der Vergleich zu dem Berufungsverfahren. Während die Revision nur auf die Prüfung von Rechtsfragen gestützt werden könne, würden im Berufungsverfahren sowohl Tat- als auch Rechtsfragen geprüft. Daher sei in der Berufungsinstanz in erster Linie das Interesse der Parteien an der richtigen Entscheidung ihres individuellen Falles von Bedeutung, der nun vor andere Richter gebracht werden solle. Die dritte Instanz sei „Luxus"[73] für Fälle, in denen Fragen aufgeworfen werden, die über den individuellen Sachverhalt hinausgingen, weil sie sich auch in anderen gleichgelagerten oder ähnlichen Sachverhalten wiederholen könnten.[74]

II. Abschließende Betrachtung zum Revisionszweck

Die Betrachtung der oben dargestellten Meinungen zum Revisionszweck aber auch die positivrechtliche Abfassung der Verfahrensvorschriften zeigen, dass zumindest Einigkeit darin besteht, dass ein Spannungsverhältnis zwischen der Einzelfallgerechtigkeit einerseits und der Wahrung der Rechtseinheit sowie der Rechtsfortbildung andererseits im Revisionsverfahren gegeben ist. Es ist nicht abzustreiten, dass die Revision zumindest auch den Zweck verfolgt, das Parteiinteresse an der Einzelfallgerechtigkeit zu verwirklichen. Ohne die Parteien gäbe

---

69 *Baur*, ZZP 71, 161, 183f; *Jauernig/Hess* § 74 Rn. 1; Thomas/Putzo/*Reichold* vor § 542
    Rn. 1; Zöller/ *Heßler* Vor § 542 Rn. 1; *Greger*, FS Link, S. 885, 892; *Unberath*, ZZP 120,
    323, 333.
70 *Baur*, ZZP 71, 161, 175, 183; *Arens*, AcP 161, 177, 179; *Pawlowski*, ZZP 80, 345, 357;
    Thiere, S. 11; *Hirsch*, VersR 2012 S. 929, 932.
71 *Bötticher*, S. 29.
72 *Schwinge*, S. 32.
73 *Bötticher*, S. 28f.
74 *Bötticher*, S. 27.

es kein Revisionsverfahren. Die Parteien bestimmen den Gegenstand des Verfahrens.

Andererseits dient aber die Revision zumindest auch dem Allgemeininteresse. Dass nicht jede Partei, die einen Rechtsstreit verliert, Revision einlegen kann, zeigen die Zulassungskriterien zur Revision, nämlich die grundsätzliche Bedeutung der Rechtsfragen, Wahrung der Rechtseinheit und Fortbildung des Rechts. Diese Zugangsbeschränkungen können nur durch das Interesse der Allgemeinheit an der Einheit und Fortentwicklung des Rechts gerechtfertigt sein. Nach dem Grundgesetz liegt es in der Gestaltungsfreiheit des Gesetzgebers, ob er Rechtsmittel zur Verfügung stellt, welche Zwecke er damit verfolgt wissen will und wie er sie im Einzelnen regelt.[75] Zu prüfen bleibt, ob einer dieser Zwecke tatsächlich Vorrang genießt und wie dies festgestellt werden kann. Dazu ist zu bedenken, dass am Anfang jeder wertenden Betrachtungsweise zunächst diejenigen Interessen aufgespürt werden müssen, die Gegenstand der Betrachtung sein können und zum Konflikt führen können.[76] Dabei ist einerseits nach dem allgemeinen Zweckgehalt, der das Recht oder ein größeres Rechtsgebiet stets beherrscht, zu fragen. Andererseits müssen konkrete und spezifische Zweckgesichtspunkte in die Betrachtung mit eingezogen werden. Sodann ist zu klären, ob der Vorrang eines Interesses hier Einschränkungen im Prozessrecht bei der gewünschten Beendigung des Revisionsverfahrens rechtfertigt.[77]

1. Historische Betrachtung

Zunächst ist der Frage nachzugehen, ob die historische Entwicklung der Revision von einem vorrangigen Zweck geprägt war. Es ist weiter zu beachten, dass ein etwaiger Befund „nicht für alle Zeiten verbindlich sein muss"[78] und nicht ohne weiteres auf die heutige Zeit übertragen werden kann. Vielmehr sind die hinter den Änderungen stehenden Gründe, die sich im Laufe der Zeit ergeben haben, zu berücksichtigen. Insbesondere sind mögliche Zweckverschiebungen wegen prozessualer Neuerungen heranzuziehen. Auch die wirtschaftlichen und gesellschaftlichen Aspekte sowie soziale, private und öffentliche Belange müssen berücksichtigt werden. Auf der anderen Seite haben bestimmte Grundvorstellungen, die der Schaffung eines Rechtsinstitutes zugrunde lagen, dauernden Bestand.

---

75 BVerfG, 11.7.1980 – 1 PBvU 1/79 – BVerfGE 54, 277, 291f.
76 *Bender*, JZ 1957, 593, 596.
77 Vgl. dazu etwa *Duske*, S. 53.
78 *Duske*, S. 83.

Historisch betrachtet war der Ausgangspunkt für die Schaffung eines letztinstanzlichen Rechtsmittels, wie oben bereits dargelegt, das Bedürfnis nach Rechtseinheit. Die Motive zur CPO sahen die „tunlichst zu erstrebende Einheit des Rechts und der Rechtsprechung" als vorrangigen Zweck der Revision.[79] Gerade um diese Einheit zu erreichen, erfuhr die Revision einige Einschränkungen. Eine dieser Einschränkungen war die Eröffnung der dritten Instanz vor einem obersten Gericht. In der Begründung des Entwurfs der CPO heißt es dazu: „Dennoch kann ein Staat, dessen Gebiet ein zu umfangreiches ist, als dass die Einsetzung eines einzigen Oberlandesgerichtes zulässig wäre, für geboten oder doch wünschenswert erachten, im Interesse der freilich nie vollständig zu erreichenden, aber doch tunlichst zu erstrebende Einheit des Rechts und der Rechtsprechung eine dritte Instanz vor einem obersten Gerichtshofe zu gestatten."[80] So wurde die Äußerung bei der Kommissionsberatung laut, dass die Revision und das höchste Gericht die Rechtfertigung nur in dem Bedürfnis der Rechtseinheit haben, ohne diesen Grundgedanken sei die Beschränkung der Revision auf Rechtsfragen unhaltbar.[81] Darüber hinaus wurde der Zugang zum obersten Gericht eingeschränkt, um „den Zweck einer, wenn auch nur indirekten Förderung der Einheit des Rechts und der Rechtsprechung zu erreichen."[82]

An anderer Stelle der Begründung des Entwurfs zur CPO 1877 wird der Unterschied der Revision zur Kassation angeführt, welche sich in Frankreich seit der Revolution durchgesetzt hat und unstreitig der Rechtseinheit dient. So heißt es, die Revision habe der Sache und der Form nach nichts mit der französischen Kassation zu tun. Das Revisionsgericht sei im Unterschied zum Kassationshof im Parteiinteresse geschaffen, der Einzelne und nicht der Staat habe die Revision einzulegen, das höchste deutsche Gericht müsse grundsätzlich wie jedes Instanzgericht den Parteien Recht sprechen.[83] Diese Ausführungen klingen geradezu paradox gegenüber dem zuvor Gesagten hinsichtlich der zu erstrebenden Rechtseinheit. Sie sind ein Grund für die Meinungsverschiedenheiten. Gerade diese „unklare und widerspruchsvoll anmutende Fassung der Motive zur CPO"[84] wird als Beweis dafür gesehen, dass die Revision nach dem historischen Gesetzgeber der verletzten Partei zu dienen habe.[85] Dabei wird verkannt, dass sich der

---

79 *Hahn/Stegemann*, II/1, S. 141ff.
80 *Hahn/Stegemann*, II/1, S. 141.
81 *Hahn/Stegemann*, II/1, S. 726.
82 *Hahn/Stegemann*, II/1, S. 143ff.
83 *Hahn/Stegemann*, II/1, S. 142.
84 *Duske*, S. 85.
85 Schwinge, S. 42.

deutsche Gesetzgeber durch die Ausgestaltung der Revision als Parteirechtsmittel für ein anderes Verfahren entschieden hat, um eben die dadurch erstrebte Rechtseinheit zu erreichen. In diesem Kontext ist die oben angeführte Unterscheidung zwischen Revision und Kassation zu verstehen. Die Kassation wird der Revision gegenübergestellt. Die Beschreibung dreht sich im Kern nur um die Ausgestaltung des Verfahrens. Die in § 14 der Motive zur CPO 1877 aufgezählten Unterschiede sind „nur Äußerlichkeiten, welche für das Wesen des Rechtsmittels ohne Belang sind"[86]. Daher sprechen die Äußerungen – im Rahmen der Begründung des Entwurfs – zur französischen Kassation nicht dagegen, die Aufgabe des Revisionsgerichts vorrangig im Interesse der Allgemeinheit zu sehen.

2. Weitere Gesichtspunkte

Auch die weiteren Reformen oder Änderungen der ZPO haben die Beschränkungen des Revisionsverfahrens nicht gelockert. Auch das spricht für das Ergebnis, dass den übergeordneten Interessen an einer Entscheidung der obersten Gerichte Vorrang einzuräumen ist. So heißt es in der Kommissionsbegründung zur Einführung der Zulassungsrevision, die Kommission habe sich von dem Zweck der Revision leiten lassen. Eine solche Ausgestaltung der Revision, die sich in erster Linie an den Auswirkungen der Entscheidung für die Allgemeinheit orientiere, sichere dem Revisionsgericht einen maximalen Wirkungskreis. Das Zugangsmerkmal der Grundsätzlichkeit bedeute, dass der zu entscheidenden Rechtssache gerade eine über den Rahmen des Einzelfalles hinausgehende Bedeutung zukomme, weil ihre Beantwortung nicht nur zur Entscheidung dieses Falles, sondern zugleich auch mit Rücksicht auf die Wiederholung ähnlicher Fälle erforderlich erscheine oder sonstige Interessen der Allgemeinheit in besonderem Maße berühre. Diese Wirkungen eines Revisionsurteils auf unbestimmt viele andere, anhängige oder künftige Verfahren oder auf das Vertrauen in die Rechtsprechung seien, auch wenn das Urteil in einem Prozess mit mittlerem oder geringem Beschwerdewert erlassen werde, weitergehend als die Wirkungen eines nur für das jeweilige Verfahren bedeutsamen Urteils.[87]

Auch die Änderungen der Vorschrift über die Rücknahme der Revision und des Anerkenntnisses durch das Gesetz zur Förderung des elektronischen Rechtsverkehrs vom 12. Juni 2013 werden mit dem Interesse der Allgemeinheit an der Revisionsentscheidung begründet. Die Rücknahme der Revision nach

---

86 *Bähr*, S. 6., zustimmend *Schwinge*, S. 42.
87 BT- Drs. 14/ 4772, S. 66.

der mündlichen Verhandlung wird eingeschränkt und setzt die Einwilligung des Revisionsbeklagten voraus, § 565 ZPO. Ein Anerkenntnisurteil ergeht nur auf Antrag des Klägers nach der Abgabe des Anerkenntnisses seitens des Beklagten, § 555 Abs. 3 ZPO. Diese Einschränkungen werden mit dem öffentlichen Interesse an der Klärung von Rechtsfragen mit Grundsatzbedeutung begründet.[88] Es soll der Praxis entgegengetreten werden, insbesondere in „bank- und versicherungsrechtlichen Verfahren Grundsatzentscheidungen"[89] zu verhindern. Der Gesetzgeber kehrt zurück zur Gesetzeslage vor der ZPO-Reform 2001. Ob diese Ausgestaltung der Revision die richtige Lösung ist, um das angesprochene Problem bei der Verhinderung von Grundsatzentscheidungen zu lösen, wird noch zu untersuchen sein.[90]

Für eine Vorrangigkeit der Allgemeininteressen spricht ferner, dass es für die Parteien im Grunde genommen vom Zufall abhängt, ob ihnen eine Revisionsinstanz zur Verfügung steht. Denn erst, wenn die Rechtssache die Zulassungskriterien erfüllt hat, kann es zu einem Revisionsverfahren kommen. Verfassungsrechtlich ist eine dritte Instanz zur Herbeiführung von Einzelfallgerechtigkeit nicht zwingend geboten.[91] Nach der ständigen Rechtsprechung des BVerfG gewährleistet die Verfassung in concreto keine Rechtsmittel. Weder Art. 19 Abs. 4 GG noch einer anderen Vorschrift lasse sich eine Garantie auf eine Rechtsmittelinstanz entnehmen.[92] Strukturell notwendig ist eine Rechtsmittelinstanz aber für die rechtsstaatlich gebotene Wahrung der Einheitlichkeit der Rechtsordnung und Rechtsprechung.

Für den Vorrang des Allgemeininteresses in der Revisionsinstanz sprechen auch der Aufbau der Zivilgerichtsbarkeit sowie die Stellung der obersten Gerichte. Sowohl der Instanzenzug als auch der formale Gerichtsaufbau sind umfangmäßig und inhaltlich in Form einer Pyramide ausgestaltet, an dessen Spitze das Revisionsgericht steht.[93] Die Zahl der Gerichte und der Richter nimmt von unten nach oben ab, während die Zugangsbeschränkungen zum Gericht nach oben stärker werden.[94] Das bedeutet, dass das von Art. 95 Absatz 1 GG vorgesehene oberste Gericht eine besondere Funktion im Hinblick auf die Allgemeinheit aufweisen muss. Grundsätzlich sollen beim obersten Gericht Fälle behandelt

---

88 BT- Drs. 17/ 13948, S. 53.
89 BT- Drs. 17/ 13948, S. 53.
90 Siehe dazu § 5 III. 3.
91 Wieczoreck/Schütze/*Prütting* § 542 Rn. 3, *Gottwald*, Zivilprozessrecht, § 133 Rn. 11ff.
92 BVerfG, 22.6.1960 – 2 BvR 37/60 – BVerfGE 11, 232, 234; 18.2.1970 – 1 BvR 226/69 – BVerfGE 28, 21,36; 11.6.1980 – 1PBvU 1/79 – BVerfGE 54, 277, 291.
93 Wieczoreck/Schütze/*Prütting* § 542.
94 Wieczoreck/Schütze/*Prütting* § 542 Rn. 1.

werden, die der Wahrung der Rechtseinheit und der Fortbildung des Rechts dienen. Aus diesem Grund erfolgen die Zugangsbeschränkungen.[95] Auf der anderen Seite folgt aus dem Rechtsstaatsprinzip das staatliche Rechtsprechungsmonopol und das Verbot der Selbsthilfe. Dem korrespondiert die staatliche Justizgewährungspflicht[96], also die Pflicht, eine prozessual ordnungsgemäß zustande gekommene und im Einklang mit dem Grundgesetz stehende Entscheidung zu treffen. Diesem Anspruch des Einzelnen wird aber schon dann ausreichend Rechnung getragen, wenn die Möglichkeit gegeben ist, einen Rechtsstreit zweimal zu verhandeln. Ein Recht auf mehrere Rechtsmittelinstanzen ist der Rechtsprechung des BVerfG zur staatlichen Justizgewährungspflicht nicht zu entnehmen.[97] Denn nicht jede weitere Instanz bedeutet automatisch, dass sich die Gewähr für Richtigkeit und Gerechtigkeit einer Entscheidung vergrößert. Vielmehr entfernt sich mit der Zunahme von Verfahrensaufwand und -dauer der Prozessstoff vom realen Sachverhalt.[98] Für die Revisionsinstanz trifft das besonders zu, hier werden zum Sachverhalt keine eigenen Feststellungen mehr getroffen.[99] Die Revisionsinstanz ist nur noch zur Fortentwicklung und Vereinheitlichung des Rechts berufen. Dabei handelt es sich jedoch um etwas Grundsätzliches, was vorrangig im Interesse der Allgemeinheit erfüllt wird und erfüllt werden muss. Beispiele für die Fortentwicklung des Rechts zeigen sich etwa in den Bereichen des AGB-, Reisevertrags- oder Produzentenhaftungsrechts, wo vorherige Entscheidungen des BGH die späteren Kodifikationen maßgeblich beeinflusst haben.[100]

Abschließend bleibt festzuhalten, die Ausgestaltung der Revision als Parteirechtsmittel dient der Durchsetzung des Rechtsschutzzieles des Revisionsklägers. Somit bezweckt die Revision zumindest auch notwendiger Weise die Herstellung von Einzelfallgerechtigkeit durch Beseitigung fehlerhafter Entscheidungen. Dieser individuelle Zweck steht jedoch neben dem Allgemeininteresse an der Entscheidung des Revisionsgerichts.

---

95 Siehe oben § 1 I.
96 BVerfG, 11.6.1980 – 1 PBvU 1/79 – BVerfGE 54, 277, 291f.; 27.04.1988 – 1 BvR 549/87 – NJW 1988, 3141; BGH, 21.04.1993 – BLw 40/92 – WM 1993, 1656ff.
97 BVerfG, 11.6.1980 – 1 PBvU 1/79 – BVerfGE 54, 277ff.
98 *Greger*, JZ 1997, 1077, 1083.
99 *Greger*, JZ 1997, 1077ff.
100 Siehe dazu auch *Pfeiffer*, NJW 1999, 2617, 2620.

§ 4 Allgemeine Grundsätze des Zivilprozesses unter besonderer Berücksichtigung der Dispositionsmaxime

I. Allgemeine Verfahrensgrundsätze

Die Untersuchung zum Zweck der Revision hat das Spannungsverhältnis zwischen der Einzelfallgerechtigkeit und dem Interesse der Allgemeinheit an der Entscheidung der Revisionsinstanz verdeutlicht. Im weiteren Verlauf der Untersuchung werden die allgemeinen Grundsätze[101] des Zivilprozesses dargestellt. Dabei liegt der Schwerpunkt bei der Dispositionsmaxime, die im Zentrum des Spannungsverhältnisses von Einzelfallgerechtigkeit und Allgemeininteresse steht.

1. Anspruch auf rechtliches Gehör

Der Anspruch auf rechtliches Gehör, der Art. 103 Absatz 1 GG entnommen wird, verpflichtet das Gericht, den Parteien zu ermöglichen, den von ihnen eingenommenen Standpunkt in ausreichender und sachgerechter Weise im Prozess darzulegen.[102] Jeder Partei steht das Recht zu, Anträge zu stellen, Tatsachen zu behaupten und dafür Beweise anzubieten sowie von dem Vortrag der Gegenpartei so rechtzeitig zu erfahren, dass dazu Stellung genommen werden kann. Das Gericht hat den Parteien Gelegenheit zu geben, sich zu Tatsachen und Beweisergebnissen zu äußern, die es seiner Entscheidung zu Grunde legen will.[103] Für das Revisionsverfahren bedeutet das, dass den Parteien auch Gelegenheit gegeben werden muss, sich zu rechtlichen Aspekten zu äußern.[104]

---

101 Die allgemeinen Verfahrensgrundsätze können als allgemein geltende Regeln, nach denen das gerichtliche Verfahren abläuft, bezeichnet werden und in Zweifelsfällen als Auslegungs- und Anwendungshilfe in Form von Wert- und Richtungsentscheidungen herangezogen werden. Siehe dazu *Jauernig/Hess*, 1. Kap. Rn. 10; *Pohlmann*, Rn. 49.

102 BVerfG, 30.3.2003 – 1 PbvU 1/02 – NJW 2003, 1924, 1926; Musielak/Voit/*Musielak*, Einl. Rn. 28.

103 BVerfG, 10.2.2009 – 1 BvR 1232/07 – NJW 2009, 1585, 1586.

104 VerfGH München, 28.11.1958 – Vf 100 VI/57 – NJW 1959, 285, 286; v. Mangoldt/ *Nolte* Art. 103 Abs. 1 GG, Rn. 48; a.A. *Röhl*, NJW 1953, 1533; KG Berlin, 21.6.1954 – 1 W 1858/54 – NJW 1954, 1410.

2. Anspruch auf faires Verfahren

Das BVerfG leitet aus Art. 2 Absatz 1 GG und dem Rechtsstaatsprinzip den Anspruch auf ein faires Verfahren als ein „allgemeines Prozessgrundrecht"[105] ab. Dies verpflichtet den Richter, das Verfahren so zu gestalten, wie die Parteien des Zivilprozesses es von ihm erwarten dürfen. Insbesondere darf der Richter sich nicht widersprüchlich verhalten und nicht aus eigenen oder ihm zurechenbaren Fehlern oder Versäumnissen Verfahrensnachteile für eine Partei ableiten. Das Recht auf ein faires Verfahren gebietet es beispielsweise, den Zugang zu den Gerichten und zu den in den Verfahrensordnungen eingeräumten Instanzen nicht in unzumutbarer, aus Sachgründen nicht mehr zu rechtfertigender Weise zu erschweren.[106]

3. Konzentrations- und Beschleunigungsgrundsatz

Die ZPO enthält als Ausdruck des so genannten Konzentrationsgrundsatzes verschiedene Regelungen[107], die einer Verschleppung des Verfahrens durch das Gericht oder die Parteien entgegenwirken und den Prozess beschleunigen sollen. So ist der Rechtsstreit gemäß § 272 Absatz 1 ZPO in der Regel in einem einzigen Termin zu erledigen. Dabei bestimmt der Vorsitzende entweder einen frühen ersten Termin zur mündlichen Verhandlung oder veranlasst ein schriftliches Vorverfahren, § 272 Abs. 4 ZPO. Im Revisionsverfahren gibt es diese Wahlmöglichkeit allerdings nicht. Vielmehr ist gemäß § 553 ZPO sofort ein Termin zur mündlichen Verhandlung anzuberaumen.

4. Grundsatz der Mündlichkeit und Öffentlichkeit

Nach dem Grundsatz der Mündlichkeit darf das Gericht den Prozess nur aufgrund der mündlichen Verhandlung entscheiden. Als Prozessstoff wird das berücksichtigt, was in der mündlichen Verhandlung vorgetragen wurde. Nach dem Prinzip der Schriftlichkeit wird dagegen nur aufgrund des Akteninhalts entschieden.[108]

---

105 BverfGE 18.7.2013 – 1 BvR 1623/11 – NJW 2014, 205; 8.10.1974 – 2 BvR 747/73 – BVerfGE 38, 105,111.

106 BVerfG, 4.5.2004 – 1 BvR 1892/03 – NJW 2004, 2887; 8.10.1974 – 2 BvR 747/73 – BVerfGE 38, 105,111.

107 §§ 139, 273, 282, 296, 358a ZPO.

108 Der gemeine deutsche Prozess war vom Grundsatz der Schriftlichkeit beherrscht. Über die Schwerfälligkeit dieses Verfahrens klagt sogar *Goethe* in Dichtung und Wahrheit, Deutscher Klassikerverlag, Dritter Teil, 12. Buch, S. 577: „[...] Ein ungeheurer Wust von Akten lag aufgeschwollen und wuchs jährlich, da die siebzehn

Im geltenden Recht ist der Zivilprozess von beiden Grundsätzen gekennzeichnet. Nach § 128 Absatz 1 ZPO verhandeln die Parteien über den Rechtsstreit vor dem erkennenden Gericht mündlich. Dies beruht auf der Erkenntnis, dass sich durch Rede und Gegenrede Vieles besser und leichter erklären lässt als durch den Austausch von Schriftsätzen.[109]

5. Verhandlungsgrundsatz

Jede gerichtliche Entscheidung beruht auf bestimmten tatsächlichen Grundlagen, dem sog. Prozessstoff. Im Zivilprozess sind die entscheidungserheblichen Tatsachen von den Parteien vorzutragen[110] („da mihi factum, dabo tibi ius") und je nach Beweislast und Bestreiten der Gegenpartei zu beweisen. Der Verhandlungsgrundsatz beinhaltet einmal die Verantwortung der Parteien für eine möglichst vollständige und wahrheitsgemäße Sachverhaltsdarstellung. Tatsachen, die von den Parteien nicht vorgebracht sind, darf das Gericht nicht berücksichtigen, es sei denn, sie wären offenkundig, vgl. § 291 ZPO.[111] Darüber hinaus hat das Gericht auf fehlende Beweisanträge hinzuweisen, vgl. §§ 139 Absatz 1, 278 Absatz 3 ZPO, und hat dann Beweis über Parteibehauptungen zu erheben. Der Verhandlungsgrundsatz wird besonders deutlich, wenn man den konträren Untersuchungsgrundsatz betrachtet. Dort obliegt die Tatsachenermittlung dem Gericht, z.B. im Strafprozess oder der freiwilligen Gerichtsbarkeit, vgl. § 244 StPO, § 26 FamFG. Vor Inkrafttreten der ZPO von 1877 galt in Preußen der Untersuchungsgrundsatz auch in bürgerrechtlichen Streitigkeiten. Dieser fand mit dem Corpus Juris Fridericianum vom 26.4.1781 und ihm folgend der Allgemeinen Gerichtsordnung für die Preußischen Staaten vom 6.7.1793 Eingang in die preußische Prozessgesetzgebung. Dies geschah vor allem unter dem Eindruck naturrechtlichen Gedankenguts und dem sich darauf stürzenden Bestreben, dem Recht und der Wahrheit in jedem Fall zum Sieg zu verhelfen.[112] Es sollte der Unterdrückung des materiellen Rechts durch Formalitäten, Schikane der Prozessverschleppung

---

Assessoren nicht einmal imstande waren, das Laufende wegzuarbeiten. Zwanzigtausend Prozesse hatten sich aufgehäuft, jährlich konnten sechzig abgetan werden, und das Doppelte kam hinzu."

109 Musielak/*Voit*, Zivilprozessrecht, Rn 107; MüKoZPO/ *Wagner*, § 128 Rn. 2.
110 *Jauernig/Hess*, § 25, *Bruns*, ZZP 124, 29, 35.
111 RG, 6.4.1936 – VI 421/ 35 – RGZ 151, 93,98; *Pohlmann*, Rn. 68, *Gottwald*, Zivilprozessrecht, § 77 Rn. 8.
112 *Schulte*, S. 21; *Schubert*, Einf. S. XII f.

und Advokatenwillkür[113] ein Ende gesetzt werden.[114] So heißt es in Theil 1, Tit. X § 2 des CJF: Alles was zu dieser Instruktion erforderlich, ist der Deputatus Collegii ex officio zu verfügen berechtigt; und die Parteien müssen seinen Anweisungen Folge leisten. Erst die ZPO von 1877 führte den Verhandlungsgrundsatz einheitlich im Deutschen Reich ein.[115]

II. Dispositionsmaxime

1. Dispositionsmaxime als Pendant der materiellrechtlichen Ausübungs- und Verfügungsfreiheit

a. Die materiellrechtliche Ausübungs- und Verfügungsfreiheit

Um die Dispositionsmaxime erklären zu können, ist zunächst ein Blick auf die Bedeutung der materiellrechtlichen Ausübungs- und Verfügungsfreiheit zu werfen. Denn die Dispositionsmaxime wird als deren Pendant bezeichnet.

Die materielle Ausübungs- und Verfügungsfreiheit bedeutet, dass die Rechtsordnung dem Einzelnen subjektive Rechte gewährleistet. In erster Linie sollen damit die Lebensbedürfnisse befriedigt werden.[116] Neben der Verleihung subjektiver Rechte werden ihm aber auch Verpflichtungen auferlegt. In der Regel werden die Rechte geachtet und die Verbindlichkeiten freiwillig erfüllt. Sollte jedoch ein Anspruch bestritten oder von einem Schuldner nicht erfüllt werden, dann muss sich der Berechtigte entweder selbst helfen oder er ist auf die Hilfe des Staates angewiesen. Denn weder die Privatrechtsordnung noch das Privatrecht können ohne die Hilfe einer zwangsweisen Verwirklichung bestehen.[117] Die Selbsthilfe ist das älteste und in vergangenen Zeiten das einzige Rechtsschutzmittel gewesen, war aber grundsätzlich von Gewalt statt Recht geprägt. Da nicht immer der Berechtigte auch der Stärkere ist, ist sie als Mittel zur Rechtsdurchsetzung unvollkommen.[118] Daher verbietet das BGB bis auf wenige Ausnahmefälle

---

113 Die Abneigung des Königs gegen die Advokaten ist dem Edikt betreffend die Verkürzung der Prozesse vom 19.3.1717 deutlich zu entnehmen. Es heißt dort: „So dienen auch die weitläufige Allegationes und Disputationes des Advocaten zu nichts anderes, als die Sachen nur immer mehr zu verwirren, den Richter confus zu machen, und durch die Verlängerung der Prozesse von denen armen Partheyen desto mehr Geld zu erpressen." Siehe hierzu *Bomsdorf*, S. 70.

114 *Schulte*, S. 21; *Bomsdorf*, S. 70ff.

115 *Bomsdorf*, S. 268.

116 *Grunsky*, Grundlagen S. 18ff.; *Gottwald*, Zivilprozessrecht, § 1 Rn. 5ff.

117 *Gottwald*, Zivilprozessrecht, § 1 Rn. 6.

118 *Gottwald*, Zivilprozessrecht § 1 Rn. 6.

die Selbsthilfe.[119] Ein solches Verbot der Selbsthilfe erfordert zugleich, dass der Staat den Parteien durch seine Organe Rechtschutz gewähren muss. Falls der Einzelne sein Recht durchsetzen muss, folgt aus dem Justizgewährungsanspruch die Verpflichtung des Staates, ihm den geeigneten Weg zur Verfügung zu stellen.[120] Sollte er von der Möglichkeit der Rechtsdurchsetzung keinen Gebrauch machen wollen, sieht die Rechtsordnung keinen Anlass, von Amts wegen tätig zu werden. Das bedeutet, materiellrechtlich wird niemand dazu gezwungen, sein Recht auszuüben (Ausübungsfreiheit). Andererseits gestattet das materielle Recht dem Rechtsinhaber über seine Rechte nach Belieben zu verfügen (Verfügungsfreiheit). Er kann auch auf sein Recht verzichten oder dem Schuldner die Forderung erlassen (§ 397 BGB).[121]

b. Auswirkungen auf das Prozessrecht

Die soeben dargestellte Ausübungs- und Verfügungsfreiheit beschränkt sich nicht nur auf das materielle Recht. Sie gilt auch im Prozessrecht. Es macht keinen Sinn, dem Rechtsinhaber materiellrechtlich die Freiheit darüber zu überlassen, wie er mit seinen Rechten verfährt, ihn „dagegen vom Verfahrensrecht her an die Kandare nehmen"[122] und dazu zu zwingen von seinen Rechten Gebrauch zu machen. Das Prozessrecht stünde so im Widerspruch zum materiellen Recht. Gerichte werden also nicht von sich aus tätig. Vielmehr muss sich der Einzelne an sie wenden, wenn er den Schutz seiner subjektiven Rechte verteidigt wissen will.[123]

Das Zivilprozessrecht geht demnach von einer weitgehenden Selbstbestimmung des Einzelnen hinsichtlich der Durchsetzung seiner individuellen Rechtspositionen aus. Darin zeigt sich die prozessuale Seite der Privatautonomie.[124]

Diese Parallele zwischen dem materiellen Recht und Prozessrecht ergibt sich nicht nur bei der Verfahrenseinleitung, sondern auch bei der Beendigung des Verfahrens. Wenn etwa der Kläger gemäß § 306 ZPO ein Verzichtsurteil gegen sich ergehen lässt, so ist das nichts anderes, als hätte er dem Beklagten die Forderung erlassen.[125]

---

119 Die Möglichkeiten der Selbsthilfe sind genau abgegrenzt, so z.B. §§ 227–231, 562b, 859, 904 BGB u.a.
120 *Ortloff*, S. 41ff.; *Grunsky*, Grundlagen, S. 18ff.
121 *Grunsky*, Grundlagen, S. 19.
122 *Grunsky*, Grundlagen, S. 19.
123 *Grunsky*, Grundlagen, S. 19 ff.
124 *Jauernig/Hess* § 24 Rn. 1.
125 *Grunsky*, Grundlagen, S. 19.

2. Inhalt der Dispositionsmaxime

Die Befugnis der Zivilprozessparteien, ein Verfahren einzuleiten und den Inhalt sowie Verlauf des Verfahrens im Ganzen zu bestimmen, wird als Dispositionsmaxime bezeichnet.[126] Der Begriff „Dispositionsmaxime" wurde von *Ortloff* 1858 entwickelt.[127] Daneben wurde auch der Begriff der Verhandlungsmaxime verwandt. Zwischen beiden wurde ursprünglich nicht unterschieden. Der Schöpfer der Verhandlungsmaxime, *Gönner*[128], rechnete dieser auch die Freiheit der Parteien zu, das Verfahren einzuleiten und zu bestimmen, worüber gestritten wird. Erst *Ortloff* wies daraufhin, dass in dem Begriff der Verhandlungsmaxime nicht deutlich werde, dass die freie Disposition der Parteien sowohl die Initiative als auch den ganzen Prozess betreffe und schlug den Begriff der Dispositionsmaxime vor.[129] Zur Begründung führte er weiter aus, der Ausdruck „Verhandlungsmaxime" enthalte, dass die Parteien vor Gericht verhandeln oder dort besonders tätig seien. Die Entscheidungsfreiheit des Einzelnen, ob er überhaupt von „einer Rechtsverletzung Notiz nehme, oder ob er auf deren Verfolgung verzichten will"[130] sei dem jedoch nicht zu entnehmen. Das Verfahren, das Privatrechtsverletzungen zum Gegenstand habe, sei gerade von der Willkür oder der freien Disposition über Privatrechte gekennzeichnet. Daher könne der Grundsatz nicht anders als Dispositionsmaxime genannt werden.[131] *Ortloff* bereitete so den Boden für die Trennung der Verhandlungs- und Dispositionsmaxime vor, die *v. Canstein* endgültig vornahm.[132]

Die Dispositionsmaxime bedeutet im Einzelnen zunächst, dass die Prozessführung von der Willensentschließung des Klägers abhängig ist. Die Klageerhebung gemäß § 253 Abs. 1 ZPO als derjenige Akt, welcher den ganzen Prozess in Gang setzt, hat lediglich im Ablauf der Verjährungsfrist eine zivilrechtliche Schranke.[133] In keinem Fall kann das Gericht von sich aus einen Zivilprozess eröffnen („Wo kein Kläger ist, da ist auch kein Richter").[134] Die ordnungsgemäße Klageerhebung

---

126 *Gottwald*, Zivilprozessrecht § 76 Rn. 1; MüKoZPO/*Rauscher*, Einl. Rn. 290; Musielak/*Voit*, Zivilprozessrecht, Rn. 102; *Jauernig/Hess*, § 24 Rn. 1 ff.; *Lücke*, Zivilprozessrecht, Rn. 6 ff.

127 *Ortloff*, S. 43.

128 *Gönner*, Band I., S. 261.

129 *Ortloff*, S. 43.

130 *Ortloff*, S. 40.

131 *Ortloff*, S. 44.

132 *v. Canstein*, S. 185ff.; siehe dazu auch *Bomsdorf*, S. 161, 175.

133 *Wetzell*, S. 98.

134 Dieser Satz entstammt dem Sachsenspiegel.

setzt wiederum nach § 253 Absatz 2 Nr. 2 ZPO einen bestimmten Antrag voraus. Durch sie wird gewährleistet, dass das angerufene Gericht, die gewählte Verfahrensart, die beteiligten Parteien und der Streitgegendstand festgelegt werden.[135] An den Antrag des Klägers ist das Gericht auf Grund dieser Konkretisierung gebunden. Es darf dem Kläger weder etwas anderes noch mehr als beantragt zusprechen, § 308 Abs. 1 ZPO („ne eat iudex ultra petita partium").[136]

Die zuvor dargestellte Parteiherrschaft erschöpft sich aber nicht nur in der Einleitung des Verfahrens.[137] Sie zeigt sich auch darin, dass die unterlegene Partei vor dem nächsthöheren Gericht die Überprüfung der ergangenen Entscheidung erreichen kann. Das höhere Gericht darf die Urteile der unteren Instanz nicht von Amts wegen überprüfen. Es ist daran gebunden, dass die unterlegene Partei ein Rechtsmittel einlegt. Der Rechtsmittelkläger bestimmt wiederum durch seinen Antrag in welchem Umfang der Rechtsstreit neu verhandelt wird, §§ 528, 557 Abs. 1 ZPO.

Als Ausfluss der Dispositionsmaxime kann das Verfahren aber grundsätzlich auch in jedem Stadium beendet werden, ohne dass es zu einer Entscheidung des Gerichtes kommt.[138] Die Klage, aber auch das Rechtsmittel kann zurückgenommen werden. Der Beklagte kann durch ein Anerkenntnis des klägerischen Anspruchs, der Kläger durch Verzicht den Streit beenden. Das Gericht ist an ein solches Anerkenntnis oder einen solchen Verzicht gebunden. Die Parteien können den Rechtsstreit auch durch einen Vergleich beenden. Der im Prozess geschlossene und protokollierte Vergleich hat die gleichen Wirkungen wie ein materiellrechtlicher Vergleich nach § 779 BGB. Soweit die im Vergleich übernommenen Verpflichtungen nicht erfüllt werden, kann ohne neuen Prozess und Urteil gegen den Schuldner vollstreckt werden (§ 794 Abs. 1 Nr. 1 ZPO).

3. Die Entwicklung der Dispositionsmaxime

Die Freiheit der Parteien, über Anfang, Ende und Gegenstand des Verfahrens zu bestimmen, hat eine lange Tradition und war zunächst für einzelne Gruppen oder Teile der Bevölkerung gegen Herrschaftsansprüche einer Oberschicht erkämpft worden.[139] Es handelte sich dabei nicht um eine Errungenschaft des

---

135 MüKoZPO/*Rauscher*, Einl. Rn. 296.
136 Zur Bindung des Gerichts an die Parteianträge siehe *Musielak*, FS Schwab, S. 349ff.
137 MüKoZPO/*Rauscher*, Einl. Rn. 291.
138 Ausführlicher zur Beendigung des Revisionsverfahrens durch die Parteien in § 5 III. 1. und 2.
139 *Stürner*, FS Wolfgang Frisch, S. 187, 191.

Liberalismus, dessen großes Zeitalter in Europa Mitte des 19. Jahrhunderts betrachtet wird.[140] Der Grundsatz „Wo kein Kläger ist, ist auch kein Richter" ist ein dem Sachsenspiegel, I, 62, § 1 entnommenes Rechtssprichwort und galt bereits im Römischen Recht.[141] Das alte deutsche Recht erkannte diese Regel ebenfalls an.[142] Im gemeinen Prozess wurde die Regel „Judex ex officio non procedit" aufgestellt, um das Verhältnis von Richter- und Parteimacht festzulegen.[143] Diese Regel beschränkte man nicht nur auf die Einleitung des Verfahrens, sondert dehnte sie auf den gesamten Verfahrensverlauf aus. Begründet wurde diese Regel damit, dass der Zivilprozess auf den Vorteil von Privatpersonen abziele. Das öffentliche Wohl werde nicht berührt, folglich gehe es den vom Staat eingesetzten Richter nichts an. Die Parteien wurden als mündige Personen betrachtet, die auf ihre Rechte verzichten können und denen die Vorteile nicht aufgedrängt werden mussten.[144]

a. Die Verfügungsfreiheit der Parteien in der AGO für die preußischen Staaten von 1793

So war selbst die Allgemeine Gerichtsordnung für die preußischen Staaten von 1793, die grundsätzlich von der „großen Idee der Wahrheitsermittlung"[145] geprägt war, von der Verfügungsfreiheit der Parteien gekennzeichnet. Der AGO von 1793 lag der Gedanke zugrunde, dass das Gericht von Amts wegen die Tatsachen zu ermitteln habe, die der Entscheidung zugrunde gelegt wurden. So fand sich auch in der Einleitung u. a. die Bestimmung Nr. 7, die lautete: „Der Richter ist also schuldig und befugt, den Grund oder Ungrund der in einem Prozesse vorkommenden Thatsachen selbst und unmittelbar zu untersuchen, und so weit es zur richtigen Anwendung der Gesetze auf den vorliegenden Fall erforderlich ist, ins Licht zu setzen." Aber auch, wenn der Richter vom Amts wegen zu ermitteln hatte, bedeutete das nicht, dass die Parteien keine Befugnisse während des Gerichtsverfahrens gehabt hätten. Der Streitgegenstand wurde von den Parteien festgelegt. Gemäß §§ 16 Ziff. 4 und 17 Ziff. 3 AGO hatten die Parteien deutliche und bestimmte Anträge zu stellen, aus denen ihre Absicht klar hervor ging. Auch

---

140 *Stürner*, FS für Wolfang Frisch, S. 187, 191.
141 Cod. 3, 7 „Invitus agere vel accusare nemo cogatur".
142 *Wetzell*, S. 512ff.
143 *Bomsdorf*, S. 38f. Nach *Bomsdorf* wurde diese Regel im 19. Jahrhundert auch der wesentliche Inhalt der Verhandlungsmaxime.
144 *Bomsdorf*, S. 37ff.
145 *Bomsdorf*, S. 91.

damals durfte der Richter nicht auf mehr erkennen, als die Partei beantragt hatte. Das wurde aus den §§ 4 Ziff. 5, 17 Ziff. 3, 19 AGO und dem Umkehrschluss der §§ 58, 63 AGO deutlich. Die Nichteinlassung auf gegnerisches Vorbringen führte dazu, dass die vom Gegner behaupteten Tatsachen als zugestanden angesehen wurden. Auch waren Vergleich und Anerkenntnis des gegnerischen Anspruchs jederzeit möglich.[146]

b. Die Reichszivilprozessordnung von 1877

Die Reichszivilprozessordnung von 1877 war bereits von der Dispositionsmaxime geprägt.[147] Ihre Verfasser waren vom liberalen Gedankengut beeinflusst, der durch den Kampf um bürgerliche Freiheiten und die Konstitutionalisierung des staatlichen Gemeinwesens geprägt war.[148] Der Prozess wurde als reine Privatangelegenheit betrachtet. Ausgehend davon war es bei der Schaffung der ZPO von 1877 wichtig, dass die Parteien nicht bevormundet werden sollten. So kann der Begründung entnommen werden, dass der Zivilprozess allein der Durchsetzung subjektiver Rechte diente. Wenn die Parteien entscheiden konnten, ob sie ihr Recht gerichtlich durchsetzten wollten, dann musste bei ihnen die Entscheidung über die Art und Weise und den Umfang der Rechtsdurchsetzung liegen.[149] Jedes selbstständige Verfahren wurde von der Partei eingeleitet. Ebenso oblag es der Partei zu bestimmen, worüber gestritten wurde. Das kam in § 279 ZPO von 1877 zum Ausdruck, welcher dem heutigen § 308 ZPO entsprach, nachdem das Gericht nicht befugt war, einer Partei etwas zuzusprechen, was diese nicht beantragt hatte. Die Geltung der Dispositionsmaxime zeigte sich auch in § 498 CPO von 1877. Demnach wurde auf die Berufung hin das erstinstanzliche Urteil nur insoweit geändert, als es beantragt wurde. Gemäß § 559 CPO von 1877 unterlagen nur die von den Parteien gestellten Anträge der Prüfung des Revisionsgerichts.

---

146 *Bomsdorf*, S. 92.

147 Zu diesem Zeitpunkt hatten sich die Begriffe Verhandlungs- und Dispositionsmaxime nicht unterschieden. Der Ausdruck „Dispositionsmaxime" findet sich nicht in der Begründung des Gesetzes. Lediglich einmal wird der Begriff von dem Abgeordneten *Schwarze* verwandt (*Hahn/Stegemann*, II/1, S. 242). Der Gesetzgeber meint, wenn er von der Geltung der Verhandlungsmaxime spricht, oft die Dispositionsmaxime. So wird etwa das in § 269 des Entwurfs ZPO 1877 enthaltene Verbot, ultra petitia zu erkennen, mit der Geltung der Verhandlungsmaxime begründet, *Hahn/Stegemann*, II/1, S. 219.

148 *Stürner*, FS Frisch, S. 187ff.

149 *Künzl*, S. 21.

Auch der Verlauf des Verfahrens war bereits von der Verfügungsfreiheit der Parteien gekennzeichnet. So konnte der Kläger auf seinen Anspruch gemäß § 277 ZPO von 1877 verzichten, der Beklagte gemäß § 278 ZPO von 1877 den Anspruch anerkennen. Gemäß § 202 Absatz 1 ZPO von 1877 konnten die Parteien durch Vereinbarung Fristen, mit Ausnahme der Notfristen, verlängern oder abkürzen und nach § 205 Absatz 1 ZPO von 1877 die Aufhebung eines Termins vereinbaren. Die weitreichenden Befugnisse der Parteien fasste *Wach* in seinem Werk wie folgt zusammen: „Die Parteien haben das Recht, über den Fortgang des Prozesses zu verfügen, den Prozess zu hemmen, ruhen zu lassen, zu beenden, jeden Termin aufzuheben, zu vertagen, nicht zuzustellen, nicht mehr zu laden nach vorangegangener Umgehung des Termins oder nach Säumnis des anderen Teils."[150]

4. Verfassungsrechtliche Grundlagen der Dispositionsmaxime

Fast alle Abhandlungen zum Zivilprozess beinhalten eine Darstellung zur Dispositionsmaxime.[151] Verfassungsrechtliche Grundlagen werden in diesem Zusammenhang indes kaum erarbeitet. Dies merkte auch *Stürner* bereits im Jahr 1981 an, als er sich mit den Verfahrensgrundsätzen des Zivilprozesses und der Verfassung auseinandersetzte.[152] Er führte aus, das Verfahrensrecht müsse sich vermehrt den Einzelfall- und Billigkeitsentscheidungen einer selbstbewussten Verfassungsrechtsprechung stellen.[153] In der vorliegenden Arbeit ist daher zunächst zu klären, ob die prozessuale Dispositionsmaxime als Ausfluss einer verfassungsrechtlichen Grundentscheidung betrachtet werden kann. Das ist für die verfassungsrechtliche Prüfung[154] der geänderten zivilprozessualen Vorschriften hinsichtlich der Rücknahme und des Anerkenntnisses der Revision von Bedeutung. Insbesondere ist zu überprüfen, von welchen Zwecken sich der Gesetzgeber bei der Gestaltung des Prozessverfahrens leiten ließ. Dabei eine verhältnismäßige Umsetzung erfolgt ist. Denn eigentlich gewährleistet das Grundgesetz eine unbeschränkte Verfügungsbefugnis über vermögensrechtliche (Art. 14 GG) und personenrechtliche (Art. 2 Abs. 1 GG) Ansprüche.[155]

---

150   *Wach*, S. 56f.
151   *Gottwald*, Zivilprozessrecht, § 76 Rn. 1ff.; *Jauernig/Hess*, § 24 Rn. 1ff; *Grunsky*, Grundlagen S. 18ff.
152   *Stürner*, FS Baur, S. 647, 650.
153   *Stürner*, FS Baur, S. 647.
154   Siehe S. 70 ff.
155   BVerfGE 42, 263ff, 294.

a. Grundlage der Dispositionsmaxime in Art. 19 Abs. 4 GG

Jedenfalls in der verwaltungsgerichtlichen Rechtsprechung wird angenommen, dass die Dispositionsmaxime[156] Art. 19 Abs. 4 GG zu entnehmen sei. Nach Art. 19 Abs. 4 GG steht jedermann, der sich durch die öffentliche Gewalt in seinen Rechten verletzt fühlt, der Rechtsweg zu den Gerichten offen. Eine solche Verletzung der Rechte ist gegeben, wenn diese durch staatliches Handeln rechtswidrig beeinträchtigt werden.[157] Art. 19 Abs. 4 GG gewährleistet damit Rechtsschutz gegen öffentlich-rechtliche Rechtsakte. Dem Verletzten ist eine volle Rechts- und Tatsacheninstanz gegen Akte der Verwaltung gewährleistet.[158]

Nach *Schmidt-Aßmann* findet unter den Verfahrensgrundsätzen allein die Dispositionsmaxime eine unmittelbare Absicherung in Art. 19 Abs. 4 GG.[159] Im Rahmen dieser Vorschrift gehe es um den einzelnen Menschen und um den Schutz der mit seiner Person verbundenen Rechtsstellung.[160] Dieser vorrangig subjektivrechtliche Schutzauftrag des Art. 19. Abs. 4 GG gebiete es, die Entscheidung über die Einleitung, Weiterverfolgung und die Beendigung des Rechtsschutzverfahrens grundsätzlich in die Hand des Rechtsuchenden zu legen.[161]

Auch nach *Schenke*[162] lege der Wortlaut des Art. 19 Abs. 4 GG („so steht ihm der Rechtsweg offen") nahe, dass der in dieser Vorschrift gewährte Rechtsschutz prinzipiell nur durch die Dispositionsmaxime gekennzeichnet sein müsse. *Schenke* begründet dies damit, dass der Anspruchsteller selbst darüber befinden müsse, ob und in welchem Umfang er sich gegen eine ihn betreffende Rechtsverletzung zur Wehr setzen wolle. Dies liege in der Logik der subjektiven – dadurch zur *Disposition* stehenden – Rechtsqualität des verletzten Rechts, der es entspreche, dem Rechtsinhaber die Entscheidung zu überlassen, ob und in welchem Umfang er das Gericht zur Verteidigung seiner rechtlich geschützten Interessen anrufe.[163]

---

156 Zur Geltung der Dispositionsmaxime im Verwaltungsprozess siehe *Haverkämper* und in § 4 II.

157 Berliner Kommentar/*Ibler* Art. 19 Abs. IV GG Rn. 151ff.; Dreier/*Schulze-Fielitz*, Art. 19 GG Rn. 74.

158 BVerfG, 31.5.1988 1 BvR 520/83 – BVerfGE 78, 214, 226; 13.6.1979 – 1 BvR 699/77 – BVerfGE 51, 268, 284; 10.11.1964 – 2 BvL 14/61 – BVerfGE 18, 203, 212; 5.2.1963 – 2 BvR 21/60 – BVerfGE15, 275, 282.

159 BK/*Schenke*, Art. 19 GG Rn. 134; Maunz/ Dürig/*Schmidt-Aßmann* Art. 19 GG Rn. 264.

160 Maunz/Dürig/*Schmidt-Aßmann*, Art. 19 GG Rn. 8.

161 Maunz/ Dürig/*Schmidt-Aßmann*, Art. 19 GG Rn. 264.

162 Handbuch der Grundrechte/ *Schenke* § 78 Rn. 59; BK /*Schenke* Art. 19 GG Rn. 82.

163 Handbuch der Grundrechte/ *Schenke* § 78 Rn. 59.

Auch *Berg* sieht den „Ort des Verfügungsgrundsatzes"[164] in Art. 19 Abs. 4 GG. Dieser garantiere die gerichtliche Prüfung im Hinblick auf die Verletzung subjektiver Rechte. Die Verletzung subjektiver Rechte zwinge den Bürger jedoch nicht zu klagen. Der Verfügungsgrundsatz bedeute aber gerade die Befugnis des Bürgers, selbstverantwortlich darüber zu entscheiden, ob und in welchem Umfang gerichtlicher Schutz angestrebt werde.[165] Die Möglichkeit, über den Streitgegenstand zu bestimmen, hänge davon ab, ob der Bürger in subjektiven öffentlichen Rechten verletzt worden sei und ob er Rechtsschutz wolle.[166]

Ähnlich argumentiert *Ibler*. Als Ausprägung subjektiv-rechtlichen Charakters der Rechtsschutzgarantie, verbürge Art. 19 Abs. 4 GG den Verfügungsgrundsatz der Prozessparteien.[167] Der Einzelne sei berechtigt, zum Schutz seiner Rechte das Verfahren einzuleiten, es durch Anträge zu lenken und wieder zu beenden.[168]

Diese Ausführungen zur Herleitung der Dispositionsmaxime im Verwaltungsprozess, können nicht auf die Herleitung der Dispositionsmaxime im Zivilprozess übertragen werden. Sie beziehen sich hauptsächlich auf den Wortlaut des Art. 19 Abs. 4 GG. Wie bereits oben dargelegt, garantiert Art. 19 Abs. 4 GG einen Rechtsweg bei Verletzung subjektiver Rechte durch die öffentliche Gewalt. Diese ausdrückliche Gewährleistung effektiven Rechtsschutzes gilt für das öffentliche Recht. Im Zivilprozess wird nicht die Rechtsverletzung durch die öffentliche Gewalt geltend gemacht. Daher ergibt sich die Garantie des effektiven Rechtsschutzes im Privatrecht aus dem Grundrecht, das vom Rechtsstreit materiell betroffen ist, im Zusammenwirken mit dem Rechtsstaatsprinzip und gegebenenfalls dem Sozialstaatsprinzip.[169]

b. *Grundlage der Dispositionsmaxime in Art. 2 Abs. 1 GG*

Die Dispositionsmaxime wird ganz einhellig als das prozessuale Korrelat der Verfügungsfreiheit und damit der Privatautonomie gesehen.[170] Nach der ständigen Rechtsprechung des BVerfG wird die Privatautonomie von Art. 2 Abs. 1 GG

---

164 *Berg*, FS für Menger, S. 537, 541f.
165 *Berg*, FS für Menger, S. 537, 541f.
166 *Berg*, FS für Menger, S. 537, 542.
167 Berliner Kommentar/ *Ibler*, Art. 19 Abs. 4 GG Rn. 242.
168 Berliner Kommentar/ *Ibler*, Art. 19 Abs. 4 GG Rn. 242.
169 BVerfG, 02.03.1993 – 1 BvR 249/92 – BVerfGE 88, 118, 123ff.; 12.02.1992 – 1 BvL 1/89 – BVerfGE 85, 337, 345; 07.12.1977 – 1 BvR 734/ 77 – BVerfGE 46, 325, 334 f.
170 *Stürner*, FS Baur S. 647, 650, *Grunsky*, Grundlagen, S. 18f.

gewährleistet.[171] Es ist daher naheliegend auch die Dispositionsmaxime aus Art. 2 Abs. 1 GG abzuleiten. Dies setzt aber voraus, dass die von der Dispositionsmaxime erfassten Freiheitsrechte unter den Schutzbereich des Art. 2 Abs. 1 GG fallen.

aa. Persönlichkeitstheorie

Nach der Persönlichkeitstheorie lässt sich die Dispositionsmaxime nicht aus Art. 2 Abs. 1 GG ableiten. Nach ihr wird durch Art. 2 Abs. 1 GG nur der „Kernbereich des Persönlichen" geschützt, der das Wesen des Menschen als geistig-sittliche Person ausmacht.[172] Die Vertreter dieser Theorie berufen sich darauf, dass die Verfasser des Grundgesetztes in bewusstem Gegensatz zur Weimarer Verfassung keine wertneutrale Freiheit hätten garantieren wollen, sondern von einem wertgebundenen Menschenbild ausgegangen seien.[173] Dies habe zur Folge, dass nur der Kernbereich der Persönlichkeit in den Schutzbereich des Art. 2 Abs. 1 GG falle.[174] Gegen die unbegrenzte Reichweite eines in Art. 2 Abs. 1 GG geschützten Rechts spreche auch, dass Grundrechte dem Schutz besonders hervorgehobener Individualpositionen dienten.[175] Nach *Grimm* schützte Art. 2 Abs. 1 GG nicht die Freiheit des Einzelnen zu tun und zu lassen, was er wolle, sondern die freie Entfaltung der Persönlichkeit.[176] Es sei weder historisch noch funktional Sinn der Grundrechte, jedes erdenklich menschliche Verhalten unter ihren besonderen Schutz zu stellen.[177]

Auch wenn die Vertreter der Persönlichkeitstheorie versuchen Art. 2 Abs. 1 GG vor einer Abwertung zu schützen,[178] ist dem nicht zu folgen. Es gelingt hier nicht, persönlichkeitsrelevantes Verhalten von trivialem, irrelevantem Verhalten zu unterscheiden.[179] Die angebotenen Kriterien zur Unterscheidung wie „Recht des Menschen, die ihm eigene Wesensart, sein Menschentum zu entfalten"; „höhere

---

171 BVerfG, 12.11.1958 – 2 BvL 4/56, – 2 BvL 26/56, – 2 BvL 40/56, – 2 BvL 1/57, – 2 BvL 7/57 – BVerfGE 8, 274, 327.

172 *Peters*, FS Laun, S. 669, 672 ff.

173 *Peters*, S. 47 ff.

174 *Peters*, S. 47 f, 49.

175 *Duttge*, NJW 1997, 3353, 3354.

176 Abweichendes Votum zu BVerfG 6.6.1989 – 1 BvR 921/85 – von *Grimm*, NJW 1989, 2528.

177 Abweichendes Votum zu BVerfG 6.6.1989 – 1 BvR 921/85 – von *Grimm*, NJW 1989, 2528.

178 *Haverkämper* S. 53.

179 Handbuch des Staatsrechts/*Cornils* § 168 Rn. 38.

Ebene des Kernbezirks des Persönlichen"[180] oder „engere, persönliche, freilich nicht nur auf rein geistige und sittliche Entfaltung beschränkte Lebenssphäre"[181] sowie „gesteigerte, dem Schutzgut der übrigen Grundrechte vergleichbare Relevanz des Verhaltens"[182] sind viel zu ungenau und selbst weit gefasst und eignen sich kaum als Abgrenzungskriterien.

bb. Bundesverfassungsgericht und herrschende Lehre

Vielmehr ist mit der großzügigeren Rechtsprechung des BVerfG davon auszugehen, dass die Dispositionsmaxime aus Art. 2 Abs. 1 GG abgeleitet werden kann. Das Bundesverfassungsgericht setzte sich im sog. „Elfes"-Urteil von der engen Persönlichkeitstheorie ab. Zwar müsse Art. 2 Abs. 1 GG im Lichte der alle Bestimmungen des Grundgesetzes beherrschenden Menschenwürdegarantie des Art. 1 GG gesehen werden. Art. 2 Abs. 1 GG sei jedoch „rechtlich gesehen ein selbstständiges Grundrecht, das die allgemeine menschliche Handlungsfreiheit gewährleiste.[183]

Nach den vom BVerfG entwickelten Grundsätzen gewährleistet Art. 2 Abs. 1 GG das Recht der allgemeinen Handlungsfreiheit im umfassenden Sinne.[184] Es umfasse jedes menschliche Verhalten. Diesen Schutz genieße nicht nur ein enger Bereich der Persönlichkeitsentfaltung, sondern „jede Form menschlichen Verhaltens ohne Rücksicht darauf, welches Gewicht der Betätigung für die Persönlichkeitsentwicklung zukommt."[185] Dieses Verständnis teilt die überwiegende Auffassung im Schrifttum.[186] Zweck der allgemeinen Freiheitsgewährleistung durch Art. 2 Abs. 1 GG ist der Schutz der menschlichen Entschließungsfreiheit, unabhängig davon, worauf die Entschließung abzielt.[187] Dieses Schutzbereichsverständnis erfasst dann auch die zuvor dargestellten Kriterien der Dispositionsmaxime.

---

180 *Peters*, S. 48 f.
181 *Hesse,* Rn. 428 und Fußnote 75 mit weiteren Fundstellen.
182 Abweichendes Votum zu BVerfG, 6.6.1989 – 1 BvR 921/85 von *Grimm*, NJW 1989, 2525, 2528.
183 BVerfG, 20.07.1954 – 1 BvR 459/52, – 1 BvR 484/52, – 1 BvR 548/52, – 1 BvR 555/52, – 1 BvR 623/52, -1 BvR 651/52, – 1 BvR 748/52, – 1 BvR 783/52, – 1 BvR 801/52, – 1 BvR 5/53, – 1 BvR 9/53, – 1 BvR 96/53, – 1 BvR 114/54 – BVerfGE 4, 7,15.
184 BVerfG, 6.6.1989 – 1 BvR 921/85 BVerfGE 80, 137, 152ff., 23.5.1980 – 2 BvR 854/79 – BVerfGE 54, 143,146, 16.1.1957 – 1 BvR 253/56 – BVerfGE 6, 32, 36f.
185 BVerfG, 6.6.1989 – 1 BvR 921/85 BVerfGE 80, 137, 152.
186 BVerfG, 6.6.1989 – 1 BvR 921/85 BVerfGE 80, 137, 152ff.; Handbuch des Staatsrechts/ *Cornils* § 168 Rn. 40ff.; Sachs/*Murswiek*, Art. 2 GG Rn. 52; *Laufke*, FS für H. Lehmann S. 145, 162; *Zeidler* NJW 1954, 1068.
187 Sachs/ *Murswiek*, Art. 2 GG Rn. 52.

c. Zwischenergebnis

Nach diesem Verständnis des Schutzbereichs darf man die gewährte Freiheitsgewährleistung des Art. 2 Abs. 1 GG auf jeden Lebensbereich ausdehnen. Dadurch
kann gefolgert werden, dass die Entscheidungsfreiheit, einen Prozess einzuleiten,
die Freiheit den Gegenstand zu bestimmen sowie über das Ende eines Prozesses
zu disponieren, in den Schutzbereich des Art. 2 Abs. 1 GG fällt. Daher wird zu
Recht im zivilprozessualen Schrifttum die Grundlage der Dispositionsmaxime
aus Art. 2 Abs. 1 GG abgeleitet. Das wesentliche Merkmal dieser Maxime sei die
Freiheit darüber zu bestimmen, ob ein Verfahren stattfinde und worüber und
wie lange prozessiert werde. Art. 2 Abs. 1 GG schließe eine Verpflichtung zur
aktiven Prozessführung aus. Vielmehr gestatte die allgemeine Handlungsfreiheit
des Art. 2 Abs. 1 GG dem Einzelnen frei darüber zu entscheiden, ob er seine
Rechte geltend mache oder nicht (mehr).[188]

---

188   *Stürner*, FS Baur, 647, 650; Schwab/*Gottwald*, Verfassung und Zivilprozess, S. 67f.

§ 5 Verhinderung von Grundsatzentscheidungen in der Revisionsinstanz als Folge der Dispositionsmaxime

I. Einführung in die Problematik

Die bisherigen Ausführungen haben verdeutlicht, dass im Revisionsverfahren Spannungen zwischen dem Bedürfnis an Einzelfallgerechtigkeit und dem Interesse der Allgemeinheit an der Entscheidung des Revisionsgerichts auftreten können. Betrachtet man die Voraussetzungen für die Revisionszulassung auf der einen Seite und die Möglichkeiten der Beendigung des Revisionsverfahrens auf der anderen Seite, ist bemerkenswert, dass die zivilprozessualen Regelungen zunächst erhebliche Voraussetzungen normieren, um das Revisionsverfahren zu eröffnen – im weiteren Verlauf aber die Beendigung des Revisionsverfahrens unter demgegenüber leichteren Voraussetzungen zulassen. Die Revision wird vom Berufungsgericht von Amts wegen sowie vom Revisionsgericht auf Beschwerde gegen die Nichtzulassung zugelassen. Das erfolgt nur in Fällen von grundsätzlicher Bedeutung sowie zur Rechtsfortbildung und Vereinheitlichung des Rechts, § 543 Abs. 2. ZPO. Der Zulassungsgrund der Grundsatzbedeutung fand sich bereits in § 546 ZPO a.f. Der Gesetzgeber hat durch die Neuregelung der Revisionszulassung eine Abweichung von § 546 S. 2 ZPO a.f. vorgenommen. Die grundsätzliche Bedeutung ist nun als eigener Zulassungsgrund neben die weiteren Zulassungsgründe der Fortbildung des Rechts und der Sicherung der Einheitlichkeit der Rechtsprechung getreten. Daraus ergibt sich, dass als Kriterien für die Beurteilung der allgemeinen Bedeutung einer Rechtssache nicht lediglich die Gesichtspunkte der Rechtsfortbildung und der Erhaltung der Rechtseinheit in Frage kommen.[189] Bereits 1951 wurde durch den BGH festgestellt, dass der Begriff der Grundsätzlichkeit die Klärung einer Rechtsfrage voraussetzt, deren Bedeutung sich nicht allein in der Regelung der Rechtsbeziehung der Parteien des Rechtsstreites erschöpfe.[190] Im Laufe der Zeit wurde der unbestimmte Rechtsbegriff weiter konkretisiert. Grundsätzliche Bedeutung liegt vor, wenn eine klärungsbedürftige Rechtsfrage zu entscheiden ist, die sich in einer unbestimmten Vielzahl von Fällen stellen kann und deswegen das Interesse der Allgemeinheit an der einheitlichen Entwicklung und Handhabung des Rechts

---

189   BT- Drs. 14/ 4722, S. 104.
190   BGH, 5.7.1951 – III ZR 75/50 – NJW 1951, 762.

berührt.[191] Dadurch werden die Fälle erfasst, in denen ein allgemeines Interesse an einer Entscheidung des Revisionsgerichts besteht.[192]

Bei der Beendigung des Revisionsverfahrens ist demgegenüber nur der Wille der Parteien – als Ausfluss der bereits dargestellten Dispositionsmaxime – entscheidend. Ihnen stehen unterschiedliche Möglichkeiten offen, das Verfahren zu beenden, ohne dass das Gericht die mit der Revision verfolgte Rechtsfrage hätte entscheiden können.

Die unterliegende Partei wird regelmäßig kein Interesse an einer Grundsatzentscheidung durch das Revisionsgericht haben, nachdem ihr in der mündlichen Revisionsverhandlung die Ansicht des jeweiligen Senats mitgeteilt wurde.[193] In diesen Fällen kann die Verfügungsfreiheit dazu eingesetzt werden, eine Entscheidung des Revisionsgerichts zu verhindern. Das Interesse des Prozessgegners wird mit dem Prozesserfolg, der auch durch eine Revisionsrücknahme oder Anerkenntnis erreicht wird, in der Regel befriedigt.

Zugleich führt das zu einer nicht unerheblichen Belastung höchstrichterlicher Ressourcen. Die Vorbereitung der mündlichen Verhandlung beginnt mit der schriftlichen Bearbeitung der Sache durch den Berichterstatter. Der Vorsitzende des Senats kann auch eine weitere Bearbeitung der Sache durch einen zweiten Berichterstatter anordnen oder die Akten bei den Senatsmitgliedern mit dem Ersuchen umlaufen lassen, zu einzelnen Rechtsfragen schriftlich Stellung zu nehmen, § 8 Abs. 1 GO des BGH. Die Bearbeitung der Sache und die anschließende Beratung im Senat werden bei einer verfrühten Verfahrensbeendigung dann lediglich zur „Makulatur".[194] Es zeigt sich, dass die Zulassungsvoraussetzungen als Filter funktionieren, um frühzeitig Anträge auszuschließen, die keiner intensiven Bearbeitung durch das Revisionsgericht bedürfen. Im weiteren Verlauf helfen sie indes nicht weiter. Vielmehr muss dazu der Verfahrensablauf mit den weitreichenden Befugnissen der Parteien überdacht werden.

Es fällt auf, dass Parteien in der Revisionsinstanz nicht selten taktisch handeln. Ihr prozesstaktisches Vorgehen richten sie daran aus, über das Unterliegen im Einzelfall hinaus eine für sie negative Wirkung gerade dadurch zu verhindern, dass sich andere Prozessgegner nicht auf die Entscheidung berufen können.[195] So könnten z.B. zahlreiche Kunden eines Großunternehmens ihre Ansprüche

---

191 BGH, 4.7.2002 – V ZB 16/02 BGHZ 151, 221, 223; 27.3.2003 – V ZR 291/02 – BGHZ 154, 288, 291; BT- Drs. 14/4722, S. 104.
192 BT- Drs. 14/4722, S. 104.
193 *Hergenröder*, S. 241ff; *Winter*, NJW 2014, S. 267.
194 *Hirsch*, VersR 2012, 929 f.; ähnlich Seifert r und s 2010, 177, 178.
195 *Fuchs*, JZ 2013, 990, 991.

durchzusetzen versuchen, nachdem sie erfahren haben, dass der Bundesgerichtshof bei der gleichen Sachlage bereits positiv entschieden hat. Das führt nicht selten dazu, dass die höchstrichterliche Klärung einer Rechtfrage jahrelang hinausgezögert wird. Währenddessen werden die Instanzgerichte immer wieder mit denselben nicht geklärten Rechtfragen beschäftigt. Im Ergebnis entsteht eine uneinheitliche Rechtsprechung, die für Unsicherheit bei den Betroffenen sorgen kann. Die höchsten Gerichte, die rechtshistorisch eingerichtet wurden, um für Rechtssicherheit zu sorgen, können keine Entscheidung treffen. Prozesstaktisches Verhalten verhindert das.[196] Dies sei an einigen versicherungs- und bankenrechtlichen Beispielsfällen erläutert.

II. Beispielsfälle

1. Am 10. Februar 2010 hat der für das Versicherungsrecht zuständige IV. Senat des BGH in einem Verfahren mit Beteiligung eines Lebensversicherungsunternehmens entscheiden wollen, ob seine Rechtsprechung zum Mindestrückkaufswert nach Kündigung einer Lebensversicherung[197] auch auf Verträge

---

196 Prozesstaktisches Verhalten der Parteien findet sich auch in der Arbeitsgerichtsbarkeit. Dazu folgender Beispielsfall: Im Jahre 1980 hatte das BAG erstmalig die Frage zu entscheiden, inwieweit der Betriebsrat bei der Einführung arbeitskampfbedingter Kurzarbeit zu beteiligen ist. Ein Mitbestimmungsrecht wurde dem Betriebsrat durch das Gericht über das „Ob" der Einführung von Kurzarbeit verweigert, hingegen sollte er über die konkrete Umsetzung in die betriebliche Praxis, also das „Wie", mitbestimmen dürfen, BAG, 22.12.1980 – 1 ABR 2/79 – BAGE 34, 331, 355. Zwei Jahre später war die Rechtsfrage, ob dem Betriebsrat ein Mitbestimmungsrecht bei der Einführung arbeitskampfbedingter Kurzarbeit zusteht, erneut Gegenstand eines Beschwerdeverfahrens vor dem ersten Senat des BAG. Auf Empfehlung der IG Metall wurde die Rechtsbeschwerde von den beteiligten Betriebsräten kurz vor der Entscheidungsverkündung zurückgenommen. Diese Vorgehensweise wurde damit erläutert, dass man sich wegen der restriktiven Rechtsprechung des Senats auf das Risiko einer weiteren Entscheidung nicht einlassen wolle, von dem Senat könne nur noch Schlechtes kommen. Siehe Handelsblatt vom 22.12.1982, S. 3. Auch im April und September 1988 stand die Frage der Reichweite der Mitbestimmungsrechte des Betriebsrats bei Einführung von Kurzarbeit wieder zur Entscheidung. In beiden Fällen kam es zu keiner Entscheidung des BAG. Im April wurde der Rechtsstreit durch die Revisionsrücknahme des Arbeitgebers beendet. Im September erkannte der beklagte Arbeitgeber den geltend gemachten Anspruch in der mündlichen Verhandlung an. Diese und weitere Beispielsfälle sind bei *Däubler* in AuR 1987, 349 f. und bei *Hergenröder,* S. 242 ff. zu finden. Weitere Beispielfälle aus der Sozialgerichtsbarkeit und dem Verwaltungsprozess schildert *Rüfner,* DRiZ, 1992, 457 ff.; siehe zum Steuerrecht *Desens,* S. 72ff.

197 Siehe BGH, 12.10.2005 – IV ZR 162/03 – BGHZ 164, 297.

anwendbar ist, die ab etwa Mitte 2001 bis Ende 2007 abgeschlossen worden sind.[198] Der Kläger hatte im Mai 2005 bei der Beklagten eine Rentenversicherung mit Kapitalwahlrecht abgeschlossen. 13 Monate lang zahlte er Beiträge in Höhe von insgesamt EUR 1.030,000. Im September 2006 kündigte er den Versicherungsvertrag. Die Beklagte teilte ihm den Rückkaufswert mit EUR 0,00 mit. Seine Klage auf Rückzahlung der Prämien, hilfsweise Zahlung eines Mindestrückkaufswerts hatte in den Vorinstanzen[199] keinen Erfolg. Im Revisionsverfahren ging es nur noch um den im Wege der Stufenklage verfolgten Hilfsantrag auf Zahlung eines Mindestrückkaufswerts gemäß der Rechtsprechung des Bundesgerichtshofs.[200] Die Vorinstanzen lehnten den Anspruch des Klägers unter Berufung auf die Rechtsprechung des BGH mit der Begründung ab, die in transparenter Weise auf die mit der Kündigung verbundenen Nachteile hinweisenden Klauseln hielten einer materiellen Inhaltskontrolle nach § 307 BGB stand.[201] In dieser Sache konnte der BGH nicht entscheiden, da sich das Verfahren durch Abschluss eines Vergleichs erledigte. Das verwundert in Anbetracht der Tatsache, dass das Versicherungsunternehmen als Beklagte bereits in den vorherigen Instanzen gewonnen hatte. Es erklärt sich aber daraus, dass der BGH vorher einen Hinweisbeschluss erlassen hat. In diesem wies er die Parteien darauf hin, dass es auf die bisher nur erörterte Frage der Transparenz möglicherweise nicht ankomme. Unter Berufung auf den Beschluss des BVerfG vom 15.02.2006[202] führte der Senat weiter aus, es könne sich ergeben, dass ein Rückkaufswert, der in den ersten Jahren bei null oder nur wenig darüber liegt, verfassungswidrig sei und daher einer materiellen Inhaltskontrolle nach § 307 Abs. 1 Satz 1 BGB nicht standhalte (vgl. § 169 Abs. 3 VVG n.F.). Der Senat hat ferner auf Bedenken gegen die Wirksamkeit der Bestimmungen über den Stornoabzug hingewiesen. Darin wird dem Versicherungsnehmer nicht – wie von § 309 Nr. 5b BGB verlangt – ausdrücklich der Nachweis gestattet, dass kein oder nur ein wesentlich geringerer Schaden entstanden sei.[203]

2. Anfang Februar 2012 sollte wiederum vor dem IV. Zivilsenat des BGH über Ansprüche gegen den englischen Lebensversicherer Clerical Medical Investment

---

198   Siehe Terminhinweise des BGH für die Zeit vom 3.2.-10.2.2010.

199   AG Chemnitz, 10.12.2008 – 13 C 3633/07 – und LG Chemnitz, 28.5.2009 – 6 S 2/09 – BeckRS 2010, 06233.

200   Siehe Terminhinweise des BGH für die Zeit vom 3.2.-10.2.2010.

201   AG Chemnitz, 10.12.2008 – 13 C 3633/07 – und LG Chemnitz, 28.5.2009 – 6 S 2/09 – n.v.

202   BVerfG, 15.02.2006 – 1 BvR 1317/96 – VersR 2006, 489.

203   Siehe Terminhinweise des BGH für die Zeit vom 3.2.-10.2.2010.

Group Ltd. verhandelt werden. Im Kern sollte die Frage geklärt werden, welche rechtliche Bedeutung es habe, wenn bei einer fondsgebundenen Kapitallebensversicherung gegen Einmalprämie einerseits bestimmte Auszahlungen zu bestimmten Terminen betragsmäßig im Versicherungsschein genannt sind, andererseits in den dem Vertrag zugrunde liegenden Policen-Bedingungen aber vorzeitige Auszahlungen an zusätzliche Voraussetzungen geknüpft sind. Die Frage war auch, ob diese Bedingungen hinreichend klar und eindeutig gefasst seien.[204]

Die Klägerin nahm die Beklagte in erster Linie auf Zahlung des Betrages von EUR 254.500,00 als im Versicherungsvertrag versprochene Leistung in Anspruch. Hilfsweise begehrte sie die Feststellung, dass die Beklagte ihr – wegen einer der Beklagten zurechenbaren fehlerhaften Aufklärung durch den Finanzvermittler – in näher bezeichnetem Umfang zum Schadensersatz verpflichtet sei. Das Berufungsgericht hatte den Hauptantrag abgewiesen und dem Hilfsantrag der Klägerin auf Schadensersatz im Wesentlichen stattgegeben.[205] Dagegen richteten sich die für die Klägerin eingelegte Revision ihrer Streithelferin und die Revision der Beklagten. Noch vor der mündlichen Verhandlung nahm der Versicherer seine eigene Revision zurück und erkannte den mit der Revision weiterverfolgten Hauptantrag auf Zahlung der Versicherungsleistung in Höhe von EUR 254.500,00 an. Der Termin wurde aufgehoben, zu diesem Zeitpunkt

---

204 Im konkreten Fall schloss die Klägerin im Jahre 2002 eine fondsgebundene Kapitallebensversicherung mit der Bezeichnung „Wealthmaster Noble" und einer Laufzeit von zehn Jahren bei der Beklagten, unter Beteiligung eines Finanzvermittlers ab. Die Einmalprämie in Höhe von 247.500 € finanzierte sie durch ein Darlehen ihrer Streithelferin in Höhe von 250.000 €. Im Versicherungsantrag und im Versicherungsschein wurden sowohl regelmäßige laufende Auszahlungen als auch eine Auszahlung von 254.500 € am 1. März 2012 festgelegt, die der Begleichung der Darlehenszinsen (6,5% jährlich) und der Rückzahlung des Darlehens dienen sollten. Nach den vom Berufungsgericht, OLG Dresden 22.9.2010 – 7 U 1358/09 – VersR 2011, 910 – getroffenen Feststellungen hat der Finanzvermittler der Klägerin bei Abschluss des Vertrages erklärt, dass die Auszahlungen mit den eingefügten Zahlen vertraglich abgesichert seien, so dass der Klägerin jedenfalls kein Verlust entstehe. Eine für die Klägerin erstellte „unverbindliche Musterberechnung" ging demgegenüber von einem Wertzuwachs von jährlich 8,5% und einem der Klägerin danach zusätzlich verbleibenden Gewinn aus. Tatsächlich betrug der Wertzuwachs der der Klägerin zugeteilten Fondsanteile in den ersten beiden Jahren nur 3% und 1,5%, so dass die Beklagte unter Berufung auf ihre Versicherungsbedingungen die Anzahl der der Klägerin zugewiesenen Anteile wegen der höheren laufenden Auszahlungen reduzierte und ankündigte, die für den 1. März 2012 vorgesehene Auszahlung wegen der ungünstigen Wertentwicklung voraussichtlich nicht mehr in voller Höhe erbringen zu können.
205 OLG Dresden, 22.9.2010 – 7 U 1358/09 – VersR 2011, 910.

sollen Hunderte ähnlicher Verfahren gegen Clerical Medical anhängig gewesen sein, 30 davon beim BGH.[206]

Am 11. Juli 2012 hat der BGH dann in fünf Verfahren[207], die sich gegen Clerical Medical Investment Group Limited richteten, entscheiden können. Laut der Pressemitteilung sollen zu diesem Zeitpunkt annährend tausend Verfahren, davon mehr als 40 beim BGH, bereits anhängig gewesen sein.[208] Im Wesentlichen hob der BGH die Urteile der Berufungsinstanzen auf und verwies die Sachen zurück. Der BGH bestätigte zwar das OLG Stuttgart[209] hinsichtlich der festgestellten Erfüllungsansprüche. Allerdings stufte der BGH den Abschluss der im Streit stehenden kapitalbildenden Lebensversicherung als Anlegergeschäft ein.[210] Daher sei der Versicherer verpflichtet gewesen, im Rahmen der Vertragsverhandlungen vollständig über alle Umstände zu informieren, die für den Versicherungsnehmer bedeutsam gewesen seien. Im Übrigen befand das Gericht, dass das Verhalten der Vermittler dem Versicherer zuzurechnen sei.[211]

3. Im September 2012 sollte vor dem XI. Zivilsenat des BGH über die Wirksamkeit einer Entgeltklausel wegen einer Bearbeitungsgebühr bei Abschluss eines Darlehensvertrages mündlich verhandelt werden. Die Revisionsklägerin wandte sich mit ihrer Revision gegen ein Urteil des OLG Dresden[212]. Die Berufungsinstanz hatte die streitgegenständliche Klausel, die von der Berufungsklägerin im Preisaushang verwendet wurde und nach der für einen Privatkredit eine Bearbeitungsgebühr von zwei Prozent der ursprünglichen Darlehenssumme zu zahlen war, unter Verstoß gegen § 307 BGB für unwirksam erklärt.[213] Der Verhandlungstermin wurde aufgehoben, weil die Revisionsklägerin die Revision kurz zuvor zurückgenommen hatte.[214]

Bereits seit Mitte des Jahres 2010 waren solche Klauseln Gegenstand gerichtlicher Auseinandersetzungen zwischen Banken und Privatkunden.[215] So sollen

---

206 Siehe die Pressemitteilung des BGH Nr. 6/2012.

207 BGH, 11.7.2012 – IV ZR 164/11 – BGHZ 194, 39 ff. – sowie IV ZR 122/11, IV ZR 151/11, IV ZR 271/10 – WM 2012, 1577- und IV ZR 286/10 – WM 2012, 1579.

208 Pressemitteilung des BGH vom 4.4.2012, Nr. 43/2012.

209 OLG Stuttgart, 18.7.2011 – 7 U 146/10 – juris.

210 Kritisch dazu *Oelkers/Wendt*, BKR 2014, 89, 91.

211 BGH, 11.7.2012 – IV ZR 164/11 – BGHZ 194, 39 ff.

212 OLG Dresden, 29.09.2011 – 8 U 562/11 – WM 2011, 2320.

213 OLG Dresden, Urteil vom 29.09.2011 – 8 U 562/11- WM 2011, 2320.

214 Siehe Pressemitteilung des BGH vom 20.08.2012, Nr. 132/12.

215 Laut der Pressemitteilung des BGH vom 11.12.2013, Nr. 199/13 war und ist die Frage der Wirksamkeit von Entgeltklauseln für die Bearbeitung von Privatkrediten Gegenstand zahlreicher bei dem XI. Zivilsenat anhängiger Verfahren.

vor dem Amtsgericht Mönchengladbach etwa 1.000 ähnliche Klagen anhängig gewesen sein.[216] Zum Zeitpunkt der Revisionsrücknahme existierten bereits zahlreiche oberlandesgerichtliche Entscheidungen, die sich mit „Bearbeitungsgebührenklauseln" unterschiedlicher Geldinstitute beschäftigt hatten. Die Mehrzahl der Gerichte erklärte die Klauseln für unwirksam.[217] Nach einer Untersuchung des Bundesverbandes der Verbraucherzentralen erstatteten die Geldinstitute jedoch lediglich in fünf Prozent der untersuchten Fälle die Bearbeitungsgebühr.

Die Auseinandersetzung um die Bearbeitungsgebühren bei Darlehen hat eine enorme wirtschaftliche Bedeutung. Dies lässt sich auch dem Beschluss des BGH zur Nichtzulassungsbeschwerde eines Geldinstitutes vom 10.12.2013 entnehmen.[218] Nach dem Vortrag der Beklagten beliefen sich die von ihr in den letzten drei Jahren vereinnahmten Bearbeitungsentgelte bei Verbraucherkrediten auf insgesamt über EUR 194.000,00 Euro.[219] Das wirtschaftliche Ausmaß wird auch deutlich, wenn man sich die Angaben der Deutschen Bundesbank anschaut. Demnach lag das Volumen für Konsumentenkredite mit einer Laufzeit von einem bis fünf Jahren (ohne Wohnungsbaukredite) im August 2012 bei gut 75 Milliarden Euro.[220] Bei einem üblichen Bearbeitungsentgelt in Höhe von zwei Prozent stehen für die Geldinstitute somit bis zu 1,5 Milliarden Euro zur Diskussion. Nach der Schätzung der Stiftung Warentest sollen in der Zeit zwischen 2005 und 2013 die Kreditinstitute Bearbeitungsgebühren in einer Gesamthöhe von 13 Milliarden Euro erhoben haben.[221]

In Anbetracht dieser Zahlen ist davon auszugehen, dass hier eine Partei ein erhebliches wirtschaftliches Interesse daran hat, die für sie ungünstigen Entscheidungen des BGH zu verhindern. Den einzelnen Kreditinstituten wird es zukünftig vor allem auch darum gehen, nicht auf die Einnahmen in Form von Bearbeitungsgebühren zu verzichten. Sollte das Revisionsgericht die Bearbeitungsgebühren für unwirksam erklären, können die Geldinstitute die Zurückerstattung nicht mit der

---

216 *Pabst*, FAZ vom 13.11.2013 S. 21.

217 Siehe OLG Bamberg, Urteil vom 04.08.2010 – 3 U 78/10; OLG Dresden, Urteil vom 02.12.2010 – 8 U 1461/10; OLG Frankfurt, Urteil vom 27.07.2011 – 17 U 59/11; OLG Karlsruhe, Urteil vom 03.05.2011 – 17 U 192/10; OLG Zweibrücken, Urteil vom 21.02.2011 – 4 U 174/10.

218 BGH, 10.12.2013 – XI ZR 405/12 – ZIP 2014, 96f.

219 BGH, 10.12.2013 – XI ZR 405/12 – ZIP 2014, 96, 97.

220 Zeitreihe SUD030.

221 https://www.test.de/Kreditbearbeitungsgebuehren-Milliardenurteil-vom-Bundesgerichtshof-4702197-0/, zuletzt aufgerufen am 7.10.2015., siehe zu der Entscheidung auch *Schwab*, JuS 2015, 168, 171.

Begründung ablehnen, es fehle eine höchstrichterliche Entscheidung. In 30 Prozent der durch den Verbraucherzentrale Bundesverband e.V. untersuchten Fälle lehnen die Kreditinstitute die Erstattung jedoch genau mit einer solchen Begründung ab.[222]

Erst am 13. Mai 2014 entschied der BGH in zwei im wesentlichen Punkt parallel gelagerten Revisionsverfahren, dass vorformulierte Bestimmungen über ein Bearbeitungsentgelt in Darlehensverträgen zwischen einem Kreditinstitut und einem Verbraucher unwirksam sind.[223]

4. Auch im Zusammenhang mit der Erstattungsfähigkeit von Aufwendungen gegenüber Krankenversicherungsunternehmen für eine so genannte „LASIK-Operation"[224] existiert keine Entscheidung des BGH. Die in der Vergangenheit anhängigen Revisionsverfahren haben sich anderweitig erledigt. So wurden im Jahr 2009 die diesbezüglichen beim BGH anhängigen Revisionsverfahren durch Anerkenntnisurteil[225] oder Rücknahme der Revision seitens des Revisionsklägers erledigt, nachdem der Revisionsbeklagte die Kosten der Operation übernahm.[226] Die Instanzgerichte werden dabei seit Jahren mit dieser Problematik beschäftigt, und auch in der Literatur[227] ist es ein viel diskutiertes Thema. Bis zum Jahr 2006 wurde die Kostenübernahmepflicht für die LASIK-Operation seitens der privaten Krankenversicherer in der Rechtsprechung einheitlich abgelehnt.[228]

---

222 Siehe den Bericht der Untersuchung online abrufbar unter: http://www.vzbv.de/cps/rde/xbcr/vzbv/kredit-bearbeitungsentgelt-rueckerstattung-fmw-2013.pdf, S. 10, zuletzt aufgerufen am 7.10.2015.

223 BGH, 13.5.2014 – XI ZR 170/13 – NJW- RR 2014, 1133; XI ZR 405/12 – NJW 2014, 2420.

224 In der Regel handelt es sich dabei um die Behandlungsmethode der Laser-in-situ-Keratomileusis, bei der die Fehlsichtigkeit dadurch korrigiert wird, dass zunächst der obere Teil der Hornhaut im Auge abgelöst und umgeklappt wird. Danach wird das darunter liegende Gewebe so lange mit dem Laser behandelt, bis sich eine Änderung der Hornhautkrümmung einstellt, die die Fehlsichtigkeit ausgleicht. Am Ende wird der umgeklappte, obere Teil der Hornhaut wieder zurück geklappt, siehe *Sonnenberg*, VuR 2011, 317.

225 BGH, 16.9.2009 – IV ZR 3/09 – juris.

226 *Kessal-Wulf*, r + s 2010, 353, 359.

227 *Gedigk/Zach*, VersR 2008, 1043; *Hütt*, VersR 2007, 1402; *Kessal-Wulf*, r + s 2010, 353, 359; *Sonnenberg*, VuR 2011, 317f.

228 LG München I, 4.11.2004 – 31 S 951/04 – VersR 2005, 394; LG Köln, 15.6.2006 – 23 S 86/04 – NJW- RR 2006, 1409; AG München, 30.5.2006 – 114 C 32726/04 – VersR 2007, 1073.

Dieses Bild hat sich seit einer Entscheidung des LG Dortmund[229], in der erstmalig die Kostenerstattungspflicht für die LASIK-Operation bejaht wurde, gewandelt – die Rechtsprechung der Instanzgerichte ist mittlerweile uneinheitlich geworden. Einerseits wird die Kostenerstattungspflicht des privaten Krankenversicherers bejaht[230] und andererseits verneint.[231] Jährlich gibt es in Deutschland ca. 80.000[232] LASIK-Operationen, bei denen die Fehlsichtigkeit der Augen korrigiert werden soll. Die Kosten für die Korrektur der Fehlsichtigkeit für beide Augen liegen zwischen EUR 2.000,00 und EUR 4.000,00. Diese Zahlen werden wohl der Hauptgrund dafür sein, dass die privaten Krankenversicherungsunternehmen der Kostenübernahme ablehnend gegenüber stehen. Aus Befürchtung einer für sie negativen Entscheidung meiden sie aber auch die höchstrichterliche Klärung der Frage nach der Kostenerstattung für die LASIK-Operation.

5. Höchst umstritten bleibt auch die Frage, welcher Zeitpunkt für die Beurteilung des Eintritts des Versicherungsfalles bei einem Leitungswasserschaden im Sinne des § 3 Nr. 3 Allgemeine Wohngebäude-Versicherungsbedingungen (VGB) maßgeblich sein soll. Die so genannte „Theorie des ersten Tropfens" stellt auf den Beginn des Wasseraustritts ab.[233] Die andere Auffassung erkennt das Vorliegen des Versicherungsfalls noch an, wenn die Schäden erst in versicherter Zeit erkennbar werden, die Ursachen aber bereits vor Beginn des Versicherungsvertrages gesetzt worden sind.[234] Diese Frage hätte der BGH am 30. Oktober 2013 klären können, wenn das Revisionsverfahren nicht zwei Tage vor der mündlichen Verhandlung anderweitig erledigt worden wäre. Der Versicherer erkannte den Anspruch des Versicherungsnehmers an, obwohl er in den beiden vorherigen Instanzen obsiegt hatte. Dem Revisionsverfahren lag folgender Fall zugrunde: Ein Versicherungsnehmer schloss zunächst eine Wohngebäudeversicherung ab, die auch etwaige Leitungswasserschäden abdecken sollte. Er beendete dann das Versicherungsverhältnis mit der ursprünglichen Versicherungsgesellschaft

---

229 LG Dortmund, 5.10.2006 – 2 S 17/05 – VersR 2007, 1401.

230 LG Frankfurt (Oder), 02.10.2012 – 6a S 198/11 – r + s 2013, 29ff; LG Dortmund, 5.10.2006 – 2 S 17/05 – VersR 2007, 1401 f.

231 LG Hannover, 11.8.2009 – 2 S 85/08 – NdsRpfl 2010, 58–59; AG München, 09.1.2009 – 112 C 25016/08; LG Köln, 10.12.2008 – 23 S 6/ 08 – VersR 2009, 535.

232 *Gedig/Zach*, VersR 2008, 1043.

233 OLG Köln, 14.12.2008 – 20 U 246/07 – r + s 2008, 245f; OLG Celle, 10.05.2012 – 8 U 213/11 – VersR, 2013, 57; Knappmann in: Anmerkung zu OLG Celle, 10.05.2012 – 8 U 213/11, r + s 2012, 493, 495f.

234 OLG Schleswig, 19.02.2015 – 16 U 99/14 – r + s 2015, 197ff.; OLG Hamm, 20.07.2015 – I-20 W 19/15, 20 W 19/15 – r + s 2015, 451, 452; Felsch, r + s 2014, 313, 323.

und schloss einen entsprechenden Wohngebäudeversicherungsvertrag mit einer neuen Versicherungsgesellschaft ab. Dem neuen Versicherungsvertrag lagen die VGB 88 zugrunde, die sich hinsichtlich des Schadensersatzes durch Leitungswasser nicht von dem eingangs erwähnten § 3 Nr. 3 VGB unterscheiden. Danach leisten Versicherer Entschädigung für Sachen, die durch Leitungswasser beschädigt oder zerstört werden. Ein Jahr nach dem Wechsel der Versicherungsgesellschaft stellte der Versicherungsnehmer in der Küche Durchfeuchtungen fest, für die eine Leckage an der Kaltwasseranschlussleitung des Geschirrspülers in der Küche ursächlich war. Genaueres zu Beginn, Dauer und Hergang des Wasseraustritts ließ sich nicht mehr feststellen. Der Kläger zeigte den Schaden dem (neuen) Versicherer an. Dieser beauftragte einen Sachverständigen, der konstatierte, der Schaden müsse bereits vor Beginn des neuen Versicherungsvertrages ursächlich entstanden sein. Der Kläger wandte sich auch an den alten Versicherer, dessen Sachverständiger zu dem Ergebnis kam, der Schaden müsse kurze Zeit vor seiner Entdeckung – unter Geltung des neuen Versicherungsvertrages – entstanden sein.

Der Kläger, der gegen den (neuen) Versicherer klagte, unterlag in beiden Instanzen.[235] Die Revision des Klägers wurde auf seine Nichtzulassungsbeschwerde hin vom BGH zugelassen. Die daraus folgende Entscheidung des BGH hätte – so Richter am BGH *Felsch* – Überraschungspotential gehabt.[236] Damit deutete er an, dass der BGH die Entscheidung des Berufungsgerichts wohl aufgehoben hätte und damit zum Nachteil des Versicherungsunternehmens entschieden. Dies verhinderte das Versicherungsunternehmen, indem es die Klage in vollem Umfang anerkannte.[237] Mittlerweile haben in ähnlich gelagerten Fällen das OLG Schleswig[238] und das OLG Hamm[239] Versicherer zur Zahlung von Leitungswasserschäden verurteilt. Nach dem OLG Hamm lasse sich für den Zeitpunkt des Versicherungsfalls nicht allein darauf abstellen, wann die erste Rohrundichtigkeit im Sinne einer „Erstschädigung" eingetreten ist. Aus Sicht eines durchschnittlichen Versicherungsnehmers könne das Versicherungsversprechen für Nässeschäden im Sinne von § 3 Ziff. 3 VGB vielmehr auch dahin ausgelegt werden, dass der Versicherungsfall hier so lange andauere, wie Wasser bestimmungswidrig aus Leitungen austritt und versicherte Sachen zerstört oder

---

235 LG Hannover, 1.9.2011 – 8 O 55/10; OLG Celle, 10.5.2012 – 8 U 213/11 – VersR 2013, 57.
236 Felsch, r + s 2014, 313, 323.
237 Felsch, r+s 2014, 313, 323.
238 OLG Schleswig, 19.02.2015 – 16 U 99/14 – r + s 2015, 197 ff.
239 OLG Hamm, 20.07.2015 – I-20 W 19/15, 20 W 19/15 – r + s 2015, 451 f.

beschädigt werden.[240] Das OLG Schleswig hat die Revision zugelassen. Es bleibt abzuwarten, ob es nun zu einer Entscheidung des BGH – und zu einer erkennbaren Rechtseinheit für die Betroffenen – kommen wird.

III. Möglichkeiten der Beendigung des Revisionsverfahrens durch die Parteien und die Folgen für das Verfahren

Die soeben dargestellten Beispiele zeigen, dass es den Parteien bisher möglich war, das Revisionsgericht an einer klärenden Entscheidung mit Signalwirkung zu hindern. Das führt dazu, dass es nicht selten jahrelang dauert, bis das höchste Gericht tatsächlich eine Entscheidung erlassen kann. Dabei tritt die Bedeutung der Rechtsache für die Fortbildung oder Vereinheitlichung des Rechts, die maßgeblich für die Zulassung der Revision war, in den Hintergrund. In dem Zusammenhang fällt aber auch auf, dass die „Verhinderungsproblematik" vor allem in banken- und versicherungsrechtlichen Streitigkeiten vorkommt.

Im weiteren Verlauf der Untersuchung sind im Einzelnen die rechtlichen Möglichkeiten der Parteien darzustellen, das Revisionsverfahren zu beenden. Um die jüngsten Entwicklungen der ZPO-Reform, mit der bereits die ersten Einschränkungen der Beendigungsmöglichkeiten vorgenommen wurden[241], deutlich zu machen, ist dabei zwischen der Rechtslage vor und nach dem 1. Januar 2014 zu unterscheiden.

1. Rechtslage bis zum 31.12.2013

a. Vergleich

Die Parteien haben zunächst – als Ausfluss der Verfügungsfreiheit – die Möglichkeit der Verfahrensbeendigung durch Abschluss eines Vergleichs[242]. Der Vergleich wird zwischen den Parteien in einem anhängigen Verfahren zur Beilegung des Rechtsstreits seinem ganzen Umfang nach oder bezüglich eines Teiles des Streitgegenstandes vor einem deutschen Gericht geschlossen, vgl. § 794 Abs. 1 Nr. 1 ZPO. Die verfahrensrechtliche Wirkung des Vergleichs besteht in der Beendigung des Verfahrens und der Beseitigung der Rechtshängigkeit durch Vereinbarung.[243] Eine

---

240   OLG Hamm, 20.07.2015 – I-20 W 19/15, 20 W 19/15 – r + s 2015, 451, 452.
241   Siehe dazu § 5 III. 2., S. 68 ff.
242   Siehe zum Begriff des Vergleichs MüKoZPO/*Wolfsteiner*, § 794 Rn. 4 f.
243   BGH, 15.4.1964 – I b ZR 201/62 – NJW 1964, 1524, 1525; 10.3.1955 – II ZR 201/53 – BGHZ 16, 388, 390; RG, 10.3.1938 – IV B 6/38 – RGZ 157, 141, 143.

gerichtliche Entscheidung in der Sache ergeht nicht.[244] Die richterliche Mitwirkung erschöpft sich in der Protokollierung des Vergleichs gemäß § 160 Abs. 3 Nr. 1 ZPO. Die Prozessbeendigung durch Abschluss des Vergleichs ist zwar in der ZPO nicht ausdrücklich angeordnet, kann jedoch den §§ 81, 83, 160 Abs. 1 Nr. 2 ZPO entnommen werden, die von der Beendigung des Rechtsstreits durch Vergleich sprechen. Dem Vergleich liegt der Gedanke der gütlichen Erledigung als Form der Beilegung eines Rechtsstreits zugrunde und hat eine lange Tradition. Bereits § 268 ZPO von 1877 bestimmte, dass das Gericht in jeder Lage des Rechtsstreits die gütliche Beilegung versuchen könne. Die Vereinfachungsnovelle von 1977[245] machte die Kann- zur Soll- Vorschrift und ordnet seitdem in § 278 Abs. 1 ZPO an, dass das Gericht in jeder Lage des Verfahrens auf die gütliche Beilegung des Rechtsstreits oder einzelner Streitpunkte bedacht sein soll. Die Vorschrift findet auch im Revisionsverfahren Anwendung, § 555 Abs. 1 ZPO.

Der Vergleich führt in der Revisionsinstanz – ebenso wie das Anerkenntnis und die Rücknahme der Revision – zur Reduzierung der Gerichtsgebühr von fünf auf drei Gebühren. Allerdings erhalten die Rechtsanwälte eine zusätzliche Einigungsgebühr. Das kann durchaus einen Anreiz für die Rechtsanwälte darstellen, ihre Mandanten zum Abschluss des Vergleichs bewegen zu wollen.

b. Beiderseitige Erledigungserklärung der Hauptsache

Die Parteien können dem Revisionsgericht die Entscheidungsmöglichkeit über den Streitgegenstand auch mittels übereinstimmender Erledigungserklärungen entziehen.[246] Die Erklärungen können ausdrücklich oder konkludent erfolgen. Ausreichend ist, dass von der konkreten Äußerung bzw. dem konkreten Verhalten mit hinreichender Sicherheit auf den entsprechenden Rechtsfolgewillen geschlossen werden kann.[247] Die Parteien können den Rechtsstreit in der mündlichen Verhandlung oder – ggf. auch nach Schluss der mündlichen Verhandlung – durch Einreichen eines bestimmenden Schriftsatzes oder zu Protokoll der Geschäftsstelle für erledigt erklären (§ 91a ZPO). Allein durch die formgerechte Abgabe der Erklärung wird die Rechtshängigkeit der Hauptsache beendet.[248]

---

244 BGH, 15.4.1964 – I b ZR 201/62 – NJW 1964, 1524, 1525; Gottwald, Zivilprozessrecht, § 130 Rn. 24.

245 BGBl. I 1976, S. 3281.

246 BGH, 8.2.1989 – IVa ZR 98/87 – BGHZ 106, 359, 368; Gottwald, Revisionsinstanz als Tatsacheninstanz, 388f.; MüKoZPO/Lindacher § 91a Rn. 43 und ausführlich zur Erledigung in der Rechtsmittelinstanz, Stuckert, S. 19 ff.

247 BGH, 12.3.1991 – XI ZR 148/90 – NJW –RR 1991, 1211.

248 MüKoZPO/Lindacher § 91 a Rn. 29; Stein/Jonas/Bork, § 91 a Rn. 20; Westermeier, 28ff.

Das Revisionsgericht hat nur noch über die Verfahrenskosten gemäß § 91a ZPO unter Berücksichtigung des bisherigen Sach- und Streitstandes nach billigem Ermessen durch Beschluss zu entscheiden. Im Rahmen dieser Ermessensentscheidung ist die Frage zu beantworten, wie zum Zeitpunkt des Eintritts erledigenden Ereignisses zu entscheiden gewesen wäre, wenn es unter Außerachtlassung des erledigenden Umstandes zu einem Urteil gekommen wäre.[249] Es handelt sich dabei um eine summarische Prüfung der Erfolgsaussichten des Rechtsmittelverfahrens.[250] Dem Revisionsgericht ist es dabei nicht verwehrt, Ausführungen zum konkreten Streitgegenstand und den Rechtsproblemen zu machen. Die Parteien können aber auch diese Kostenentscheidung mit etwaiger Signalwirkung verhindern, indem sie vergleichsweise auf diese verzichten.[251]

c. Rücknahme der Revision

Die wohl häufigste Variante, das Verfahren zu beenden, ist die Revisionsrücknahme.[252] Die Rücknahmeerklärung bedeutet im Ergebnis den Widerruf des Rechtsschutzbegehrens. Sie ist von einem postulationsfähigen Rechtsanwalt dem Revisionsgericht gegenüber zu erklären.[253] Die Rücknahme der Revision führt gemäß §§ 516 Abs. 3 Satz 1, 565 Satz 1 ZPO zum Verlust des Rechtsmittels. Das mit der Revision angefochtene Urteil erwächst in Rechtskraft. Damit führt die Rücknahme der Revision zur Beendigung des Verfahrens. Das Revisionsgericht hat nur noch in einem unanfechtbaren Beschluss den Rechtsmittelverlust und die Kostenfolge festzulegen.[254] Die Kosten trägt der Revisionskläger, denn die Rücknahme der Revision stellt sich wie ein Unterliegen dar. Die Revisionsrücknahme erspart die Urteilsgebühr in Höhe von drei Gebühren. Sie reduziert sich von fünf auf zwei Gebühren.[255]

Entsprechende Rücknahmeerklärungen konnten Revisionskläger nach der Gesetzeslage bis zum 31.12.2013 – anders als Kläger im Rahmen der Klagerücknahme nach § 269 Abs. 1 ZPO – ohne die Einwilligung des Gegners bis zur Verkündung des Revisionsurteils abgeben.

---

249 RG, 12.4.1904 – VII 55/04 – RGZ 57, 381, 385.
250 MüKoZPO/*Lindacher* § 91a Rn. 43.
251 Zöller/*Vollkommer* § 91a Rn. 23; Saenger/*Gierl*, § 91a Rn. 38.
252 Siehe bereits zuvor § 4 II.
253 BGH 14.11.1983 – IVb ZR 1/82 – NJW 1984, 805.
254 Das frühere nötige Antragerfordernis hat der Gesetzgeber mit dem Zivilprozessreformgesetz 2001 beseitigt, BGBl I S. 1887.
255 Gerichtskostengesetz, Anl. 1, Kostenverzeichnis 1232.

Diese zeitliche Ausdehnung der Rücknahmemöglichkeit über den Beginn der mündlichen Verhandlung hinaus wurde erst mit der ZPO-Reform 2002 eingeführt. Im Rahmen dieser Reform wurde § 565 ZPO geändert. Die für die Berufung geltenden Vorschriften über die Rücknahme des Rechtsmittels wurden auf die Revision für entsprechend anwendbar erklärt. Damals beabsichtigte der Gesetzgeber, die Rechtsmittelgerichte zu entlasten.[256] In der Gesetzesbegründung heißt es, es diene sowohl der endgültigen Befriedung der Parteien als auch der Entlastung der Berufungsgerichte, wenn der Berufungskläger die Berufung auch noch nach dem Beginn der mündlichen Verhandlung zurücknehmen könne. Der späte Zeitpunkt der Rücknahmemöglichkeit sei gewählt worden, um dem Berufungskläger im Lichte der in der mündlichen Verhandlung vom Gericht geäußerten vorläufigen Rechtsauffassung auch nach deren Ende noch die Möglichkeit zur Berufungsrücknahme ohne zeitlichen Druck zu eröffnen.[257] Durch diese Regelung stellte der Gesetzgeber das Revisionsverfahren dem Berufungsverfahren gleich. Dies verwundert, wenn man bedenkt, dass mit der Reform 2002 zugleich eine Funktionsdifferenzierung der Rechtsmittelinstanzen stattfand.[258] Der Gesetzgeber ordnete die Berufungsinstanz vornehmlich als ein Instrument der Fehlerkontrolle und -beseitigung ein. Im Unterschied zu dieser Instanz sollten beim BGH als Revisionsinstanz die Klärung grundsätzlicher Rechtsfragen, die Aufgaben der Rechtsfortbildung und der Wahrung der Rechtseinheit im Vordergrund stehen.[259] Dadurch sollte das Revisionsgericht eine maximale Wirkung erfahren.[260]

Angesichts dieser Unterscheidung zwischen dem Berufungs- und dem Revisionsgericht war die identische Regelung hinsichtlich der zeitlichen Möglichkeit der Rücknahme nicht genügend bedacht. Auch *Rinkler*[261] kritisierte sehr früh die ausgedehnte Möglichkeit der Revisionsrücknahme und stellte klar, es sei eine nicht zu rechtfertigende Verschwendung von Ressourcen, wenn der Revisionskläger noch bis zur Urteilsverkündung einseitig sein Rechtsmittel zurücknehmen könne. Denn bis zur mündlichen Verhandlung habe der zuständige Fachsenat die grundsätzlichen Rechtsfragen wissenschaftlich umfassend aufbereitet und sich intensiv in die Materie eingearbeitet.

---

256 BT- Drs. 14/ 4722, S. 94.
257 BT- Drs. 14/4722, S. 94.
258 BT- Drs. 14/ 4722, S. 66.
259 BT- Drs. 14/ 4722, S. 61.
260 BT- Drs. 14/ 4722, S. 66.
261 *Rinkler*, NJW 2002, 2449ff.

d. Anerkenntnis

Weiterhin haben die Revisionsbeklagten die Möglichkeit, das Revisionsverfahren durch Anerkenntniserklärung zu beenden. Das Anerkenntnis enthält zunächst das Zugeständnis der Richtigkeit der tatsächlichen Klagebehauptungen und zugleich die Anerkennung, dass sich aus diesen Tatsachen die vom Revisionskläger behaupteten Rechtsfolgen ableiten lassen, mit denen er sein Klagebegehren begründet.[262] Der Anerkennende unterwirft sich dem Klageanspruch als einem zu Recht bestehenden Anspruch.[263] Das Anerkenntnis als solches führt noch nicht zur Verfahrensbeendigung, denn es gibt dem Kläger noch keinen vollstreckbaren Titel.[264] Es bedarf vielmehr eines Anerkenntnisurteils. Der Anerkennende wird gemäß § 307 ZPO seinem Anerkenntnis nach verurteilt. Da das Anerkenntnisurteil gemäß § 313 b Abs. 1 S. 1 ZPO nicht des Tatbestandes und der Entscheidungsgründe bedarf, nehmen die Gerichte nach gängiger Praxis grundsätzlich keine Prüfung des klägerischen Begehrens vor.[265] Das bedeutet, dass der Beklagte aufgrund seines Anerkenntnisses und nicht aufgrund einer streitigen Grundsatzentscheidung verurteilt wird.[266] In zeitlicher Hinsicht kann das Anerkenntnis bis zum rechtskräftigen Abschluss des Verfahrens noch in der Revisionsinstanz erklärt werden.[267]

Nach der Rechtslage bis zum 31.12.2013 war lediglich die Erklärung des Revisionsbeklagten erforderlich, um ein solches Anerkenntnisurteil zu erwirken. Eines Antrages der Gegenseite bedurfte es nicht. Das Antragserfordernis wurde im Rahmen der ZPO-Reform 2002 gestrichen. Nach § 307 Abs. 2 ZPO in der Fassung bis zum 31.12.2001 wurde der Revisionsbeklagte im Falle eines Anerkenntnisses auf Antrag dem Anerkenntnis gemäß verurteilt. Ungeachtet des Wortlautes erging nach herrschender Meinung in der Literatur[268] und Rechtsprechung[269] ein Anerkenntnisurteil indes auch ohne ausdrücklichen Antrag des Revisionsklägers.

---

262 Siehe zur dispositiven Natur des Anerkenntnisses *Ziemssen*, der sich gegen die Möglichkeit der Erklärung des Anerkenntnisses in der mündlichen Verhandlung vor dem Revisionsgericht ausspricht, S. 9f.

263 RG, 2.5.1917 – V 13/17 – RGZ 90, 186, 190; BGH, 8.10.1953 – III ZR 206/51 – BGHZ 10, 333, 335.

264 BGH, 8.10.1953 – III ZR 206/51 – BGHZ 10, 333, 334.

265 BGH, 8.10.1953 – III ZR 206/51 – BGHZ 10, 333, 335.

266 BT-Drs. 17/13948, S. 35.

267 BGH, 18.7.2013 – IX ZB 41/12 – NJW-RR 2013, 1333.

268 Thomas/Putzo/*Reichold*, § 307 Rn. 11; *Winter*, NJW 2014, S. 267, 268.

269 BGH, 8.10.1953 – III ZR 206/51 – BGHZ 10, 333, 336.

2. Reform mit Wirkung ab 1. Januar 2014

a. Gesetzgebungsverfahren

Die Vereitelung von Revisionsentscheidungen wurde zuletzt immer offensichtlicher. Diese taktisch motivierte Vermeidung höchstrichterlicher Entscheidungen empfand der Gesetzgeber als Missstand und entschied sich im Jahr 2013 zu Veränderungen.[270] Aufgrund der Beschlussempfehlung des Rechtsausschusses vom 12.06.2013 wurde die Änderung der Vorschriften über die Rücknahme der Revision und des Anerkenntnisses in den „Entwurf eines Gesetzes zur Förderung des elektronischen Verkehrs mit den Gerichten"[271] aufgenommen. Schon am 13.06.2013 wurden die Regelungen in zweiter und dritter Lesung durch den Bundestag verabschiedet.[272] Ein Antrag auf Einberufung des Vermittlungsausschusses gegen das nicht zustimmungsbedürftige Gesetz wurde durch den Bundesrat auf Empfehlung seines Rechtsausschusses nicht gestellt.[273] Das Gesetz trat zum 1. Januar 2014 in Kraft.

Im weiteren Verlauf ist nun auf die Details der Änderungen ein- und der Frage nachzugehen, ob der Gesetzgeber auch effektiv hat Veränderungen – des von ihm als Misstand empfundenen Taktierens – herbeiführen können.

b. Änderung der Vorschriften über die Rücknahme der Revision und des Anerkenntnisses

Im Rahmen des zuvor beschriebenen Gesetzgebungsverfahrens hat der Gesetzgeber die Rücknahme der Revision in § 565 ZPO eingeschränkt. Gemäß § 565 S. 2 ZPO kann die Revision ohne die Einwilligung des Revisionsbeklagten nur noch bis zum Beginn der mündlichen Verhandlung zurückgenommen werden. Auch die Möglichkeit des Anerkenntnisses in der Revisionsinstanz wurde neu geregelt. Nach § 555 Abs. 3 ZPO ergeht ein Anerkenntnisurteil nunmehr nur auf gesonderten Antrag des Revisionsklägers.

In der maßgeblichen Beschlussempfehlung des Rechtsausschusses wird hinsichtlich dieser neuen Regelungen einleitend darauf hingewiesen, dass dem BGH die Aufgabe zukomme, Entscheidungen in Rechtssachen von grundsätzlicher Bedeutung zu treffen, das Recht fortzubilden sowie eine einheitliche

---

270 *Winter*, NJW 2014, 267, siehe zum Gesetzgebungsverfahren auch Fuchs, JZ 2013, 990, 991.
271 BT- Drs. 17/13948, S. 52ff.
272 BT- Plenarprotokoll 17/246, S. 31452 C, S. 31454 A.
273 BR- Drs. 500/13(B).

Rechtsprechung zu sichern. Diese Aufgabe könne nur erfüllt werden, wenn das Revisionsgericht über die (zu Recht) angestrengten Revisionen auch entscheiden könne.[274] Explizit wird darauf hingewiesen, dass in der Vergangenheit insbesondere in banken- und versicherungsrechtlichen Streitigkeiten Grundsatzentscheidungen verhindert worden seien und diese Verhinderungspraxis eingeschränkt werden müsse.[275] Insgesamt würden durch die Neuregelungen die Dispositionsmaxime einerseits und das öffentliche Interesse an der Klärung von Rechtsfragen mit Grundsatzbedeutung auf der anderen Seite in ein neues, ausgewogenes Verhältnis gebracht.[276]

3. Kritische Betrachtung der Neuregelungen

Fraglich bleibt, ob der Gesetzgeber mit den dargestellten Änderungen das Problem der Verhinderung von Grundsatzentscheidungen des Revisionsgerichts ausreichend und zulässig gelöst hat. Dabei ist zunächst zu prüfen, ob der Neuregelung verfassungsrechtliche Gesichtspunkte entgegenstehen.

a. Gestaltungsfreiheit des Gesetzgebers

Die zuletzt vorgenommenen Änderungen der Vorschriften zur Beendigung des Revisionsverfahrens werden teilweise als rechtlich bedenklich angesehen.[277] Der Gesetzgeber entziehe dem Rechtsmittelführer im Ergebnis die Herrschaft über das Verfahren.[278] Diese Bedenken werden nicht näher begründet, es wird lediglich darauf verwiesen, dem stünde die Geltung der Privatautonomie entgegen.[279] Darüber hinaus berühre die Änderung die Grundfragen des Zivilprozesses – dieser werde stärker öffentlichen Interessen verpflichtet als dies bisher der Fall gewesen sei.[280]

Es wurde bereits dargestellt, dass die Prozessführung von dem freien Willenentschluss der Partei geprägt ist – genauso wie die privatrechtlichen Verhältnisse grundsätzlich der freien Disposition ihrer Träger unterworfen sind.[281] Die Partei bestimmt, ob es zu einem Verfahren kommt, worüber prozessiert wird

---

274 BT- Drs. 17/ 13948, S. 35.
275 BT- Drs. 17/ 13948, S. 35.
276 BT- Drs. 17/ 13948, S. 35.
277 *Fichte*, SGb 2014, 254, 255.
278 *Fichte*, SGb 2014, 254, 255.
279 *Fichte*, SGb 2014, 254, 255.
280 *Voit*, NJW- Editorial 33/2013.
281 Siehe zuvor § 4 II. 1. und 2., auch bereits *Wetzell*, S. 97 ff.

und ob das Verfahren ggf. (vorzeitig) beendet werden soll.[282] Diese Freiheit ist der Ausfluss der allgemeinen Handlungsfreiheit und findet ihre Grundlage in Art. 2 Abs. 1 GG. Sie gilt auch im Revisionsverfahren. Wenn der Gesetzgeber die Freiheit der einzelnen Partei über die Beendigung des Verfahrens nun aber einschränkt, greift er damit in grundgesetzlich geschützte Rechte ein. Es hängt nicht mehr allein vom Willen der einzelnen Partei ab, das Revisionsverfahren durch Rücknahme oder Anerkenntnis zu beenden. Vielmehr sind weitere Voraussetzungen erforderlich – die Rücknahme der Revision bedarf jetzt der Einwilligung des Revisionsbeklagten, der Erlass eines Anerkenntnisurteils bedarf des Antrags des Revisionsklägers, §§ 565 S. 2, 555 Abs. 3 ZPO.

Auf der anderen Seite ist jedoch zu beachten, dass die allgemeine Handlungsfreiheit nicht schrankenlos gewährleistet wird. Sie unterliegt nach Art. 2 Abs. 1, 2. Halbs. GG der sogenannten Schrankentrias – den Rechten anderer, der verfassungsmäßigen Ordnung und dem Sittengesetz. Dabei kommt der verfassungsmäßigen Ordnung als Schranke der allgemeinen Handlungsfreiheit „überragende Bedeutung"[283] zu. Unter der verfassungsmäßigen Ordnung ist jede formell und materiell mit der Verfassung in Einklang stehende Norm zu verstehen.[284] Faktisch umfasst die verfassungsmäßige Ordnung die gesamte Rechtsordnung, wobei Gemeinwohlbelange bzw. öffentliche Interessen eingeschlossen sind.[285]

Das bedeutet, dass auch die Dispositionsmaxime grundsätzlich eingeschränkt werden kann. Das Grundgesetz sieht die Gewährleistung des Rechtsmittelzuges nicht vor. Weder dem Rechtsstaatsprinzip noch Art. 19 Abs. 4 GG kann eine Garantie auf Rechtsmittel entnommen werden.[286] Nach der Rechtsprechung des BVerfG liegt es in der Gestaltungsfreiheit des Gesetzgebers, ob er in bürgerlich-rechtlichen Streitigkeiten Rechtsmittelzüge einrichtet, welche Zwecke er damit verfolgt und wie er sie im Einzelnen regelt.[287] Im Rahmen dieser Gestaltungsfreiheit hat der Gesetzgeber bei staatlicher Gerichtsbarkeit besondere verfassungsrechtliche Erfordernisse zu beachten. Dies ist die Gewährleistung der richterlichen

---

282 Siehe zuvor § 4 II. 1.

283 Dreier/*Dreier*, Art. 2 GG Rn. 54.

284 BVerfG, 16.01.1957 – 1 BvR 253/56 – BVerfGE 6, 32, 37; 28.02.1979 – 1 BvR 317/74 – BVerfGE 50, 256, 262.

285 Dreier/*Dreier*, Art. 2 GG Rn. 55.

286 BVerfG18.2.1970 – 1 BvR 226/69 – BVerfGE 28, 21, 36; 11.7.1980 – 1 PBvU 1/79 – BVerfGE 54, 277 – a.A. *Prütting*, FS Nakamura, 457, 471.

287 BVerfG, 11.7.1980 – 1 PBvU 1/79 – BVerfGE 54, 277, 291.

Unabhängigkeit, des gesetzlichen Richters und des rechtlichen Gehörs.[288] Darüber hinaus sind bestimmte Anforderungen aus dem Rechtsstaatsprinzip sowie aus den Grundrechten, insbesondere dem Gleichheitsgrundsatz zu beachten.[289]

Die Dispositionsmaxime unterliegt damit grundsätzlich der Ausgestaltungsfreiheit des Gesetzgebers.[290] Er hat den Verfahrensgang nach seinen Zweckmäßigkeitsvorstellungen auszugestalten.[291] Das bedeutet, dass der Gesetzgeber Einschränkungen vornehmen kann, sobald der mit der Revision verfolgte Zweck nicht erreicht wird. Die Einschränkung der Verfügungsfreiheit bei der Änderung der §§ 555 Abs. 3, 565 S. 2 ZPO hält sich zunächst in der dargestellten Gestaltungsfreiheit des Gesetzgebers. Das Rechtsmittel der Revision hat als letztinstanzliche Handlungsmöglichkeit einen besonderen Stellenwert in der Rechtsordnung. Es geht zwar grundsätzlich um die Durchsetzung privater Rechte, denn das Revisionsgericht trifft eine Einzelfallentscheidung, die nur die am Verfahren beteiligten Personen bindet. Dennoch zeigt schon die Ausgestaltung der Zulassungsgründe sowie die Konzentration des Revisionsverfahrens bei einem obersten Gericht, dass das Revisionsverfahren weniger die Einzelfallgerechtigkeit als vielmehr das Interesse der Allgemeinheit an der Entscheidung des Revisionsgerichts im Blick hat.[292]

Im Revisionsverfahren soll insbesondere das Recht fortgebildet werden und die Einheitlichkeit des Rechts institutionell gesichert werden. Gleiches Recht soll nicht ungleich gesprochen werden.[293] Dieses Grundanliegen kann nur durch eine mit Urteilsgründen versehene Entscheidung des Revisionsgerichts erreicht werden, da sie – wie noch darzustellen sein wird – über den Einzelfall hinauswirkt, dem Rechtsanwender eine Orientierungshilfe bietet und damit zugleich für Rechtseinheit und Rechtsfortbildung sorgt.

Der Einwand, das öffentliche Interesse werde stärker betont als das vor der Änderung der revisionsrechtlichen Vorschriften der Fall gewesen sei, verkennt, dass bereits die Zulassung der Revision aus Gründen des öffentlichen Interesses bzw. den Interessen der Allgemeinheit an der Wirkung der Entscheidung des Revisionsgerichts erfolgt und zwar durch das Berufungsgericht. Daher ist es nur

---

288 BVerfG, 11.7.1980 – 1 PBvU 1/79 – BVerfGE 54, 277, 291.
289 BVerfG, 11.7.1980 – 1 PBvU 1/79 – BVerfGE 54, 277, 293.
290 MüKoZPO/*Rauscher*, Einl. Rn. 272.
291 BVerfG, 11.7.1980 – 1 PBvU 1/79 – BVerfGE 54, 277, 293.
292 Siehe zu Besonderheiten des Revisionsverfahrens Wieczorek/Schütze/*Prütting* § 542 Rn. 1 ff; *ders.*, FS Nakamura, 457, 467f.
293 *Hahn/Stegemann*, II/1, S. 141 ff.; BVerfG, 11.7.1980 – 1 PBvU 1/79 – BVerfGE 54, 277, 293; BT- Dr 14/ 4722, S. 65ff.

eine logische und konsequente Folge, dass dieses Interesse auch im Verfahren beachtet werden muss.

Die vorgenommenen Einschränkungen der Verfügungsfreiheit im Rahmen der Änderung der zivilprozessualen Vorschriften zur Revisionsrücknahme und zum Anerkenntnis begegnen deshalb keinen verfassungsrechtlichen Bedenken.[294]

b. Effektivität der gesetzlichen Neuregelungen

Durch die genannten Änderungen des zivilprozessualen Revisionsverfahrens sollte das Revisionsgericht in seiner Funktion gestärkt werden. Die Parteien sollten nach der mündlichen Verhandlung eine Entscheidung des Revisionsgerichts einseitig nicht vereiteln können.[295] Wie bereits oben dargestellt, erscheint es indes widersprüchlich, ein Revisionsverfahren einerseits wegen bedeutender Rechtsfragen zu ermöglichen, es aber andererseits den Parteien zu überlassen, ob das Revisionsgericht auch tatsächlich eine mit Urteilsgründen versehene Entscheidung erlassen kann.[296]

Die Neuregelungen zeugen bei genauerer Betrachtung von einer gewissen Ideenlosigkeit. Wie bereits oben dargestellt,[297] wurde durch die „Neuregelung" der Rechtszustand wiederhergestellt, der bis zum 31.12.2001 galt. Mit der Erweiterung der einseitigen Rücknahmemöglichkeit des Revisionsklägers im Rahmen der Reform des Zivilprozesses vom 27.07.2001 beabsichtigte der Gesetzgeber eine Entlastung der Rechtsmittelgerichte. Die Rückkehr zur „alten Rechtslage" wird schlicht damit begründet, dass das öffentliche Interesse an einer Leit- und Grundsatzentscheidung des Bundesgerichtshofs nun schwerer wiege, als die mit einer schrankenlosen Rücknahmemöglichkeit verbundene Entlastungswirkung für den Bundesgerichtshof. Seine Aufgaben wie die Fortbildung des Rechts sowie Wahrung und die Herstellung der Rechtseinheit könne das Revisionsgericht nur durch ein mit Urteilsgründen versehenes streitiges Urteil erfüllen.[298]

aa. Prozessökonomie

Bereits jetzt ist zu konstatieren, dass der Gesetzgeber mit dem Erfordernis der Einwilligung in die Revisionsrücknahme sowie dem Antrag auf Erlass des Anerkenntnisurteils keine hohen Hürden aufgestellt hat, um eine Stärkung des

---

294 So auch *Fuchs*, JZ 2013, 990, 993.
295 BT- Drs. 17/ 13948, S. 35 f.
296 Siehe oben unter § 5 I. sowie die Beispielsfälle unter § 5 II.
297 Siehe oben unter § 5 III. 1. und 2.
298 BT- Drs. 17/ 13948, S. 35.

Revisionsgerichts zu erreichen. Der Revisionsbeklagte ist nicht gehindert, in die Revisionsrücknahme einzuwilligen. Der Revisionskläger kann den Antrag auf Erlass eines Anerkenntnisurteils stellen, nachdem der Beklagte den Anspruch anerkannt hat.[299] Das dürfte umso wahrscheinlicher sein, nachdem Rechtsanwälte ihren Mandanten grundsätzlich den sichersten und gefahrlosen Weg vorzuschlagen haben.[300] Rechtsanwälte werden also vielfach zu schnellen und einfachen Verfahrensschritten raten, also zum Antrag nach § 555 Abs. 3 ZPO oder zur Einwilligung in die Revisionsrücknahme, wenn dies die sichersten Wege zum Prozesserfolg sind.[301] Das dürfte regelmäßig der Fall sein, denn das Anerkenntnisurteil oder die Revisionsrücknahme führen dazu, dass der Mandant „sofort rechtskräftig gewonnen"[302] hat. Darüber hinaus sind die Kostenaspekte nicht zu vernachlässigen.

Außerdem ist nicht zu verkennen, dass in versicherungs- und bankenrechtlichen Verfahren – trotz anwaltlicher Vertretung, die ein juristisches Informationsgefälle zwischen den Parteien ausgleichen kann- Unterschiede in der wirtschaftlichen Durchsetzungskraft der Interessen bestehen bleiben.[303] Denn das wirtschaftliche Ungleichgewicht, das zwischen einem Unternehmen und einem Verbraucher grundsätzlich gegeben ist, kann dazu führen, dass eine „Einigung" in die Rücknahme einzuwilligen oder den Antrag auf Anerkenntnis zu stellen, durch finanzielle Anreize erkauft wird, wenn eine höchstrichterliche Entscheidung nicht gewünscht ist.

bb. Psychologische Gesichtspunkte

Die psychologische Situation, in der sich die Beteiligten im Rahmen eines solchen Verfahrens befinden, darf nicht unterschätzt werden. Insbesondere ist an die lange Verfahrensdauer bis zu einer Entscheidung in der Revisionsinstanz zu denken. Laut der Jahresstatistik des BGH über den Geschäftsgang der Zivilsenate 2014 wurden von den abgeschlossenen Revisionsverfahren und den durch Urteil abgeschlossenen Berufungen in Patentsachen 47,1 Prozent innerhalb eines

---

299 *Winter*, NJW 2014, 267, 268; *Voit*, NJW- Editorial 33/2013; Musielak/Voit/*Ball*, § 565 Rn. 3, § 555 Rn. 9.

300 RG, 15.5.1936 – III 273/ 35 – RGZ 151, 259, 264; BGH 25.6.1974 – VI ZR 18/73 – NJW 1974, 1865, 1866; BGH, 23.10.1985 – VIII ZR 210/84 – NJW 1986, 586,587; BGH, 05.11.1987 – IX ZR 86/86 NJW – 1988, 486,487; BGH, 21.09.1995 – IX ZR 228/94 – NJW 1996, 48, 51.

301 *Naundorf*, NJW- aktuell, Leserforum, Heft 44/2013; *Winter*, NJW 2014, 267, 268.

302 *Naundorf*, NJW- aktuell, Leserforum, Heft 44/2013.

303 *Schneiders*, FS Schilken, 457, 464.

Jahres ab dem Eingang des Rechtsmittels erledigt. In 41,9 Prozent der Fälle lag die Verfahrensdauer zwischen einem und zwei Jahren. 11 Prozent der Verfahren dauerten allerdings länger als zwei Jahre.[304] Bei den Nichtzulassungsbeschwerden, einschließlich der Anträge auf Zulassung der Sprungrevision, erfolgte die Entscheidung über die Zulassung in 55,4 Prozent der Verfahren innerhalb eines Jahres ab dem Eingang des Rechtsmittels. Weitere 40,2 Prozent wurden innerhalb des zweiten Jahres beschieden. In 4,4 Prozent der Fälle dauerten die Verfahren länger als zwei Jahre.[305]

Und dies betrifft nur die Verfahrensdauer in der Revisionsinstanz. Dazu kommt auch die Dauer des Verfahrens bis zur Revisionsinstanz. Nach so langer und emotional belastender Zeit werden die Parteien häufig kein Interesse an etwaiger Rechtsfortbildung haben. Vielmehr kann davon ausgegangen werden, dass der Revisionsbeklagte vielfach seine Einwilligung zur Revisionsrücknahme erteilen oder der Revisionskläger einen Antrag nach § 555 Abs. 3 ZPO stellen wird, um die Dauer des Verfahrens abzukürzen und damit den langwierigen Prozess zu beenden. Die jeweilige Partei hat den Verlust ihrer Rechte nicht zu befürchten. Psychologische Gesichtspunkte deuten also eher auf eine nicht sehr effiziente Lösung des gesetzgeberischen Anliegens.

cc. Differenzierende Aspekte

Darüber hinaus sind die Änderungen der Vorschriften über die Revisionsrücknahme und des Anerkenntnisses zu pauschal. Der Gesetzgeber hat bei dem Versuch, das Problem der Verhinderung von Grundsatzentscheidungen gesetzlich zu lösen, nicht ausreichend zwischen den Rechtsmaterien unterschieden. Die Verhinderung von Grundsatzentscheidungen ist nämlich nicht in jedem Senat des BGH gleichermaßen zu befürchten.[306] Es hat sich in der Vergangenheit gezeigt, dass in versicherungs- und bankenrechtlichen Verfahren Entscheidungen des BGH besonders oft nicht ergangen sind, weil die Parteien dies verhindert haben. In Anbetracht der Tatsache, dass versicherungs- und bankenrechtliche

---

304 Übersicht über den Geschäftsgang bei den Zivilsenaten des Bundesgerichtshofs, S. 32, abrufbar unter: http://www.bundesgerichtshof.de/DE/BGH/Statistik/Taetigkeitsberichte/ Taetigkeit2014/taetigkeit2014_node.html.

305 http://www.bundesgerichtshof.de/DE/BGH/Statistik/Taetigkeitsberichte/Taetigkeit2014/taetigkeit2014_node.html.

306 *Hirsch* weist zwar darauf hin, dass das Problem der Verhinderung von Grundsatzentscheidungen in allen Senaten des BGH vorkommt, die weiteren Ausführungen seines Aufsatzes sind jedoch weitgehend auf die versicherungsrechtlichen Verfahren beschränkt, VersR 2012, 929 ff.

Verfahren gerade Anlass der Reformen vom Juni 2013 waren, wäre eine differenzierte Lösung wünschenswert gewesen. Vielen Rechtsstreitigkeiten fehlt die fallübergreifende Bedeutung.[307] In diesen Fällen ist es nicht angebracht, die Dispositionsmaxime hinsichtlich der Verfahrensbeendigung künftig weitergehend einzuschränken. Umso eher rechtfertigt sich dies bei „echter" allgemeiner Betroffenheit gerade im Banken- und Versicherungsrecht. Hier wäre eine wirkliche Interessenabwägung und -differenzierung möglich und wünschenswert gewesen.[308]

IV. Zwischenergebnis

Nach dem zuvor Gesagten wird die Diskrepanz zwischen dem Zugang zum Revisionsgericht und den Beendigungsmöglichkeiten der Parteien deutlich. Während die zivilprozessualen Regelungen erhebliche Voraussetzungen für den Zugang zum Revisionsgericht erfordern, werden demgegenüber an Beendigungsmöglichkeiten der Parteien keine ausreichend strengen Voraussetzungen geknüpft.

Der Gesetzgeber hat im Rahmen der Reform mit Wirkung zum 1. Januar 2014 die einseitige Verfahrensbeendigung nach der mündlichen Verhandlung eingeschränkt. Zur Revisionsrücknahme ist nun die Einwilligung des Revisionsbeklagten erforderlich. Der Erlass eines Anerkenntnisurteils ist vom Antrag des Revisionsklägers abhängig. Diese Regelungen sind nicht geeignet, um die Verhinderungsstrategien, auf die sie abzielen, umfassend entgegenzuwirken.[309] Dies zeigen bereits prozessökonomische und psychologische Gesichtspunkte, wie auch schlichte Lücken im Gesetz. Die Parteien können auch weiterhin taktisch versuchen, eine mit Urteilsgründen versehene Entscheidung des Revisionsgerichts zu verhindern. Das zeigen folgende Fälle.

---

307 *Hergenröder*, S. 277.
308 Siehe dazu im Folgenden § 7 II. und den Lösungsvorschlag in § 9. Indem der Gesetzgeber durch die Reform keine Differenzierung hinsichtlich der Verfahren unternommen hat, ist zu befürchten, dass Unternehmen aufgrund der pauschalen Regelungen alternative Streitschlichtungsoptionen suchen werden. Das könnte wiederum zu einem Bedeutungsverlust für die Zivilgerichtsbarkeit führen. Bereits jetzt werden Streitigkeiten großer deutscher Wirtschaftsunternehmen zu oft vor Schiedsgerichten ausgetragen, dessen Ergebnis aufgrund der Vertraulichkeit des Verfahrens nicht nach außen dringt, siehe *Duve*, SchiedsVZ 2005, 169 ff. So kann die Entwicklung des Wirtschaftsrechts durch die Rechtsfortbildung nicht voranschreiten.
309 Musielak/Voit/*Ball*, § 565 Rn. 3, § 555 Rn. 9; Fuchs, JZ 2013, 990, 993; Saenger/*Raphael Koch*, § 555 Rn. 1.

In der mündlichen Verhandlung am 09. Juni 2015 äußerte der für das Reise- und Personenbeförderungsrecht zuständige X. Senat die Auffassung, dass jedenfalls eine mehr als geringfügige Vorverlagerung des Fluges als Annullierung im Sinne des Art. 5 Abs. 1 Buchstabe c i. V. m. Art. 7 Abs. 1 Buchstabe b der Fluggastrechtsverordnung Nr. 261/2004 des Europäischen Parlaments zu werten ist, die einen Ausgleichsanspruch begründen könne.[310] Nach Schluss der mündlichen Verhandlung hat die Beklagte den gegen sie gerichteten Anspruch anerkannt. Auf Antrag der Kläger erging ein Anerkenntnisurteil.[311]

Am 23. Juni 2015 sollte vor dem BGH die Frage verhandelt werden, ob der Verbraucher sein Recht auf den Widerruf der auf Abschluss eines Darlehnvertrags gerichteten Vertragserklärung verwirken kann. Diese unter dem Namen „Widerrufsjoker" bekannte Problematik konnte durch den BGH nicht geklärt werden. Die Revision wurde zurückgenommen.[312]

Auch wenn diese Fälle nicht Verfahren des Versicherungswesens betreffen, zeigen sie deutlich, dass die Parteien auch nach der letzten Reform ihnen unliebsame höchstrichterliche Entscheidungen verhindern oder zumindest verzögern können. Hergenröder spricht von „prozessualer Arglist"[313].

Im Verlauf der weiteren Untersuchung ist damit der Frage nachzugehen, ob eine besondere Bedeutung von Revisionsentscheidungen es zu rechtfertigen vermag, die – grundsätzlich ja verfassungsrechtlich gewährleisteten – Beendigungsmöglichkeiten der Revisionsparteien weitergehend einzuschränken.

---

310 Siehe die Pressemitteilung des BGH vom 9.6.2015 Nr. 89/2015.
311 BGH, 9.6.2015 – X ZR 59/14 – WM 2015, 1306.
312 Pressemitteilung des BGH vom 19.6.2015, Nr. 102/15. Zwar wurde hier die Revision bereits vor der mündlichen Verhandlung zurückgenommen. Die Rücknahme erfolgte, wie das Handelsblatt berichtet, nachdem die Parteien einen Vergleich abgeschlossen haben, http://www.handelsblatt.com/finanzen/immobilien/widerruf-von-baudarlehen-wie-sich-eine-bank-vor-dem-bgh-wegduckt/11884064.html.
313 *Hergenröder*, FS Stahlhacke, S. 157, 168 ff.

§ 6 Zur Bedeutung der Dispositionsmaxime

Zur Beurteilung dieser Frage – insbesondere mit Blick auf die Gewichtung von Dispositionsmaxime und Revisionsentscheidung im öffentlichen Interesse – ist zunächst der Bedeutung der Dispositionsmaxime im Einzelnen nachzugehen. Die Dispositionsmaxime wird – wie bereits oben dargestellt – durch die allgemeine Handlungsfreiheit gewährleistet. Sie ist die prozessuale Seite der Privatautonomie[314] und bedeutet zunächst, dass die Parteien frei darüber entscheiden, ob sie ihre Rechte gerichtlich durchsetzen wollen oder nicht. Sie ermöglicht damit, selbst nach der ZPO-Reform, eine Beendigung des Revisionsverfahrens, ohne dass eine mit Gründen versehene Entscheidung des Revisionsgerichts ergehen muss. Für die Bedeutung der Dispositionsmaxime ist dabei vor allem auch der motivatorische Hintergrund der Verfahrensbeendigung von Bedeutung.

I. Kostenaspekt

Die Beendigung des Verfahrens durch Revisionsrücknahme, Anerkenntnis oder Abschluss eines Vergleichs führt zur Reduzierung der Urteilsgebühr von fünf auf drei Gebühren. Das bedeutet für die zurücknehmende oder anerkennende Partei eine Kostenersparnis. Bei einem Streitwert von EUR 5.000,00 beträgt die Gerichtsgebühr im Revisionsverfahren gemäß Anlage 2 zu § 34 GKG, Anlage 1 zu GKG, Kostenverzeichnis Nr. 1214 EUR 730,00. Die Beendigung des Verfahrens durch Rücknahme der Revision oder Anerkenntnisurteil führt zur Reduzierung dieser Kosten. Das wirkt sich zu Gunsten der Partei aus, die das Revisionsverfahren durch Rücknahme oder Anerkenntnis beendet. Die Gerichtsgebühr beträgt dann EUR 438,00, siehe Anlage 2 zu § 34 GKG, Anlage 1 zu GKG, Kostenverzeichnis Nr. 1215.

Bei einem Streitwert von EUR 50.000,00 belaufen sich die Gerichtsgebühren im Revisionsverfahren auf EUR 2.730,00. Bei einer Beendigung des Revisionsverfahrens durch eine der genannten Möglichkeiten reduziert sich die Gerichtsgebühr auf EUR 1.638,00. Bei einem Streitwert von EUR 100.000,00 entstehen Gerichtsgebühren von EUR 5.130,00. Diese reduzieren sich auf EUR 3.078,00, wenn das Verfahren nach der mündlichen Verhandlung durch Anerkenntnisurteil oder Rücknahme beendet wird.

---

314 Siehe dazu oben § 4. II. 4.

Das Interesse der Parteien an einer vorzeitigen Beendigung des Revisionsverfahrens kann also finanziell motiviert sein. Dies gilt auch bei einem Vergleich. Zwar entstehen im Revisionsverfahren durch Abschluss eines Vergleichs wegen der aus Anlage 2 zu RVG, Vergütungsverzeichnis Nr. 1000, 1004 resultierenden Vergleichsgebühr auch zusätzlich Kosten, die allerdings gerade für die Rechtsanwälte auch einen finanziellen Anreiz zur vorzeitigen Verfahrensbeendigung bewirken.

II. Psychologische Gesichtspunkte

Wie bereits dargestellt[315] können im Revisionsverfahren, schon aufgrund der langen Verfahrensdauer bis zum Abschluss, psychologische Aspekte nicht vernachlässigt werden. Die Möglichkeit der früheren Beendigung des Verfahrens kann daher nicht nur finanziell, sondern auch psychologisch motiviert sein. Nicht selten wirken Gerichtsverhandlungen für Parteien psychologisch belastend. Diese Belastung kann sich zum einen aus der langen Verfahrensdauer ergeben. Wie bereits oben dargestellt, kann das Revisionsverfahren nach der Jahresstatistik des BGH[316] länger als zwei Jahre dauern. Zusätzlich ist die Dauer der Verfahren bis zur Revisionsinstanz zu beachten. Zum anderen kann sich auch die Ungewissheit über den endgültigen Verfahrensausgang negativ auf die Psyche auswirken. Abhängig vom Streitgegenstand kann es dabei auch existenziell wichtig sein, den Rechtsstreit zu beenden. Bei dieser Betrachtung wird es den Parteien möglicherweise gelegen sein, den Rechtsstreit zu verkürzen und so schneller den emotional belastenden Prozess zu beenden. Das wird jedenfalls häufig für einen Verbraucher gelten, der im Prozess einem (Groß-) Unternehmen gegenübersteht.

III. Einschränkungen der Dispositionsmaxime de lege lata

Schon unabhängig von den jüngsten Einschränkungen des Gesetzgebers ist zu konstatieren, dass die Dispositionsmaxime auch in anderem Zusammenhang nicht einschränkungslos gewährleistet wird oder wurde. Sie hat in einigen gesetzlich normierten Fällen gegenüber anderweitigen Interessen zurückzutreten. Dadurch werden Ergebnisse korrigiert, die bei starrer und uneingeschränkter Geltung der Dispositionsmaxime zu ungerechtfertigten Folgen führen würden.

---

315 Siehe bereits zuvor § 5 III. 2. c. bb.
316 Übersicht über den Geschäftsgang bei den Zivilsenaten des Bundesgerichtshofs, abrufbar unter: http://www.bundesgerichtshof.de/DE/BGH/Statistik/Taetigkeitsberichte/Taetigkeit2014/taetigkeit2014_node.html.

1. Der Staat als Verfahrensbeteiligter

Die Verfügungsfreiheit der Parteien findet – wie bereits dargestellt – ihre Rechtfertigung in der Annahme, der Prozess diene der Durchsetzung subjektiver Rechte. Der Inhaber eines materiell-rechtlichen Anspruchs kann frei über diesen bestimmen. Dieses Recht setzt sich im Prozess fort. Es obliegt dem Rechteinhaber, ob er im Gerichtsverfahren das Recht durchsetzen will.[317]

Daher stellt die Möglichkeit des Staates, sich am Verfahren zu beteiligen und Anträge zu stellen, eine der gravierendsten Einschränkungen der Verfügungsfreiheit dar. Sie ist beispielsweise im familienrechtlichen Verfahren vorgesehen.[318] Gemäß § 1316 BGB, § 129 FamFG ist die zuständige Verwaltungsbehörde in bestimmten Fällen befugt, den Antrag auf Aufhebung der Ehe zu stellen. Ob die Verwaltungsbehörde von ihrer Antragsbefugnis Gebrauch macht, liegt in ihrem pflichtgemäßen Ermessen. Dieses hat sich am Schutzgedanken des Art. 6 Abs. 1 GG zu orientieren.[319] In den Fällen der §§ 1304, 1306, 1307 BGB sowie in den Fällen des § 1314 Abs. 2 Nr. 1 und 5 BGB soll die zuständige Verwaltungsbehörde allerdings den Antrag stellen, wenn nicht die Aufhebung der Ehe für einen Ehegatten oder für die aus der Ehe hervorgegangenen Kinder eine so schwere Härte darstellen würde, dass die Aufrechterhaltung der Ehe ausnahmsweise geboten erscheint, § 1316 Abs. 3 BGB.

Darüber hinaus erweitert § 129 Abs. 2 Nr. 2 FamFG die Mitwirkungsbefugnis der Verwaltungsbehörde auf diejenigen Verfahren, in denen sie den Antrag auf Aufhebung der Ehe nicht eingereicht hat.[320] In diesen Fällen ist sie davon zu unterrichten, dass ein Ehegatte den Antrag auf Aufhebung der Ehe gestellt hat. Sie kann sich an dem Verfahren beteiligen und selbst Anträge stellen sowie Rechtsmittel einlegen. Die Verwaltungsbehörde bedarf damit keines Rechtsschutzbedürfnisses, um das Rechtsmittel einzulegen. Sie führt den Rechtsstreit im öffentlichen Interesse.

Auch außerhalb des familienrechtlichen Verfahrens finden sich Vorschriften, nach denen dem Staat sogar die Stellung der Partei zugewiesen wird.[321] So kann gemäß § 25 HAG das Land, vertreten durch die oberste Arbeitsbehörde oder

---

317 Siehe oben unter § 4 II. 1. und 2.; *Grunsky*, Grundlagen S. 18 ff.; *Hergenröder*, S. 233.
318 *Hergenröder*, S. 260.
319 Musielak/Borth/*Grandel*, § 129 FamFG Rn. 3.
320 Musielak/Borth/*Grandel*, § 129 FamFG Rn. 3.
321 Siehe weitere Fälle bei Stein/Jonas/*Jacoby* vor § 50 Rn. 35 ff.

die von ihr bestimmte Stelle, im eigenen Namen die Lohndifferenz[322] gerichtlich geltend machen.

Darüber hinaus haben die Behörden die Stellung einer Partei, wenn sie gemäß § 525 Abs. 2 BGB nach dem Tod des Schenkers die Vollziehung einer Auflage verlangen können, sofern diese im öffentlichen Interesse liegt. Dahinter liegt der Gedanke, dass der Erbe anders als der Schenker regelmäßig kein eigenes Interesse an der Durchsetzung der Auflage haben wird.[323] Die Behörde erhält damit ein Recht, von dem ausschließlich die Allgemeinheit einen Nutzen hat.[324] Dieses Recht der Behörde hat zur Folge, dass der Erbe ohne ihre Zustimmung den Anspruch nicht erlassen kann. Die Behörde kann die Vollziehung der Auflage auch ohne oder gegen den Willen des Erben durchsetzen.[325] Erforderlich ist das Vorliegen öffentlichen Interesses an der Auflagenvollziehung. Das ist bei jeder Förderung des Gemeinwohls gegeben, wovon nicht nur staatliche, sondern auch gemeindliche, soziale oder kulturelle Interessen erfasst sind.[326] Im § 2194 BGB findet sich eine ähnliche Vorschrift.

§ 396 AktG ermächtigt die oberste Landesbehörde, die Auflösung einer Aktiengesellschaft zu beantragen, wenn durch gesetzeswidrige Verhalten ihrer Verwaltungsträger das Gemeinwohl gefährdet wird und der Aufsichtsrat und die Hauptversammlung nicht für eine Abberufung der Verwaltungsträger sorgen. Der Begriff des Gemeinwohls bezeichnet die Interessen der Öffentlichkeit oder breiter Verkehrskreise.[327] Das öffentliche Interesse muss durch ein gesetzes- oder sittenwidriges Verhalten der Gesellschaft gefährdet sein.[328] Bis heute ist kein Verfahren nach § 396 AktG bekannt geworden. Die Vorschrift hat damit keine praktische Bedeutung erfahren. Trotzdem sprechen rechtsgrundsätzliche Erwägungen[329] für den Erhalt der Vorschrift. Der Staat hat damit die Möglichkeit bei gesetzeswidrigem Verhalten juristischer Personen einzugreifen und diese aufzulösen.[330] Ähnliche Vorschriften finden sich u.a. in § 62 GmbHG, §§ 43, 44 BGB, § 81 GenG.

---

322 Diese ergibt sich aus dem tatsächlich geleisteten und dem nach §§ 17–19 HAG festgesetzten oder dem in § 29 HAG bestimmten Entgelt, siehe auch § 24 HAG.
323 *Mugdan*, S. 753.
324 Staudinger/*Chiusi* § 525 BGB Rn. 22.
325 MüKoBGB/*J. Koch* § 525 Rn. 15; Staudinger/*Chiusi* § 525 BGB Rn. 22.
326 MüKoBGB/*J. Koch* § 525 Rn. 15.
327 Hüffer/*Koch* § 396 AktG Rn. 2.
328 Hüffer/*Koch* § 369 AktG Rn. 2.
329 MüKoAktG/*Schürbrand*, § 396 AktG Rn. 5.
330 Hüffer/*Koch* § 369 AktG Rn. 1ff.; MüKoAktG/*Schürbrand*, § 396 AktG Rn. 5.

2. Ausnahmen von der richterlichen Antragsbindung

Auch die Regel „ne eat iudex ultra petita partium", maßgeblicher Ausdruck der Verfügungsfreiheit der Parteien, hat Ausnahmen erfahren. § 308a Absatz 1 ZPO ermächtigt den Richter, im Urteil von Amts wegen auszusprechen, für welche Dauer und unter welchen Änderungen der Vertragsbedingungen das Mietverhältnis fortgesetzt wird, wenn in einer Streitigkeit zwischen dem Vermieter und dem Mieter oder dem Mieter und dem Untermieter wegen Räumung von Wohnraum den Räumungsanspruch für unbegründet erachtet, weil der Mieter nach den §§ 574 bis 574b BGB eine Fortsetzung des Mietverhältnisses verlangen kann. Dadurch wird der durch §§ 574–574b BGB geschaffene Schutz zugunsten des Mieters in der Praxis gewährleistet und durchgesetzt.[331] § 308a Abs. 1 ZPO ist eine Ausprägung des sozialen Zivilprozessrechts.[332] Der Richter wird ermächtigt, aufgrund dieser Vorschrift ein neues Rechtsverhältnis zu gestalten, ohne dass eine entsprechende Rechtsfolge beantragt wurde.[333]

Eine weitere Ausnahme von der Antragsbindung der Parteien ist die Kostengrundentscheidung, die gemäß § 308 Abs. 2 ZPO von Amts wegen zu ergehen hat. Diese Ausnahme der Verfügungsfreiheit hat der Gesetzgeber von 1877 mit der „besonderen Natur" der Prozesskosten erklärt.[334] Diese Ausnahme von der Antragsbindung des Gerichtes gilt wegen des öffentlichen Interesses an der gerechten Kostenverteilung.[335] Auch über die vorläufige Vollstreckbarkeit gemäß §§ 708 ff. ZPO entscheidet das Gericht ebenfalls ohne einen entsprechenden Antrag der Parteien.[336]

§ 721 Abs. 1 ZPO stellt eine weitere Ausnahme von der richterlichen Antragsbindung dar. Danach kann das Gericht, wenn auf Räumung der Wohnung anerkannt ist, dem Schuldner von Amts wegen eine den Umständen nach angemessene Räumungsfrist gewähren. § 721 ZPO betrifft aber nicht nur Ansprüche aus Mietrecht, sondern auch aus anderen Nutzungsverhältnissen[337] sowie

---

331 § 308 a ZPO findet auch bei § 574 c BGB Anwendung, siehe Wieczorek/Schütze/ *Rensen* § 308a Rn. 5.

332 MüKoZPO/ *Musielak*, § 308a Rn. 1; Zöller/ *Vollkommer*, § 308a Rn. 1.

333 Zöller/ *Vollkommer*, § 308a Rn. 1; MüKoZPO/ *Musielak*, § 308a Rn. 1; Saenger/*Saenger*, § 308a Rn. 1.

334 *Hahn/Stegemann* II/1, § 269 S. 285.

335 MüKoZPO/*Musielak* § 308 Rn. 23; *Baumbach/Lauterbach/Albers/Hartmann* § 308 Rn. 15.

336 OLG Nürnberg 10.11.1988 – 8 U 3100/88 – NJW 1989, S. 842.

337 LG Hamburg, 30.12.1992 -316 T 100/92 – NJW-RR 1993, 662.

dem Eigentümer-Benutzer-Verhältnis.[338] Die Vorschrift dient dem Schutz des Schuldners, der zur Räumung von Wohnraum verurteilt wird und beruht auf der Erkenntnis, dass der Verlust von Wohnraum für einen Schuldner von vitaler Bedeutung sein kann.[339] Im materiellen Recht wird der auf Räumung in Anspruch genommene Beklagte insbesondere durch die §§ 573 bis 575, 577a Abs. 1 BGB geschützt. § 721 Abs. 1 ZPO erweitert diesen Schutz im Vollstreckungsrecht.[340]

IV. Weitere Einschränkungen zum Verfahrensende

Die Freiheit der einzelnen Parteien, über die Dauer des Verfahrens zu bestimmen, wird bereits unabhängig von den letzten Änderungen des geltenden Zivilprozessrechts eingeschränkt. So kann der Kläger gemäß § 269 Abs. 1 ZPO nach Beginn der mündlichen Verhandlung seine Klage nur mit Einwilligung des Beklagten zurücknehmen. Dadurch werden die Interessen des Beklagten geschützt. Der Kläger verzichtet mit der Klagerücknahme auf seinen ursprünglich begehrten Rechtsschutz. Allerdings besteht die Möglichkeit der erneuten Klageerhebung. Daher hat der Beklagte ein Interesse an der endgültigen Streitbeilegung und wird in die Klagerücknahme nur einwilligen, wenn er nicht mit der Wiederholung der Klage rechnet.[341] Darüber hinaus trägt das Gesetz dem Umstand Rechnung, dass der Beklagte bei seiner Verteidigung bereits finanziellen Aufwand gehabt hat.

Weitreichende Beschränkungen hinsichtlich der Verfahrensbeendigung finden sich im familienrechtlichen Verfahren. So ist gemäß § 113 Abs. 4 Nr. 6 FamFG eine Verfahrensbeendigung durch Anerkenntnis nicht möglich. Ein Prozessvergleich über die Hauptsache in Ehesachen ist ausgeschlossen. Dieser Ausschluss der Dispositionsmaxime erklärt sich daraus, dass die Beteiligten materiell-rechtlich über den Gegenstand der Ehe nicht frei disponieren können. Genau wie die Eheschließung ist auch die Ehescheidung ein Staatsakt.[342]

V. Zwischenergebnis

Als Zwischenergebnis kann festgehalten werden, dass die zuletzt vom Gesetzgeber vorgenommenen Einschränkungen der Dispositionsmaxime keinen Einzelfall darstellen. Vielmehr werden der Freiheit der Parteien immer dort Grenzen

---

338 Zöller/*Stöber* § 721 Rn. 2.
339 MüKoZPO/*Götz* § 721 Rn. 1; Zöller/*Stöber* § 721 Rn. 1ff.
340 MüKOZPO/*Götz* § 721 Rn. 1.
341 MüKoZPO/*Becker-Eberhard* § 269 Rn. 1.
342 *Hergenröder*, S. 262.

gesetzt, wo andere besonders schutzbedürftige Interessen gegeben sind. Darüber hinaus hat die Verfügungsfreiheit der Parteien auch höherrangigen öffentlichen Interessen zu weichen. Teilweise wird sie nach geltendem Recht auch gänzlich ausgeschlossen. Dies ist immer dann der Fall, wenn der Partei die Befugnis fehlt, über ihre Rechte frei zu verfügen, wie beispielsweise in Ehesachen nach FamFG.

§ 7 Die besondere Bedeutung der Revisionsentscheidung, insbesondere in versicherungsrechtlichen Verfahren

Die zuletzt vom Gesetzgeber vorgenommenen Einschränkungen der Rücknahmemöglichkeit sowie des Anerkenntnisses im Revisionsverfahren wurden gerade mit einem besonderen öffentlichen Interesse an Leit- und Grundsatzentscheidungen des Revisionsgerichts begründet.[343] Im weiteren Verlauf ist zu untersuchen, warum an diesen Entscheidungen ein derart besonderes Interesse besteht.

I. Allgemein

Die Errichtung und Konzeption der Revisionsgerichte wird durch das Grundgesetz in Art. 95 Abs. 1 GG besonders geregelt. Danach errichtet der Bund für die Gebiete der ordentlichen, der Verwaltungs-, der Finanz-, der Arbeits- und der Sozialgerichtsbarkeit als oberste Gerichtshöfe den Bundesgerichtshof, das Bundesverwaltungsgericht, den Bundesfinanzhof, das Bundesarbeitsgericht und das Bundessozialgericht. Bereits die Bezeichnung „oberste Gerichtshöfe" weist darauf hin, dass diese Gerichte an der Spitze des Instanzenzuges stehen sollen. Sie entscheiden immer in letztrichterlicher Zuständigkeit.[344] Ihre Entscheidungen können durch kein anderes Gericht desselben Rechtsweges mehr überprüft werden.[345] Daher kann davon ausgegangen werden, dass die Entscheidung eines Revisionsgerichts im Vergleich zu den vorherigen Instanzen mehr Bestand hat. Die Entscheidungen betreffen die Auseinandersetzung mit Rechtsfragen. Dies betrifft insbesondere die Auslegung von Gesetzen, mit dem Anspruch der Letztverbindlichkeit. Weder Legislative noch Exekutive können die Judikate der Revisionsgerichte aufheben.[346] Auch die Möglichkeit einer Verfassungsbeschwerde gegen die Entscheidung des Revisionsgerichts steht dem zuvor Gesagten nicht entgegen. Dabei handelt es sich nämlich nicht um einen zusätzlichen Rechtsbehelf. Vielmehr

---

343 BT – Drs. 17/ 13948, S. 35f.
344 Maunz/Dürig/*Jachmann*, GG- Kommentar, Art. 95, Rn. 5ff.
345 BVerfG, 10.6.1964 – 1 BvR 37/63 – BVerfGE 18, 85, 92f.; Maunz/Dürig/*Jachmann*, GG- Kommentar, Art. 95, Rn. 100; May, S. 32 Rn. 2.
346 Maunz/Dürig/*Jachmann*, Art. 95 GG Rn. 12.

prüft das BVerfG bei Urteilverfassungsbeschwerden ausschließlich die Vereinbarkeit der Entscheidung mit Verfassungsrecht.[347]

1. Aufgabe der Revisionsgerichte

a. Gewährung von Individualrechtsschutz

Unabhängig von sämtlichen Erwägungen zur Rechtsfortbildung betreffen gerade auch die Revisionsentscheidungen zunächst grundsätzlich immer den zugrundeliegenden Einzelfall. Er wird verbindlich entschieden. Dabei werden rechtliche Zweifel und Rechtsanwendungshindernisse ausgeräumt.[348] Die Rechtsverbindlichkeit des Richterspruches gilt auch in der Revisionsinstanz nur zwischen den Prozessparteien. Auch die Revisionsinstanz gestaltet also den Einzelfall.

b. Rechtsfortbildung als Aufgabe der Revisionsgerichte

Neben der Gewährung des Individualrechtsschutzes gehört die Rechtsfortbildung zu den Kernaufgaben der Revisionsgerichte.[349] Der Gedanke der Rechtsfortbildung wurde in der deutschen Gesetzgebung erstmals 1935 in § 137 GVG normiert; dem Großen Senat des Reichsgerichts wurde dabei eine eigene Ermächtigung zur Rechtsfortbildung eingeräumt. Die Regelung wurde durch den demokratischen Gesetzgeber übernommen und findet sich heute geringfügig überarbeitet in § 132 Abs. 4 GVG, wonach der erkennende Senat des BGH die Sache dem zuständigen Großen Senat vorzulegen hat, wenn das nach seiner Auffassung zur Fortbildung des Rechts oder zur Sicherung einer einheitlichen Rechtsprechung erforderlich ist.[350]

Unter Rechtsfortbildung ist, ausgehend von dem Wort „fortbilden" die Weiterentwicklung und damit jede neue richterliche Erkenntnis des geltenden Rechts zu verstehen. Dabei geht es im weitesten Sinn um die Aufstellung abstrakter Obersätze durch den Richter, sobald die Entscheidungsgrundlage der Wortlautinterpretation des Gesetzes nicht entnommen werden kann.[351]

---

347 BVerfG, 07.12.1982 – 2 BvR 900/82 – BVerfGE 62, 338, 343; 10.6.1964 – 1 BvR 37/63 – BVerfGE 18, 85, 92 f.
348 *Kirchhof*, FS Heidelberg, S. 11.
349 Maunz/Dürig/*Jachmann*, Art. 95 GG Rn. 13; *Lames*, S. 1; *Wenzel*, NJW 2008, 345, 346.
350 Siehe auch *Wiedemann*, NJW 2014, 2407.
351 Siehe auch *Prütting*, FS Köln, 305, 308 ff. Hier ist noch anzumerken, dass auch wenn der Begriff der Rechtsfortbildung als solcher in den Vorschriften über die Anrufung der großen Senate in § 132 Abs. 4 GVG, § 45 Abs. 4 ArbGG, § 11 Abs. 4 VwGO, § 11 FGO, § 41 Abs. 4 SGG sowie hinsichtlich der Revisionszulassung erwähnt wird, es

Das BVerfG sieht die Rechtsfortbildung in der deutschen Rechtsgeschichte seit jeher als eine der anerkannten Funktionen der Rechtsprechung, die im modernen Staat geradezu unentbehrlich geworden sei.[352] Insoweit wird der so genannte „Soraya"-Beschluss des BVerfG auch als „erster Markstein"[353] für die Zulässigkeit der richterlichen Rechtsfortbildung im Zivilrecht angesehen. In diesem Beschluss billigte das BVerfG die Rechtsprechung des BGH[354] zum Geldersatz bei Verletzung des allgemeinen Persönlichkeitsrechts, obwohl das damals in § 847 Abs. 1 BGB a. F., § 253 BGB a. F. gesetzlich nicht geregelt war.[355] Die Rechtsprechung des BGH zum Geldersatz bei Persönlichkeitsverletzung[356]

---

keine gesetzliche, allgemeingültige Definition des Begriffs „Rechtsfortbildung" gibt. In der Literatur gibt es auch keine einheitliche Definition. *Fikentscher* stellte bereits vor Jahrzehnten eine verwirrend uneinheitliche Terminologie fest, Methoden des Rechts, Band III, S. 701. Nach *Canaris* dürfen Rechtsfortbildung und Auslegung nicht als wesensverschieden angesehen werden, sondern nur als voneinander verschiedene Stufen desselben gedanklichen Verfahrens, *Larenz/Canaris*, Methodenlehre, S. 187. Zuletzt hat sich *Fischer*, Verdeckte Rechtsfortbildung, S. 34 ff, ausführlich dem Begriff der Rechtsfortbildung gewidmet. Am Ende konstatiert auch er, ähnlich wie *Fikentscher*, dass Rechtsfortbildung ein „schillernder, facettenreicher Ausdruck" sei.

352 BVerfG, 14.2.1973 – 1 BvR 112/65 – BVerfGE 34, 269; 19.10.1983 – 2 BvR 485, 486/80 – BVerfGE 65, 182, 190 f.

353 *Kissel*, S. 188.

354 BGH, 8.12.1964 – VI ZR 201/63 – NJW 1965, 685.

355 BVerfG, 14.2.1973 – 1 BvR 112/65 – BVerfGE 34, 269.

356 Der BGH hatte erstmals Geldersatz bei Verletzung des allgemeinen Persönlichkeitsrechts in der so genannten Herrenreiter-Entscheidung anerkannt, BGH, 14.2.1958 – I ZR 151/56 – NJW 1958, 827. Die beklagte Herstellerin des Sexualpräparats „Okasa" hatte den klagenden Mitinhaber einer Kölner Brauerei auf Werbeplakaten als Herrenreiter abgebildet. Der Kläger fühlte sich dadurch gedemütigt und lächerlich gemacht. Das Berufungsgericht hatte dem Kläger aus den § 823 Abs. 2, § 22 KunstUrhG eine Geldsumme als entgangene Lizenzgebühr zugesprochen. Der BGH beanstandete das und führte aus, durch die Unterstellung, der Kläger wäre gegen ein Entgelt mit der Werbung einverstanden gewesen, werde dieser erneut gedemütigt. Vielmehr sei dem Kläger hier ein immaterieller Schaden entstanden. Dass dieser in Geld zu ersetzen sei, wurde vom BGH etwas unklar begründet, in dem an die Regelung angeknüpft wurde, die § 847 BGB für den Fall der Freiheitsentziehung treffe; eine „Freiheitsberaubung im Geistigen" müsse nach der Wertung des Grundgesetzes wie eine körperliche Freiheitsberaubung sanktioniert sein, BGH 14.2.1958 – I ZR 151/56 – NJW 1958, 827, 830. Der entgegenstehende § 253 BGB fand keine Erwähnung. Erst in der „Ginseng" Entscheidung wurde der Geldersatz klarer begründet. Der Kläger, ein Professor für Völker- und Kirchenrecht, war von der Beklagten in ihrer Werbung wie ein Gewährsmann für die potenzfördernde Wirkung der Ginsengwurzel benannt

führte letztendlich zur Änderung des § 253 BGB[357] und Aufhebung des § 847 BGB durch den Gesetzgeber.

Die so beschriebene Änderung des geschriebenen Rechts aufgrund der Rechtsprechung ist auch keine Besonderheit der Deutschen Rechtsordnung, vielmehr ist diese Erscheinung bei allen großen Kodifikationen zu beobachten.[358] Der Richter hat das gewohnheitsrechtlich oder naturrechtlich verstandene Recht geschaffen, sofern der Gesetzgeber eine Rechtsmaterie autoritativ nicht entschieden hatte.[359] So entstand auch in allen Kulturen das Recht zunächst als „Richterrecht", gesetzgeberische Kodifikationen folgten Jahrhunderte später.[360] Lediglich in Zeiten absoluter Herrschaftsformen war weder die wissenschaftliche Auslegung noch die richterliche Weiterentwicklung des Rechts geduldet.[361]

aa. Kontroverse um die Rechtsfortbildung

Die Rechtsfortbildung als Aufgabe der Revisionsgerichte gehört jedoch zu einem der meist diskutierten Themen der Rechtswissenschaft, insbesondere der

---

worden, die sich auf seine wissenschaftliche Autorität berief. In dieser Entscheidung erwähnte der BGH § 253 BGB, wenn es heißt: "… Zwar besagt § 253 BGB, dass Geldentschädigung für ideellen Schaden nur in den durch das Gesetz ausdrücklich bestimmten Fällen gefordert werden kann. Als das BGB dieses Enumerationsprinzip aufstellte, hatte der hohe Wert des Rechtsschutzes der menschlichen Persönlichkeit und ihrer Eigensphäre noch nicht die Anerkennung der Rechtsordnung erfahren, die ihm nach Art. 1 und Art. 2 Abs. 1 GG zukommt." Der BGH sah § 253 BGB als durch Art. 1 und Art. 2 Abs. 1 GG außer Kraft gesetzt, sonst wäre „die unter dem Einfluss der Wertentscheidung des Grundgesetzes erfolgte Ausbildung des zivilrechtlichen Persönlichkeitsschutzes lückenhaft", BGH, 19.9.1961 – VI ZR 259/60 – BGHZ 35, 363, 367, siehe dazu auch *Medicus*, NJW 2000, S. 2921, 2922.

357 Die Neuregelung des § 253 BGB – Erweiterung um zweiten Absatz – der an die Stelle des § 847 BGB trat, nennt das allgemeine Persönlichkeitsrecht weiterhin nicht als Rechtsgut, bei dessen Verletzung Geldentschädigung zu leisten ist. Der Gesetzgeber erklärte jedoch, die Rechtsprechung zum allgemeinen Persönlichkeitsrecht nicht tangieren zu wollen, BT-Dr. 14/7752, S. 24–25. Damit billigte der Gesetzgeber die Rechtsprechung des BGH zum allgemeinen Persönlichkeitsrecht, siehe auch *Ludyga*, ZEV 2014, 333, 334 f.

358 Staudinger/*Honsell*, Einl. Rn. 201 f.

359 *Kirchhof*, FS Heidelberg, S. 11; *Kriele*, Theorie der Rechtsgewinnung, S. 60.

360 *Bülow*, S. 16 f.; *Kriele*, ZRP 2008, S. 51, 53.

361 Staudinger/*Honsell*, Einl. Rn. 201; *Kriele*, Theorie der Rechtsgewinnung, S. 60 ff., die insoweit auf Justinian aber auch Friedrich den Großen hinweisen, beide sollen weder die wissenschaftliche Auslegung noch die Weiterbildung des Rechts geduldet haben.

Methodenlehre.[362] Allerdings ist nicht die Aufgabe der Rechtsfortbildung als solche umstritten. Die Kontroverse dreht sich vielmehr um unterschiedliche Methoden. Einerseits um Gesetzesauslegung und andererseits um die – wie vom BVerfG formuliert – „schöpferische Rechtsfindung"[363] der Gerichte. Dabei wird der „richterliche Rechtsschöpfung" die Gesetzesbindung des Richters gemäß Art. 20 Abs. 3 GG sowie die Gewaltenteilung entgegengehalten. So wird der Rechtsprechung entgegnet, sie sei an das Gesetz gebunden, bei der Fortbildung des Rechts maße sie sich die Befugnisse des Gesetzgebers an.[364] Die Fortbildung des Rechts wird daher auch als „Verfassungsproblem"[365] bezeichnet. Denn die Bindung des Richters solle den Gesetzesunterworfenen vor willkürlicher Rechtsprechung schützen.[366] Namentlich *Rüthers* ist es, der jüngst auf das „ausufernde Richterrecht"[367] hingewiesen hat. Er wendet sich insbesondere gegen die von den Richtern angewandte objektive Auslegungsmethode. Das sei für die Richter attraktiv, die ihre eigenen rechtspolitischen Regelungsvorstellungen hätten.[368] Unzulässigerweise seien Richter zu den Ersatzgesetzgebern geworden, wo das Gesetz schweige.[369]

Auf der anderen Seite ist aber eine Befugnis zur Rechtsfortbildung aus Art. 20 Abs. 3 GG anerkannt. Das BVerfG führt dazu aus, die traditionelle Bindung des Richters an das Gesetz sei im Grundgesetz der Formulierung nach dahingehend abgewandelt, dass die Rechtsprechung an Gesetz *und Recht* gebunden sei.[370] Gesetz und Recht würden sich nicht immer decken und das Recht sei nicht mit der Gesamtheit der geschriebenen Gesetze identisch.[371] Gegenüber den positiven Satzungen der Staatsgewalt könne unter Umständen ein Mehr an Recht bestehen, das seine Quelle in der verfassungsmäßigen Rechtsordnung als einem Sinnganzen besitze und dem geschriebenen Gesetz gegenüber als Korrektiv zu

---

362 *Fikentscher*, Methoden des Rechts, Band III, S. 701f.; Staudinger/*Honsell*, Einl. Rn. 205 ff.; *R. Fischer*, Weiterbildung, S. 1ff; *Wenzel*, NJW 2008, 345ff.; *Rüthers*, ZRP 2008, 48 ff.

363 BVerfG, 14.2.1973 – 1 BvR 112/65 BVerfGE 34, 269, 287.

364 *Forsthoff*, DÖV 1959, 41ff, der vom Übergang des Rechtsstaates zum Justizstaat spricht; *Arndt*, NJW 1963, 1273, 1280; *Hirsch*, JR 1966, 334, 335 f.; *Hillgruber*, JZ 1996, 118, 119ff.; *Rüthers*, NJW 2005, S. 2759 ff.

365 *Hillgruber*, JZ 1996, S. 118 ff.

366 *Hillgruber*, JZ 1996, S. 118.

367 *Rüthers*, JZ 2002, S. 365 ff.

368 *Rüthers*, JZ 2002, S. 365, 368; *ders.* NJW 2005, 2759, 2760.

369 *Rüthers*, NJW 2005, S. 2759 ff.

370 BVerfG, 14.2.1973 – 1 BVR 112/ 65 – BVerfGE 34, 269, 286.

371 BVerfG, 14.2.1973 – 1 BVR 112/ 65 – BVerfGE 34, 269, 286f.

wirken vermöge. Die Aufgabe der Rechtsprechung sei es, dieses zu finden und in den Entscheidungen zu verwirklichen. Das Grundgesetz beschränkt den Richter nicht darauf, gesetzgeberische Weisungen in den Grenzen des möglichen Wortsinns auf den Einzelfall anzuwenden.[372] Außerdem solle sich die Bindung des Richters an das Gesetz bei tiefgreifendem Wandel der wirtschaftlichen, sozialen und gesellschaftlichen Verhältnissen lockern, weil ungewiss bleibe, welche Regelung der Gesetzgeber bei Kenntnis der späteren Verhältnisse getroffen hätte und weil nicht mit einer ständigen Anpassung der Gesetze an veränderte Verhältnisse gerechnet werden könne.[373] Diesen im Laufe der Zeit veränderten Verhältnissen, müsse der Richter gerecht werden, solle er seine Aufgabe, das Recht zu sprechen, erfüllen.[374]

bb. Historische Betrachtung der richterlichen Bindung und Freiheit

Damit stehen sich richterliche Bindung und Freiheit grundsätzlich als Wertungsgegensätze gegenüber.[375] Sowohl Bindung als auch Freiheit sind allerdings nur als Produkt ihrer historischen Entwicklung zu verstehen.[376]

Ausgangpunkt des Gedankens der Bindung war das zunehmend dringliche Bedürfnis nach einer neutralen, staatsfernen Legitimation richterlicher Tätigkeit. Im Absolutismus war die Justiz Teil der allgemeinen Staatsgewalt.[377] Der Richter diente dem Fürsten und die Rechtsprechung wurde als Regierungsfunktion verstanden.[378] Mit der Ablösung des absoluten Fürstenstaates und dem Aufkommen des bürgerlichen Rechtsstaates um die Wende zum 19. Jahrhundert galt es daher, den Anteil des Richters an der Ausübung staatlicher Gewalt zu relativieren. Die Justiz sollte nicht mehr die abhängige Vollstreckerin oder bloßes Instrument zur Durchsetzung politischer Planungs- und Regierungsziele sein. Sie sollte vielmehr unabhängige Verteidigerin und Hüterin bürgerlicher Rechte sein.[379] Die so verstandene unpolitische Justiz bedeutete für die Obrigkeit, durch rationale Verwaltungsstrukturen die Effizienz des Staatsapparates zu erhöhen und es dem Einfluss der traditionellen Stände zu entziehen.[380] Auf der anderen Seite bedurfte

---

372 BVerfG, 14.2.1973 – 1 BVR 112/ 65 – BVerfGE 34, 269, 287.
373 GS für Zivilsachen, 04.10.1982 – GSZ 1/82- BGHZ 85, 64, 66.
374 *R. Fischer*, Die Weiterbildung des Rechts, S. 8.
375 *Auer* nennt das „Institutioneller Grundwiderspruch", S. 64 ff.
376 *Auer*, S. 65.
377 *Ogorek* in Loccumer Protokolle, S. 93, 106.
378 *Ogorek* in Loccumer Protokolle, S. 93, 106.
379 *Ogorek*, S. 35 ff, 292 ff.; Auer, S. 66.
380 *Ogorek* in Loccumer Protokolle, S. 93, 107.

die Unabhängigkeit von konkreten fürstlichen Weisungen einer umso strengeren Bindung an das Gesetz. Unter diesen Voraussetzungen entwickelte sich im Laufe des 19. Jahrhunderts der Grundgedanke der Bindung. Danach musste eine neutrale, objektiv nachvollziehbare Begründung richterlicher Entscheidungen auf eine legitime, gesetzliche Entscheidungsgrundlage zurückgeführt werden.[381] Es wurde dabei versucht, möglichst alle Gebiete des staatlichen und gesellschaftlichen Lebens durch Gesetze systematisch zu erfassen.[382]

In diesem Zusammenhang erscheint es jedoch fraglich, ob eine so verstandene Gesetzesbindung tatsächlich erreicht werden kann. Im Rechtsfindungsprozess spielt die Bedeutung richterlicher Wertungen eine große Rolle. Die Rechtsquellen- und Methodenlehre schafft es nicht, diesem Wertungsbedürfnis den erforderlichen Raum zu geben.[383] Denn oft resultieren die Gründe einer Entscheidung nicht aus dem Gesetz, sondern aus der stets vom subjektiven Vorverständnis des Richters geprägten Interpretation von Sachverhalt und Entscheidungsgrundlagen sowie aus der Gewichtung und Abwägung der jeweiligen Begriffe.[384] Das wird als „praktische Richterkunst"[385] bezeichnet. Sie zeigt sich unweigerlich dann, wenn das Gesetz und die Auslegung keine eindeutigen Ergebnisse erzielen.[386] Bülows Schrift „Gesetz und Richterrecht" aus dem Jahr 1885, in der der Richterspruch als die von der Staatsgewalt erlassene Rechtswillenerklärung bezeichnet wurde und wonach nicht das Gesetz, sondern Gesetz und Richteramt dem Volke sein Recht schaffe[387], gilt als Wendepunkt hin zur offenen Anerkennung der Richterfreiheit.[388] Die Thesen Bülows fanden gerade im zeitgenössischen Rechtsdenken um die Jahrhundertwende Zustimmung. Sie führten dann Ende des 19. Jahrhunderts zu einem Bewusstseinswandel, als die staatliche Entwicklung weit genug vorangeschritten war, um die Justiz als integralen Bestandteil der Staatsgewalt anzuerkennen. Dieser lag in der Erkenntnis, dass gerichtliche Entscheidungen notwendig auf richterlichen Wertungen beruhten. Zu diesem Zeitpunkt war bereits die liberale staatsferne Privatrechtsgesellschaft von einem komplexeren Gesellschaftsbild mit neuartigen wirtschafts- und arbeitsrechtlichen Problemen

---

381 *Auer*, S. 67.
382 *Stahl*, S. 7.
383 *Auer*, S. 71.
384 *Auer*, S. 71.
385 *Auer*, S. 71; *Isay*, S. 56 ff, 85 ff.
386 *Auer*, S. 71.
387 *Bülow*, S. 6 und 48.
388 *Auer*, S. 72, Staudinger/*Honsell*, Einl. Rn. 205 ff.

verdrängt.[389] Mit dem Erlass der ersten Wettbewerbs- und Arbeitsgesetze wurde das staatliche Handeln nicht als Bedrohung der bürgerlichen Freiheitsrechte, sondern als notwendiges Mittel zur Herstellung der Funktionsvoraussetzungen der liberalen Wirtschaftsordnung gesehen.[390] Es setzte sich die Ansicht durch, dass der Schutz der Rechte des Individuums nur möglich ist, wenn die Unabhängigkeit der Gerichte gewährleistet werden könnte und dass die Schaffung eines lückenlosen Rechtssystems sich nicht durchführen ließe.[391] Gesetzgebung und Rechtsprechung konnten erstmals als sich ergänzende Staatsfunktionen wahrgenommen werden.[392]

Die richterliche Rechtsfortbildung ist daher genauso wie die Rechtsbindung Teil des Rechtsfindungsprozesses.[393] Darüber hinaus ist sie unabdingbar für die tatsächliche Funktionsfähigkeit des Rechts und seine Anpassung an den fortschreitenden Wandel der gesellschaftlichen, sozialen und wirtschaftlichen Verhältnisse.[394] Die Grenzen der freien fortbildenden Rechtsfindung liegen in dem vom Gesetzgeber festgelegten Sinn und Zweck des Gesetzes.[395] Wie das BVerfG wiederholt klargestellt hat, haben Richter die gesetzgeberische Entscheidung zu respektieren und den Willen des Gesetzgebers unter gewandelten Verhältnissen zur Geltung zu bringen.[396] Insoweit kann die von *Ogorek* aufgestellte These bestätigt werden, wonach auf der Grundlage historischer Erfahrung generell vermutet werden könne, dass Recht und Richter immer so gut oder so schlecht seien wie die Politik des Staates, in dem sie wirken.[397] „Der absolutistische Staat hatte absolutistische Richter, der nationalsozialistische Staat hatte nationalsozialistische Richter, der sozialistische Staat hatte sozialistische Richter und deshalb scheint

---

389 *Wieacker*, Privatrechtsgeschichte, S. 543 ff. Auer, S. 74.
390 *Wieacker*, Privatrechtsgeschichte, S. 543 ff. Auer, S. 74.
391 *Stahl*, S. 7 f.
392 *Ogorek*, S. 263 f.
393 *Auer*, S. 64 ff.; Kocher, S. 103.
394 *R. Fischer*, Die Weiterbildung des Rechts, S. 8; *Prütting*, FS Köln, 305, 308f.; *Auer*, S. 65.
395 BVerfG, 12.11.1997 – 1 BvR 479/92 und 307/94 – BVerfGE 96, 375, 394f.; 26.6.1991 – 1 BvR 779/85 – BVerfGE 84, 212, 226 f.
396 BVerfG, 25.11.2011 – 1 BvR 918/10 – NJW 2011, 836, 838f.; 14.6.2007 – 2 BvR 1447, 136/05 – BVerfGE 118, 212, 243 f.;. Hier ist auch zu erwähnen, dass richterliche Entscheidungen stets zur Disposition des Gesetzgebers stehen. Der Gesetzgeber kann durch die Änderung und Einführung neuer Gesetze jeder Fortbildung des Rechts die Grundlage entziehen, so auch *Redeker*, NJW 1972, S. 409, 413; *Hirsch*, FAZ 30.4.2007, S. 8.
397 *Ogolek* in Loccumer Protokolle, Fn. 19.

die Hoffnung nicht unberechtigt, dass der demokratische Staat demokratische Richter hervorbringt."[398]

cc. *Auswirkungen fortbildender höchstrichterlicher Rechtsprechung*

Fortbildende höchstrichterliche Rechtsprechung hat regelmäßig zur Veränderung des geltenden Rechts geführt. Der Gesetzgeber greift auf die von der höchstrichterlichen Rechtsprechung entwickelten Grundsätze zurück und macht sie zur Grundlage neuer Gesetzgebung. Dies verdeutlicht etwa der Vergleich der ursprünglichen Fassung des BGB von 1900 mit der heutigen Fassung.[399] Wie bereits zuvor angedeutet, erklärt sich dies dadurch, dass kein Gesetz derart vollständig sein kann, dass es für jeden an den Richter zu entscheidenden Einzelfall eine Lösung bereithält.[400] In diesem Zusammenhang sei etwa an die vorbeugende deliktische Unterlassungsklage erinnert, die das Reichsgericht, gestützt auf § 826 BGB, eineinhalb Jahre nach Inkrafttreten des BGB erarbeitete.[401] Oder wie es Verkehrssicherungspflichten des Eigentümers einer Sache konstituierte.[402] Der Gedanke von Treu und Glauben musste von der Rechtsprechung – wegen der Regelungsdefizite des BGB – über den gesetzlichen Anwendungsbereich hinaus bei immer mehr Sachverhalten herangezogen werden, um „angemessene Ergebnisse"[403] zu erzielen. Im Wege der Vertragsauslegung und Rechtsergänzung entwickelte die Rechtsprechung z. B. den Vertrag mit Schutzwirkung zugunsten Dritter[404] oder die Drittschadenliquidation[405]. Dieses „Vertragsrecht" wurde dann vom Gesetzgeber im Rahmen der Schuldrechtsreform 2002 in §§ 241 Abs. 2, 311 Abs. 2 und 3 BGB kodifiziert. Weitere Beispiele sind das Arzthaftungsrecht oder Reisevertragsrecht.[406]

---

398 *Ogolek* in Loccumer Protokolle, Fn. 19.

399 Staudinger/*Honsell,* Einl. Rn. 200ff.

400 MüKoBGB/*Säcker,* Einl. Rn. 39 und 74 ff.; *R. Fischer,* Weiterbildung des Rechts, S. 8 ff.

401 RG, 11.4.1901 – VI. 443/00 – RGZ 48, 114, 118ff. Siehe die gute Zusammenfassung rechtsfortbildender Entscheidungen bei *Fischer,* Verdeckte Rechtsfortbildung, S. 149 ff.

402 RG, 20.11.1916 – VI. 325/16 – RGZ 89, 120, 122; 30.10.1902 – VI. 208/02 – RGZ 52, 373, 376 ff.

403 BGH, 3.12.1958 – V ZR 28/57 – BGHZ 29, 6, 10; 5.2.1957 – V BLw 37/56 – BGHZ 23, 249, 255; MüKoBGB/*Säcker,* Einl. Rn. 41.

404 BGH, 22.1.1968 – VII ZR 195/65 – BGHZ 49, 350, 354f.; 24.4.1956 – III ZR 259/54 – VersR 1956, 419f.

405 BGH, 10.7.1963 VIII ZR 204/61 – BGHZ 40, 91, 100ff; 26.9.1957 – II ZR 267/56 – BGHZ 25, 250, 258; 23.11.1954 – I ZR 78/53 – BGHZ 15, 224, 228f.

406 Siehe weitere Beispiele, insbesondere zum Gesellschaftsrecht, *Raiser,* ZRP 1985, 111, 112 ff.

Rechtsfortbildende Rechtsprechung leistet also vielfach die Vorarbeit für künftige Gesetzgebungsvorhaben.[407]

Fortbildende höchstrichterliche Rechtsprechung führt damit regelmäßig zu Veränderungen des kodifizierten Rechts.[408] Aber auch wenn es nicht zur Änderung des Gesetzes kommt, werden Grundsätze aus fortbildender höchstrichterlicher Rechtsprechung verschiedentlich vom Gesetzgeber zumindest anerkannt. Dies betrifft etwa die erwähnte Rechtsprechung des BGH zum Geldersatz bei Persönlichkeitsverletzungen. Als der Gesetzgeber § 253 BGB umgestaltete, wurde das allgemeine Persönlichkeitsrecht nicht als Rechtsgut kodifiziert. Jedoch lässt sich der Gesetzesbegründung entnehmen, dass dies nicht im Widerspruch zur Rechtsprechung des BGH beim allgemeinen Persönlichkeitsschutz aus § 823 BGB stehe.[409]

dd. Zwischenergebnis

Zusammenfassend lässt sich konstatieren, dass sich die richterliche Tätigkeit nicht in der reinen Gesetzesanwendung erschöpft, sondern – schon wegen der erforderlichen Wertungen – auch ein fortbildendes Moment umfasst.[410] Dies bildet in diversen Fällen die Grundlage neuer Gesetze.

2. Präjudizielle Wirkungen der Revisionsentscheidung

Eng mit der Problematik der Rechtsfortbildung als Aufgabe der Revisionsgerichte hängt die Frage zusammen, welche Wirkung die Entscheidungen dieser Gerichte

---

407 *Hergenröder*, S. 9.
408 Siehe dazu Beispiele in MüKoBGB/*Säcker*, Einl. Rn. 39ff.; Staudinger/*Honsell* Einl. Rn. 201 ff.; *Dauner- Lieb*, FS Schilken, S. 221.
409 BT- Drs. 14/ 7752, S. 24 f.
410 Vollständigkeit halber ist darauf hinzuweisen, dass die Kontroverse um die Rechtsfortbildung nicht zuletzt daher rührt, dass in Deutschland im Unterschied zu manchen anderen europäischen Staaten Vorschriften hinsichtlich der Rechtsanwendung keinen Eingang in das BGB gefunden haben; anders aber noch § 1 des Entwurfs, siehe dazu Staudinger/*Honsell*, Einl. Rn. 201. Ausführliche Rechtsanwendungsvorschriften finden sich unter anderem im österreichischen AGBG, §§ 6,7, im italienischen Code Civil, § 12ff, im spanischen Código Civil, §§ 3,4 und in Art. 1 des Schweizerischen Zivilgesetzbuches, der lautet: „Das Gesetz findet auf alle Rechtsfragen Anwendung, für die es nach Wortlaut oder Auslegung eine Bestimmung enthält. Kann dem Gesetz keine Vorschrift entnommen werde, soll der Richter nach Gewohnheitsrecht und, wo auch ein solches fehlt, nach der Regel entscheiden, die er als Gesetzgeber aufstellen würde. Er folgt dabei bewährter Lehre und Überlieferung.‟

haben, ob insbesondere eine Präjudizienwirkung von ihnen ausgeht. Ganz allgemein versteht man unter Präjudizien Entscheidungen, in denen dieselbe Rechtsfrage, über die erneut zu entscheiden ist, von einem Gericht in einem anderen Fall bereits einmal entschieden worden ist.[411] Es ist die im Rahmen der Urteilsbegründung vom Gericht gegebene Antwort auf eine Rechtsfrage, die sich im nächsten Fall in der gleichen Weise stellt.[412]

Zum einen stellt sich die Frage, ob Revisionsgerichte – gegebenenfalls auch unterschiedliche Senate des Gerichts – einander präjudiziell binden können. Zum anderen fragt sich, ob nachgeordnete Gerichte an die Rechtsprechung der Revisionsgerichte gebunden werden. Das deutsche Prozessrecht sieht dies, jedenfalls ausdrücklich, nicht vor.[413] Die Entscheidungen der Revisionsgerichte haben auch nicht die Wirkung von Gesetzen. Der Richter ist grundsätzlich frei in der Bildung seiner Überzeugung sowohl hinsichtlich der Wahrheit behaupteter Tatsachen als auch der Richtigkeit des von ihm zugrunde gelegten Verständnisses der Gesetze und Rechtsordnung.[414]

a. Gesetzlich normierte Präjudizienbindung

Vereinzelt existieren jedoch gesetzliche Regelungen, die Präjudizien eine allgemeine Bindungswirkung zuschreiben.[415]

aa. Bindungswirkung nach Zurückverweisung § 563 Abs. 2 ZPO

§ 563 Abs. 2 ZPO sieht eine unmittelbare Bindungswirkung bei der Zurückverweisung vor. Danach ist das Berufungsgericht an die der Aufhebung zugrunde liegende rechtliche Beurteilung des Revisionsgerichts gebunden.[416] Das gilt selbst dann, wenn es diese für verfassungsrechtlich bedenklich hält.[417] Die Bindung erstreckt sich allerdings nur auf die Rechtsauffassung des Revisionsgerichts, die

---

411 *Larenz/Canaris*, Methodenlehre, S. 253.
412 *Larenz/Canaris*, Methodenlehre, S. 253.
413 Staudinger/*Honsell*, Einl. Rn. 230.
414 *Larenz*, FS Schima, S. 247, 248.
415 Am deutlichsten ist insoweit § 31 BVerfGG. Demnach sind sämtliche Träger öffentlicher Gewalt, einschließlich Gerichte an die Entscheidungen des BVerfG gebunden. Siehe BVerfG, 26.10.2004 – 2 BvR 955/00, 1038/01 – BVerfGE 112, 1, 40; 12.10.1951 – 1 BvR 201/51 – BVerfGE 1, 14, 37; 10.6.1975 – 2 BvR 10187 74 – BVerfGE 40, 88, 93 f.; Rösler, ZZP 126, 295, 303 und ausführlich Benda/Klein/*Klein*, Verfassungsprozessrecht, § 40, Rn. 1416ff.
416 Ebenso im verwaltungsgerichtlichen Revisionsverfahren gemäß § 144 Abs. 6 VwGO.
417 BGH, 21.11.2006 – XI ZR 347/05 – NZM 2007, 170, 171.

für die Aufhebung unmittelbar ursächlich war.[418] Falls die Sache erneut in die Revisionsinstanz gelangt, so ist selbst diese in gleicher Weise wie das Berufungsgericht an ihre vorherigen Rechtsauffassungen gebunden.[419] Das gilt nicht, wenn das Revisionsgericht seine Rechtsprechung zwischenzeitlich geändert hat.[420]

Entsprechendes gilt auch für die Sprungrevision gem. § 566 Abs. 8 S. 2 ZPO und nach § 577 Abs. 4 S. 2 ZPO für die Rechtsbeschwerde.

bb. Bindungswirkung nach UKlaG

Auch § 10 UKlaG[421] lässt sich eine Bindungswirkung an höchstrichterliche Entscheidungen entnehmen. Nach dieser Regelung kann der zur Unterlassung der Verwendung bestimmter AGB-Klauseln Verurteilte im Wege der Klage nach § 767 ZPO einwenden, dass der BGH oder der Gemeinsame Senat der Obersten Gerichte des Bundes die in Rede stehende Klausel nachträglich in einem anderen Verfahren für wirksam gehalten haben und nunmehr eine Zwangsvollstreckung aus dem Titel gegen ihn seinen Geschäftsbetrieb in unzumutbarer Weise beeinträchtigen würde. Damit bindet § 10 UKlaG, entgegen dem Grundsatz richterlicher Ungebundenheit, das entscheidende Gericht jedenfalls mittelbar an das höchstrichterliche Urteil.[422]

---

418   BGH, 17.12.1956 – II ZR 274/55 – BGHZ 22, 370, 374.

419   Die so genannte Selbstbindung des Revisionsgerichts ist gesetzlich nicht geregelt. Nach dem GmS-OGB sei sie eine logische Folge der Bindung der Vorinstanz im zweiten Rechtsgang und ergebe sich aus dem Zweck des § 563 Abs. 2 ZPO. Es solle verhindert werden, dass die endgültige Entscheidung verzögert werde, weil sie ständig zwischen Vor- und Revisionsinstanz hin – und hergeschoben werde, weil keines der beiden Gerichte seine Rechtsauffassung ändere. § 565 Abs. 2 ZPO institutionalisiere lediglich, um den erstrebten Erfolg zu erzielen, die ohnehin bestehende, sich aus dem Instanzenzug ergebende Autorität des übergeordneten Gerichts; es solle vermieden werden, dass sich die Vorinstanz im Einzelfall nicht an die der Zurückverweisung zugrunde liegende Rechtsauffassung des Revisionsgerichts halte. Der mit diesen Vorschriften verfolgte Zweck könne nicht erreicht werden, wenn nur die Vorinstanz, nicht aber auch die Revisionsinstanz, falls sie erneut mit der Sache befasst werde, an ihre erste, der Zurückverweisung der Sache zugrunde liegende Rechtsauffassung gebunden sei, siehe GmS- OGB, 6.2.1973 – GmS-OGB 1/72 – NJW 1973, 1273, 1274.

420   GmS- OGB, 6.2.1973 – GmS- OGB 1/72 – NJW 1973, 1273, 1274.

421   § 10 UKlaG fand sich bis Ende 2001 wortgleich in § 19 AGBG.

422   Siehe *Rösler*, ZZP 126, 295, 307.

cc. Musterverfahren in kapitalmarktrechtlichen Streitigkeiten nach KapMuG

Des Weiteren statuiert § 22 Abs. 1 KapMuG[423] eine unmittelbare Bindung der Prozessgerichte an einen vom OLG ergangenen Musterentscheid[424], der gemäß § 16 Abs. 1 S. 1 KapMuG durch Beschluss erlassen wird. Dabei werden die Prozessgerichte an den Musterentscheid gebunden, welche nach der Bekanntgabe[425] des Musterverfahrens von Amts wegen gemäß § 8 Abs. 1 KapMuG alle bereits anhängigen oder bis zum Erlass des Musterentscheides noch anhängig werdenden Verfahren aussetzen, deren Entscheidung von der im Musterverfahren getroffenen Feststellungen oder der im Musterverfahren zu klärenden Rechtsfrage abhängt.[426]

Das Gesetz über Musterverfahren in kapitalmarktrechtlichen Streitigkeiten wurde 2005[427] als Reaktion auf die Verfahren mit über 17.000 Klägern gegen die Deutsche Telekom und auf die Defizite des Zivilprozessrechts im Umgang damit vom Deutschen Bundestag beschlossen.[428] Das KapMuG- Verfahren soll die Bündelung einer Vielzahl gleichgerichteter Zivilverfahren ermöglichen und zu einem effektiveren Rechtsschutz für Kapitalanleger führen. Indem die entscheidungserheblichen Tatsachen- und Rechtsfragen, die allen geltend gemachten Ansprüchen zugrunde liegen, einheitlich geklärt werden, sollen zudem Gerichte entlastet und widersprüchliche Entscheidungen vermieden werden.[429]

---

423 § 22 KapMuG gilt ab dem 1.11.2012 und entspricht § 16 KapMuG a.F.

424 Siehe zum kollektiven Rechtsschutz im KapMuG *Hess*, JZ 2011, 66, 68 f.

425 Die Bekanntmachung wird im Klageregister durch das OLG gemäß § 6 Abs. 4 KapMuG veröffentlicht.

426 Ein Musterverfahren wird durch den Musterverfahrensantrag gemäß § 2 Abs. 1 KapMuG beim erstinstanzlichen Gericht eingeleitet, indem der Antragssteller einen Schadensersatzanspruch wegen falscher, irreführender oder unterlassener Kapitalmarktinformationen oder einen Erfüllungsanspruch aus Vertrag geltend macht, der auf einem Angebot nach dem Wertpapiererwerbs- und Übernahmegesetz beruht. Zudem muss die Bedeutung des Rechtsstreits der Entscheidung über den Musterverfahrensantrag hinaus für andere gleichgelagerte Rechtsstreitigkeiten dargelegt werden, § 2 Abs. 3 KapMuG.

427 BT-Drs. 15/5091. Das Gesetz wurde zunächst auf fünf Jahre beschränkt, dann im Jahr 2010 auf zwei weitere Jahre verlängert. Mit dem Gesetz zur Reform des Kapitalanlegermusterverfahrens im Jahr 2012 wurde das KapMuG unter moderater Ausweitung des Anwendungsbereichs ersetzt und erneut bis zum 1.11.2020 befristet, siehe BGBl. 2012 I, S. 2182.

428 *Möllers/Holzner*, NZG 2009, 172; *Rösler*, ZZP 126, 295, 305.

429 BT- Drs. 15/ 5091, S. 16 ff.; *Schneider/Heppner*, BB 2012, 2703.

dd. Divergenz- und Grundsatzvorlage nach §§ 132 Abs. 2 und Abs. 4 GVG

Die Vorlagen in Divergenz- und Grundsatzfragen innerhalb eines Revisionsgerichts entfalten, im Unterschied zu den soeben genannten gesetzlichen Bindungen, nur auf mittelbare Art und Weise Bindungswirkungen. So sieht § 132 Abs. 2 GVG die Pflicht zu einer Divergenzvorlage[430] vor, sobald einer der zwölf Zivilsenate des BGH von der Rechtsprechung eines anderen Zivilsenats oder des Großen Senats in der identischen Rechtsfrage abweichen will. Der erkennende Senat muss die beabsichtigte Abweichung dann dem Großen Senat für Zivilsachen vorlegen.[431] Aufgrund der Vorlagepflicht nach § 132 Abs. 2 GVG ist eine indirekte Bindungswirkung an Präjudizien innerhalb des Bundesgerichtshofs gegeben. Dadurch unterliegt ein erkennender Senat mittelbar der Verpflichtung sich mit der Rechtsprechung der anderen Senate auseinanderzusetzen.[432] Bei der Divergenzvorlage nach § 132 Abs. 2 GVG handelt es sich um einen speziellen Fall der Grundsatzvorlage.[433] Nach § 132 Abs. 4 GVG[434] kann der erkennende Senat eine Frage von grundsätzlicher Bedeutung dem Großen Senat zur Entscheidung vorlegen, wenn das nach seiner Auffassung zur Fortbildung des Rechts oder zur Sicherung einer einheitlichen Rechtsprechung erforderlich ist. Die primäre Funktion der Grundsatzvorlage liegt in der Rechtsfortbildung. Daher übt sie lediglich eine geringe und indirekte Bindungswirkung aus. Erst wenn der Große Senat über die Rechtsfrage entschieden hat, konkretisiert sich die Bindungswirkung seiner Entscheidung. Die anderen Senate haben sich an dieser Grundsatzentscheidung zu orientieren, andernfalls werden sie verpflichtet, die Rechtsfrage bei einer beabsichtigten Abweichung nach § 132 Abs. 2 GVG dem Großen Senat vorzulegen.[435]

---

430 Zur Geschichte der Divergenzvorlage *Diedrich*, S. 128 ff.

431 Zum Fall der Divergenzvorlage zählt auch, wenn ein Zivilsenat von einem Strafsenat oder umgekehrt abweichen will. Dazu ist die Entscheidung dem Vereinigten Großen Senat vorzulegen, § 132 Abs. 2 GVG.

432 *Rösler*, ZZP 126, 295, 308; Maunz/Dürig/*Jachmann*, Art. 95 GG, Rn. 20.

433 *Prütting*, Zulassung der Revision, S. 222ff.

434 § 137 GVG a.F. war die Vorgängervorschrift des § 132 Abs. IV GVG und entstammt der nationalsozialistischen Gesetzgebung und sollte ursprünglich dazu dienen, die nationalsozialistischen Postulate leichter in der Rechtsprechung durchzusetzen. Die Vorschrift wurde beibehalten und durch das Gesetz vom 17.12.1990 in den jetzigen § 132 Abs. IV GVG gestellt, Staudinger/*Honsell* Einl. Rn. 213. Kritisch dazu *Hirsch*, JR 1966, 334 ff.

435 Die Nichtbeachtung der Vorlagepflicht aus § 132 Abs. 2 GVG führt zu einem Verfahrensverstoß. Die Parteien können eine Urteilsverfassungsbeschwerde gem. Art. 93 Abs. 1 Nr. 4a GG wegen der Verletzung des Rechts auf den gesetzlichen

ee. Vorlage an den gemeinsamen Senat der obersten Gerichtshöfe gemäß § 2 RsprEinhG

Zu den eben genannten Vorlagen innerhalb des BGH gehört auch die Vorlage an den Gemeinsamen Senat der obersten Gerichtshöfe nach § 2 RprEinhG.[436] Ziel des Senats ist die Einheitlichkeit der Rechtsprechung zwischen den fünf obersten Bundesgerichten.[437] Gemäß § 11 RsprEinhG entscheidet der Gemeinsame Senat nach Vorlagebeschluss eines obersten Bundesgerichts, sobald dieses in einer Rechtsfrage von der Entscheidung eines anderen obersten Bundesgerichts oder des Gemeinsamen Senats abweichen will. Das bedeutet, dass oberste Bundesgerichte nicht von bereits bestehender Rechtsprechung eines anderen obersten Bundesgerichtes abweichen dürfen. Gemäß § 16 RsprEinhG ist die Entscheidung des Gemeinsamen Senats für das erkennende Gericht bindend. Die bestehenden höchstrichterlichen Präjudizien lösen in diesen Fallgruppen ein besonderes Gerichtsverfahren aus, das die Einheitlichkeit des Rechts sichert sowie eine geordnete Fortbildung des Rechts durch Präjudizien ermöglicht.[438]

b. Präjudizienbindung außerhalb gesetzlicher Normierung?

Die Frage ist, ob neben den gesetzlich normierten Fällen, auch eine weitere Bindung durch Präjudizien in Betracht kommt. Sind die nachgeordneten Gerichte an die Rechtsprechung eines Revisionsgerichts gebunden? Dies ist grundsätzlich zu verneinen. Nachgeordnete Gerichte haben das Recht, höchstrichterlicher Rechtsprechung nicht zu folgen, weil sie – wie bereits einleitend dargestellt – nur an das Gesetz und Recht gebunden sind.[439] Es verwundert allerdings in diesem Zusammenhang, dass dieses Recht, wie zuvor dargestellt, den unterschiedlichen Senaten eines Revisionsgerichts nicht in gleicher Weise zusteht.

Bereits sehr früh verlangte der BGH vom Beamten, die „gefestigte, höchstrichterliche Rechtsprechung" wie ein Gesetz zu kennen und anzuwenden.[440]

Richter einlegen, siehe BVerfG, 9.6.1971 – 2 BvR 225/69 – BVerfGE 31, 145, 163 ff.; 11.5.1965 – 2 BvR 259/63 – BVerfGE 19, 38, 42ff.

436 Das RsprEinhG wurde 1968 auf der Grundlage von Art. 95 Abs. 3 GG erlassen, BGBl. 1968 I, S. 68, siehe zur Entstehungsgeschichte des Gemeinsamen Senats der obersten Gerichtshöfe des Bundes *Schulte*, S. 32 ff.

437 *Rösler*, ZZP 126, 295, 310.

438 *Badura*, S. 50, 52.

439 *Brehm*, FS Schumann, S. 57, 60.

440 BGH, 23.3.1959 – III ZR 207/57 – BGHZ 30, 21, 22: „Die unrichtige Gesetzesauslegung durch einen Beamten stellt nur dann eine schuldhafte Amtspflichtverletzung dar, wenn sie gegen den klaren, bestimmten und völlig eindeutigen Wortlaut des

Ähnliches gilt für Rechtsanwälte und Notare.[441] Wie bei Beamten kann das Außerachtlassen höchstrichterlicher Rechtsprechung durch Rechtsanwälte, Notare und Beamte nach überwiegender Auffassung allerdings nur Haftungsansprüche auslösen. Ganz zutreffend stellt daher auch *Brehm* die Frage, wie das Recht durch die Entscheidung des Revisionsgerichts fortgebildet werden solle, wenn diese keinerlei Bindungswirkung entfalte.[442]

aa. *Theorien zur Bindungswirkung der Präjudizien*
(1) Gänzliche Ablehnung einer Bindungswirkung

Vereinzelt wird die Präjudizienbindung gänzlich abgelehnt. Nach *Müller* und *Christensen* seien Entscheidungen nur den geltenden Normtexten plausibel zurechenbare Sachargumente.[443] Extremer noch ist die Position von *H. J. Hirsch*. Für ihn bedeutet Richterrecht Rechtsbruch und ist in Wahrheit verkapptes Naturrecht.[444]

(2) Theorie der faktischen Bindungswirkung

Nach *Larenz/Canaris* liegt die Bedeutung der höchstrichterlichen Rechtsprechung in der faktischen Bindungswirkung, welche sie entfalte.[445] Nicht das Präjudiz als solches bindet, sondern die Norm, die in dem Präjudiz richtig erkannt, ausgelegt oder fortgebildet wurde.[446] Das Präjudiz diene dem Richter als Hilfsmittel richtiger Normerkenntnis. Der nächste Richter müsse, wenn er erneut vor der gleichen Rechtsfrage stehe, zwar eine eigene Entscheidung treffen, diese werde ihm jedoch durch das Präjudiz erleichtert, weil es ihm die Gründe in die Hand gäbe.[447] Das Präjudiz sei insofern keine Rechtsquelle, sondern eine Rechtserkenntnisquelle. Der Richter sei damit nicht gezwungen, seinem eigenen oder dem Präjudiz eines anderen Gerichts zu folgen. *Larenz* räumt jedoch der Entscheidung eines obersten Gerichts, mit der eine streitige Frage entschieden wurde, ein „Schwergewicht"[448] ein, insbesondere wenn es sich dabei um ständige Rechtsprechung handele. Von

---

Gesetzes verstößt oder wenn die Auslegung sich in Gegensatz zu einer gefestigten, höchstrichterlichen Rechtsprechung stellt."

441 *Lames*, S. 23; *Schnorbus*, DStR 1998, 1637, 1640.
442 *Brehm*, FS Schumann, S. 57, 60.
443 *Müller/Christensen*, S. 552, Rn. 540.
444 *H.J. Hirsch*, JR 1966, 334, 341.
445 *Larenz/Canaris*, S. 254.
446 *Larenz*, FS für Schima, S. 247, 261 f.
447 *Larenz*, FS für Schima, S. 247, 262.
448 *Larenz*, FS für Schima, S. 247, 262.

der Nichtbindungswirkung der Präjudizien lässt *Larenz* zwei Ausnahmen zu. Erstens beim „rechtsethischem Durchbruch" einer höchstrichterlichen Entscheidung, wie etwa bei der Aufwertungsentscheidung des Reichsgerichts[449] oder der Anerkennung des Allgemeinen Persönlichkeitsrechts.[450]

(3) Vermutungstheorie

Kriele versucht mit einer Vermutungstheorie die Bindungswirkung der Präjudizien zu erklären. Der Jurist, der vor ein neues Problem gestellt werde, orientiere sich nicht nur über die einschlägigen Gesetze, sondern ebenso über die einschlägigen Präjudizien. Bevor er Kenntnis von den Präjudizien habe, fange er nicht an, den Gesetzestext zu interpretieren, seine Überlegungen würden ihren Ausgang in dem nehmen, was die Präjudizien gäben.[451] Dadurch entstehe eine widerlegliche Richtigkeitsvermutung zugunsten des Präjudizes.[452] Sie seien nicht verbindlich, ein abweichendes Ergebnis müsse jedoch begründet werden.[453] Das Präjudiz werde erst verworfen, wenn die Gründe dafür so überzeugend seien, dass gehofft werden könne, eine neue Präjudizienkette zu begründen.[454] *Bydlinksi* hat sich mit seinen Erörterungen zur subsidiären Verbindlichkeit von Präjudizien weitgehend Kriele angeschlossen.[455] Nach *Bydlinski* ist die Rechtsprechung eine ergänzende Rechtsquelle, die dem Gesetz untergeordnet sei.[456] Präjudizien seien im Bereich des non liquet von Bedeutung. In solchen Fällen biete nur die Beachtung der Präjudizien einen Ausweg aus der sonst rechtlich kriterienlosen Wahl zwischen mehreren Lösungsmöglichkeiten, in diesen Fällen komme ihnen eine normative Bindungswirkung zu.[457]

---

449   RG, 28.11.1923 – V 31/23 – RGZ 107, 78 ff., in dieser Entscheidung setzte das Reichsgericht bindendes Richterrecht wegen Untätigkeit des Gesetzgebers auf Grundlage des § 242 BGB. Es hob den Grundsatz der Risikotragung des Gläubigers für Geldentwertung für den Fall auf, dass dieser Grundsatz „infolge einer außerordentlich starken, beim Erlass der Währungsvorschriften nicht vorausgesehen Entwertungen der gesetzlichen Zahlungsmittel zu Ergebnissen führen würde, die mit § 242 BGB nicht mehr vereinbar wären."(S. 91)

450   BGH, 19.9.1961 – VI ZR 259/60 – BGHZ 35, 363, 367.
451   *Kriele,* Theorie der Rechtsgewinnung, S. 243; ders., FS Köln, 707, 714 ff.
452   *Kriele,* Theorie der Rechtsgewinnung, S. 247.
453   *Kriele,* Grundprobleme der Rechtsphilosophie, S. 50f.
454   *Kriele,* Grundprobleme der Rechtsphilosophie, S. 38 und 51.
455   *Bydlinski,* Juristische Methodenlehre, S. 510ff.; ders., JZ 1985, 149, 151.
456   *Bydlinski,* JZ 1985, S. 149, 151 f.
457   *Bydlinski,* Juristische Methodenlehre, S. 506.

(4) Fallnormtheorie

Nach der von *Fikentscher* entwickelten Fallnormtheorie besteht Präjudizienbindung in den Fällen, in denen über den möglichen Wortsinn des Gesetztes hinaus durch Auslegung, Analogie oder Rechtsfortbildung ein Gesetz zur Anwendung gebracht oder durch richterliche Fortbildung jenseits des Gesetzes Recht gebildet wird.[458] Diese Bindung folge daher, dass nicht die abstrakten Normen der meisten Gesetze, sondern die „Fallnorm" (-Entscheidungen) das objektive Recht bildeten. Dabei seien die „Fallnormen" die Verallgemeinerungssätze in Gestalt einer Norm, durch die eine durch einen Sachverhalt aufgeworfene Rechtsfrage entschieden werde. Nicht das Gesetz, sondern die Fallnorm werde für die Subsumtion benutzt.[459]

Nach der Fallnormtheorie sollen die Gerichte es als ihre Pflicht ansehen, sich mit den Präjudizien auseinander setzen zu müssen. Ein Gericht habe Präjudizien zu folgen, wenn es keine einleuchtenden Gründe finde, von ihnen abzuweichen.[460]

(5) Die Auffassung der Rechtsprechung

Nach Auffassung des BVerfG sind höchstrichterliche Entscheidungen kein Gesetzesrecht und erzeugen auch keine vergleichbare Rechtsbindung.[461] Auch der BGH lehnt eine abstrakte Präjudizienbindung ab. Die Wirkung seiner Judikate erklärt der BGH mit dem Gesichtspunkt des Vertrauensschutzes aufgrund des Rechtstaatsprinzips und des § 242 BGB.[462] Dazu finden sich in der Rechtsprechung des BGH zunächst unter Verweis auf das Bundesverfassungsgericht Ausführungen, der Richter sei nach dem Grundgesetz nicht darauf verwiesen, gesetzgeberische Weisungen in den Grenzen des möglichen Wortsinns auf den Einzelfall anzuwenden. Sobald im Laufe der Zeit durch eine gefestigte höchstrichterliche Rechtsprechung Gesetzesbestimmungen – insbesondere ältere – ausgeformt seien, verlangten Rechtssicherheit und Vertrauensschutz im Allgemeinen ein Festhalten an der einmal eingeschlagenen Rechtsentwicklung. Ein Abweichen von der Kontinuität der Rechtsprechung könne nur ausnahmsweise hingenommen werden, wenn deutlich überwiegende oder sogar schlechthin zwingende Gründe gegeben seien.[463]

---

458 *Fikentscher*, Methoden des Rechts, Band IV, S. 176ff.; *ders.*, Bedeutung von Präjudizien, S. 11, 18.

459 *Fikentscher*, Bedeutung von Präjudizien, S. 11, 18.

460 *Fikentscher*, Bedeutung von Präjudizien, S. 11, 19.

461 BVerfG, 26.06.1991 – 1 BvR 779/85 – BVerfGE 84, 212, 227.

462 BGH, 29.2.1996 – IX ZR 153/95 – NJW 1996, 1467, 1470.

463 GS für Zivilsachen, 4.10.1982 – GSZ 1/82 – BGHZ 85, 64,66; BGH, 25.3.1983 – V ZR 268/81 – BGHZ 87, 150, 155f.; BGH, 21.10.1983 – V ZR 166/ 82 – BGHZ 88, 344, 347; BGH, 22.2.1991 – V ZR 308/89 – BGHZ 113, 384, 386.

In einer Entscheidung des IX. Zivilsenats des Bundesgerichtshofs, in der er seine jahrzehntelange höchstrichterliche Rechtsprechung änderte, wies er darauf hin, dass höchstrichterliche Urteile den Gesetzen nicht gleichzustellen seien und auch keine damit vergleichbare Rechtsbindung erzielen.[464] Verfassungsrechtliche Gründe stünden dem nicht entgegen.[465] Gleichzeitig stellte der Senat aber klar, dass über § 242 BGB das schützwürdige Vertrauen einer Partei auf den Fortbestand des Rechts angemessen zu berücksichtigen sei. Die Rechtsprechung habe aus § 242 BGB gewohnheitsrechtlich verschiedene Rechtsinstitute entwickelt, die einen gesetzesähnlichen Vertrauensschutz gewährten. Das Vertrauen einer Partei auf die Fortdauer der bisherigen höchstrichterlichen Rechtsprechung sei schützenswert, wenn im Einzelfall eine rechtlich gebotene Änderung zu unbilligen, nicht zumutbaren Härten führe.[466]

bb. Abschließende Betrachtung

In der Rechtspraxis befolgen untere Instanzen, Rechtsanwälte und Beamte trotz fehlender normativer Präjudizienbindung grundsätzlich höchstrichterliche Entscheidungen. Wie *Kriele*[467] zutreffend beschrieb, setzt sich jeder Jurist wie selbstverständlich mit vorhandener Rechtsprechung auseinander und versucht seine Ansicht mit der Rechtsprechung zu begründen, insbesondere sobald das juristische Problem unter kein Gesetz zu subsumieren ist. Die Entscheidungsgründe eines höchstrichterlichen Urteils werden als Argumentationshilfe für die eigene Rechtsansicht genutzt.[468] Denn der Sachkunde des BGH wird in einer entscheidenden Frage, nicht zuletzt wegen der stärkeren personellen Besetzung

---

464 BGH, 29.2.1996 – IX ZR 153/95 – NJW 1996, 1467, 1469.
465 BGH, 29.2.1996 – IX ZR 153/95 – NJW 1996, 1467, 1469- In dem zugrunde liegenden Sachverhalt ging es um die Verpflichtung eines Bürgen aus einer formbedürftigen Bürgschaft, die er blanko unterschrieben hatte, ohne dass in dem Formular Gläubiger, Hauptschuldner oder Bürgschaftssumme enthalten waren. In der Begründung verneinte der Senat die Formwirksamkeit einer solchen Bürgschaft, verwies zunächst auf seine eigene frühere Rechtsprechung und sodann auf die Rechtsprechung des BGH, die zusammengenommen eine formstrenge Auslegung des § 766 Abs. 1 BGB gebieten.
466 BGH, 29.2.1996 – IX ZR 153/95 – NJW 1996, 1467, 1470.
467 *Kriele*, Grundprobleme der Rechtsphilosophie, S. 31 ff.
468 Nicht von der Hand zu weisen ist die Kritik, dass viel zu oft die Leitsätze zitiert werden, ohne sich mit dem Sachverhalt, der der Entscheidung zugrunde liegt, auseinanderzusetzen oder dass nur Präjudizien als Entscheidungsbegründung zitiert werden, siehe auch *Bydlinski* in JZ 1985, 149, 151, der es als „Übertrieben" bezeichnet.

und der größeren richterlichen Erfahrung, häufig mehr Vertrauen entgegengebracht als der eigenen Auffassungsgabe.[469]

Die Bindungswirkung von Entscheidungen des Bundesgerichtshofs in Form der Befolgung durch die Rechtspraxis ist damit eher Tatsache als Rechtssatz. Die zivilrechtliche Methodik hat dazu die bereits dargestellten Erklärungsmodelle entwickelt. Sie überschneiden sich und weisen einige Unschärfen auf – teilweise werden für eine zulässige Abweichung von höchstrichterlicher Rechtsprechung die Abwägung zwischen den Gründen[470], dann einleuchtende Gründe[471] oder rechtliche Argumente[472] verlangt. Eine normative Bindungswirkung wird zwar abgelehnt, dennoch kommt man nicht umhin, die besondere Bedeutung der höchstrichterlichen Rechtsprechung anzuerkennen.[473] Überwiegend wird im Ergebnis eine gewisse Verbindlichkeit der höchstrichterlichen Rechtsprechung bejaht.

Als Begründung für die beschriebene Bindung an – „gesetzesgleiche"[474] – höchstrichterliche Rechtsprechung kann auch der Gleichheitsgrundsatz herangezogen werden. Wenn in einer richterlichen Beurteilung zwei nicht erheblich von einander abweichende Sachverhalte unterschiedlich behandelt werden, liegt darin eine formale Ungleichbehandlung.[475] Nach der Rechtsprechung des BVerfG wendet sich das Gebot des allgemeinen Gleichheitssatzes nicht nur an den Gesetzgeber. Er bindet auch die vollziehende Gewalt und die Rechtsprechung – unbeschadet der Bindung des Richters an das Gesetz – als unmittelbar geltendes Recht.[476] Der Gleichheitssatz ist verletzt, wenn wesentlich Gleiches willkürlich ungleich oder wesentlich Ungleiches willkürlich gleich behandelt wird.[477]

---

469 *Olzen* JZ 1985, S. 155, 157, der den großen Einfluss der höchtsrichterlichen Rechtsprechung in der Praxis auch mit ihrer großen Publizität erklärt. Darüber hinaus mit dem Unter- und Überordnungsverhältnis, das zwar rechtlich nur in engen Grenzen bestehe, praktisch aber vorhanden sei, und durch die Kritik des BGH an den unteren Instanzen verstärkt werde.

470 Staudinger/*Honsell* Einl. Rn. 228.

471 *Fikentscher*, Bedeutung von Präjudizien, S. 11, 19.

472 *Bydlinski*, JZ 1985, S. 149, 154.

473 *Diedrich*, S. 225.

474 *Gottwald*, Zivilprozessrecht, § 149 Rn. 11.

475 *Schlüchter*, S. 49.

476 BVerfG, 17.12.1953 – 1 BvR 147/52 – BVerfGE 3, 58, 135; 3.2.1959 – 2 BvL 10/56 – BVerfGE, 9, 137, 149; 24.3.1976 – 2 BvR 804/75 – BVerfGE 42, 64, 74 f.

477 BVerfG, 16.3.1955 – 2BvK – BVerfGE 4, 144, 155; 24.3.1976 – 2 BvR 804/75 – BVerfGE 42, 64, 74 f.

Mithin ist Revisionsentscheidungen jedenfalls eine faktische Bindungswirkung zuzugestehen. Das Recht fortzubilden liegt grundsätzlich weniger im Interesse der am Prozess beteiligten und an ihrem Einzelfall interessierten Parteien. Vielmehr wird damit vor allem das öffentliche Interesse befriedigt, für die Zukunft und Gemeinschaft verlässliche Maßstäbe zu entwickeln. Daher erfüllt die höchstrichterliche Rechtsprechung eine öffentliche Funktion. Sie gibt auch nicht am Verfahren Beteiligten eine verlässliche Grundlage für die Erfolgsaussichten eines potentiellen eigenen, ähnlichen Rechtsstreits. Die Entscheidung des Revisionsgerichts hat damit eine faktische Wirkung über den Einzelfall hinaus. Sie steuert bewusst das Verhalten von den nicht am Verfahren beteiligten Dritten.[478]

II. Zur besonderen Bedeutung von Revisionsentscheidungen in der Versicherungswirtschaft

Die vorherige Darstellung hat die Tragweite und besondere Wirkung revisionsrechtlicher Entscheidungen verdeutlicht. Sie zeigt sich in allen Rechtsbereichen und ist insoweit bei allen Verfahren inhaltsgleich. Daher stellt sich die Frage, warum gerade in versicherungsrechtlichen und bankenrechtlichen Verfahren in der Vergangenheit immer wieder Grundsatzentscheidungen des BGH verhindert wurden.[479] Auch das Versicherungswesen ist durch die Rechtsprechung geprägt und weiterentwickelt worden. Auf den ersten Blick lässt sich deshalb eine andere Beeinflussung als in den anderen Rechtsgebieten – wie bereits dargestellt – in versicherungsrechtlichen Verfahren nicht erkennen.

Damit nachvollzogen werden kann, warum eher die Versicherungsunternehmen von den in der ZPO gesetzlich vorgesehen Rechten – wie u. a. Anerkenntnis und Rücknahme – Gebrauch machen, werden in folgendem Abschnitt die Besonderheiten des Versicherungswesens dargestellt. Zunächst wird ein kurzer historischer Überblick zur Entstehung des Versicherungswesens dargestellt. Im Anschluss werden Ausführungen zu Allgemeinen Versicherungsbedingung (AVB) sowie zur allgemeinen Bedeutung der Versicherungswirtschaft gemacht. Wenn auch die Revisionsentscheidung im Ergebnis die gleiche Wirkung hat wie in anderen Rechtsmaterien, wird sich doch zeigen, dass die Folgen in versicherungsrechtlichen Verfahren besonders spürbar sind.

---

478 *Hergenröder*, S. 300.
479 Diesen Umstand stellte auch der Rechtsausschuss des Bundestags bei der letzten Reform des Revisionsrechts fest. Siehe BT-Drs. 17/13948, S. 35.

1. Allgemeine Darstellung zur Versicherungswirtschaft

a. Entstehung des Versicherungswesens

Die geschichtlichen Wurzeln der Versicherung werden – abgesehen von der Ur-
form der menschlichen Gemeinschaftshilfe in Familie und Nachbarschaft – in
der gegenseitigen Risikenübernahme durch genossenschaftlichen Zusammen-
schluss sowie in der vertraglichen Risikoübernahme als kaufmännisches Rechts-
geschäft gesehen.[480] Die frühen Formen dieser Risikenübernahme gewährten
indes keinen notwendigen Rechtsanspruch auf eine Leistung. So wurden die Ge-
nossen auf die Hilfe durch die Genossenschaft nach Billigkeitserwägungen verwiesen.[481] Ein Beispiel bildet das Seedarlehen, eine Sonderform des Darlehens.[482]
Durch die Gewährung des Seedarlehens wurde die Seegefahr einer kaufmän-
nischen Unternehmung gegen Anteil am Gewinn übernommen. Die geliehene
Summe musste nur im Fall des Gelingens, allerdings unter Zuschlag einer sehr
hohen Prämie zurückgezahlt werden.[483]

Im Laufe des 14. Jahrhunderts entwickelte sich in den oberitalienischen Städten
die Seeversicherung, die von grundlegender Bedeutung für einen funktionieren-
den Seehandel war.[484] Diese war von dem noch heute geltenden Grundmodell des
Tausches eines geringen, feststehenden Verlusts in Gestalt der Prämienzahlung
gegen das Risiko eines größeren Verlusts im Versicherungsfall gekennzeichnet.[485]
Die Seeversicherung, zunächst in Italien und Spanien sehr verbreitet, kam nach
Deutschland über Holland – in Hamburg wurde die erste Seeversicherung abgeschlossen.[486]

Aus Hamburg stammen auch die ersten Zeugnisse der Feuerversicherung.
Hier sind die so genannten Hamburger Feuerkontrakte zu nennen, die teilweise
auf das Jahr 1591 datiert sind.[487] Es haben sich einhundert Eigentümer von Bür-
gerhäusern mit Braugerechtigkeit zusammengeschlossen und verpflichtet, zehn

---

480 *Büchner*, VersArch 1957, 1f.: *ders.*, Festgabe H. Möller, 111, 117 ff.; *Dreher*, S. 13.
481 *Ebel*, VersArch 1959, 277, 279 ff.; *Dreher*, S. 13.
482 *Ebel*, VersArch 1959, 277, 279.
483 *Ehrenberg*, S. 28.
484 *Armbrüster*, S. 48, Rn. 159. Aus dieser Zeit stammen auch die ersten Zeugnisse der
     Rück- und Lebensversicherung. Die Lebensversicherung unterschied sich aber gra-
     vierend von der heutigen Form der Versicherung. Diese wurde vielmehr als Wette auf
     das Leben und Sterben anderer Personen missbraucht, siehe dazu *Ehrenberg*, S. 28 f.
485 *Perdikas*, ZVersWiss 1966, 425, 456 ff.; *Armbrüster*, S. 48 f., Rn. 160.
486 *Manes*, Privatversicherung, S. 13.
487 *Ebel*, VersArch 1959, 277, 281.

Reichstaler zwecks Wiederaufbaus zu zahlen, sollte eines der Häuser niederbrennen. Dieses Beispiel weitete sich aus, wobei Modifizierungen hinsichtlich der Zahlung und der Anzahl der Brauerbenbesitzer stattfanden.[488]

Die Mitte des 19. Jahrhunderts wird dann als die eigentliche Gründungszeit für das deutsche Versicherungswesen bezeichnet.[489] Es wurden die ersten erfolgreichen Versicherungsanstalten gegründet. Sie zeichneten sich durch ihre dauerhafte Beständigkeit aus.[490] Die Unternehmungen expandierten stetig. So entstand die Hälfte der 50 deutschen Versicherungsunternehmungen mit einem Kapital über 60 Millionen Taler im Zeitraum von 1853 bis 1857.[491] Diese Entwicklung war nicht zuletzt durch die Verdrängung staatlicher Einflüsse bedingt. Je mehr Betätigungsraum dem Individualismus zukam, desto schneller setzte sich die Erkenntnis durch, dass der Einzelne wirtschaftlich schwach ist. So kam es zur Vereinigung vieler zum Zwecke der Erreichung gemeinsamer Ziele.[492]

Für das Versicherungswesen waren die neuen Entdeckungen und Erkenntnisse auf dem Gebiet der Naturwissenschaften von besonderer Bedeutung.[493] So fand die Versicherungsmathematik ihre Grundlagen in den Anfängen der Bevölkerungsstatistik sowie der Entwicklung der mathematischen Grundsätze. Die Entdeckung der Wahrscheinlichkeitsrechnung, das Gesetz der großen Zahl sowie die Aufstellung erster Sterbetafeln erleichterten und beschleunigten das Prämienverfahren und die Rücklagenbildung.[494] Die vertieften versicherungsmathematischen Untersuchungen[495] führten zur endgültigen Umstellung des Versicherungsbetriebes auf versicherungsmathematische Grundlagen.

---

488 *Ebel*, VersArch 1959, 277, 281 f.
489 *Manes*, Allgemeine Versicherungslehre, S. 42.
490 *Kilian*, S. 55. Die Entwicklung der Versicherungsunternehmungen war durch die bestehenden Vorurteile gegen sie gehemmt. Oft wurden sie mit Wette und Glückspiel verglichen. Auch religiöse Überzeugungen sprachen gegen den Abschluss des Versicherungsvertrages. Denn dieser wurde als Misstrauen gegen Gottes Güte gesehen. Auch die negative Presse, die mehr über Zusammenbrüche unseriöser Versicherungsunternehmen berichtete, als über Vorteile einer Versicherung, verstärkte das Misstrauen der Bevölkerung gegen die Versicherung, siehe dazu *Manes*, S. 22, *Kilian* S. 55 ff.
491 *Manes*, S. 25, *Kilian*, S. 62.
492 *Manes*, S. 40.
493 *Dreher*, S. 14 ff.
494 *Dreher*, S. 15.
495 Hier sind Johann Ch. L. Hellwig, Carl F. Gauß, August Zillmer und Johannes Karup zu nennen. Siehe dazu *Dreher*, S. 21.

Neben den Erfolgen der Naturwissenschaften haben auch die wirtschaftlichen Fortschritte und insbesondere die Industrialisierung zu einer raschen Entwicklung des modernen Versicherungswesens geführt. Während die Zeit bis zum 19. Jahrhundert von der See-, Transport-, Feuer- und Lebensversicherung geprägt war, wurden neuartige Versicherungssparten aufgrund technischer und gesellschaftlicher Entwicklungen notwendig. Es entstanden u. a. die Luftfahrt-, Maschinen- Sturm- sowie Kraftfahrtversicherung.[496] Anfang des 20. Jahrhunderts begann die Entwicklung der privaten Krankenversicherung. Die Entstehung von Versicherungsarten verläuft daher parallel mit der gesellschaftlichen und technischen Entwicklung sowie der Lebensweise der Versicherten. Ein Beispiel dafür bildet die Cyberversicherung, die erst notwendig wurde, weil sich der Mensch immer mehr der Computersysteme bediente.[497]

Die Versicherungsunternehmen sind einer wachsenden Größenordnung von zu versichernden Risiken ausgesetzt.[498] So nehmen die Naturkatastrophen ein immer höheres finanzielles Ausmaß an. Zusätzlich entstehen neue Gefahren, die bewältigt werden müssen.[499] Ein Beispiel bilden die Terrorrisiken.[500]

b. Allgemeine Versicherungsbedingungen und der Versicherungsvertrag

Ein Charakteristikum des Versicherungswesens stellen die Allgemeinen Versicherungsbedingungen (AVB) dar. Dies sind vorformulierte Vertragsbestimmungen, die zur Grundlage der Versicherungsverträge werden. Es handelt sich damit um Allgemeine Geschäftsbedingungen, die den §§ 305 – 310 BGB unterliegen. Bereits im 14. Jahrhundert lassen sich in Oberitalien erste Ansätze standardisierter Vertragstexte finden, die als Vorläufer moderner, seit dem 19. Jahrhundert eingesetzter Bedingungswerke gelten.[501] Im Unterschied zu anderen Rechtsgebieten, ist das Versicherungsvertragsrecht stärker auf die Ergänzung durch die Vertragsparteien mittels AVB angewiesen.[502] Schon der Gesetzgeber fand bei der Kodifizierung des Versicherungsvertragsrechts im Jahr 1908 ein System von

---

496 *Dreher*, S. 19.
497 Die Schäden durch Cyberattacken in Deutschland wurden vom amerikanischen Center for Strategic and International Studies im Jahr 2014 auf 46 Milliarden Euro geschätzt, siehe http://www.gdv.de/2015/06/mehr-schutz-gegen-hacker/.
498 *Hesberg*, S. 48ff.; *Rittmann*, S. 1 ff.
499 *Rittmann*, S. 1 ff.
500 *Langheid/Rupietta*, NJW 2005, 3233ff.
501 *Armbrüster*, S. 51, Rn. 169.
502 *Koch*, VersR 2015, 133, 134; *Diringer*, S. 31 ff.

Versicherungsbedingungen vor.[503] Die vorhandenen AVB wurden nicht gesetzlich ersetzt. Vielmehr wurde ein gesetzlicher Rahmen gebildet, welche durch die AVB ergänzt werden sollten. So setzte das VVG an vielen Stellen die Existenz von AVB voraus, gängige Versicherungsarten hatten keinen gesetzlichen Niederschlag gefunden.[504] So wurden zum Beispiel vertragliche Mindeststandards für die Berufsunfähigkeitsversicherung erst im Rahmen der Reform des VVG 2008 in §§ 172–177 VVG gesetzlich festgelegt.

Darüber hinaus ist die Versicherungswirtschaft aus der Natur der von ihr betriebenen Sache auf die Anwendung von Allgemeinen Geschäftbedingungen angewiesen. Die Versicherung ist ein abstraktes Gut, das erst durch rechtliche Formulierungen vergegenständlicht wird.[505] Werden in anderen Rechtsgebieten durch AGB nebenvertragliche Inhalte des Vertrages geregelt, besteht die Aufgabe der AVB auch in der Gestaltung des eigentlichen Produkts, sie regeln einen erheblichen Teil der essentialia negotii des Versicherungsvertrages.[506] Der Gegenstand des Versicherungsvertrages, der Versicherungsschutz, ist von immaterieller Natur und nicht sichtbar für den Versicherungsnehmer.[507] Es handelt sich nach der versicherungswissenschaftlichen Literatur um eine „abstrakte"[508] oder „nicht greifbare"[509] Ware. Ein konkretes Vorstellungsbild von der Leistung des Versicherers ist – im Unterschied zum Leistungsgegenstand bei einem Kauf- oder Mietvertrag – nicht möglich.[510] Die AVB nehmen dabei nicht nur im Vergleich zu den AGB der Güterwirtschaft, sondern auch im Vergleich zu den AGB in anderen Dienstleistungsbereichen eine Sonderstellung ein.[511] Die AGB der Banken oder Reiseanbieter sind im Unterschied zum Versicherungsvertrag durch einfachere Leistungsverhältnisse gekennzeichnet.[512] Bei der Bestimmung des Versicherungsschutzes müssen rechtliche und tatsächliche Faktoren berücksichtigt werden. Es werden homogene Kollektive mit gleichartigen Risiken unter den Versicherungsnehmern gebildet. Für die versicherungstechnische Kalkulation sind exakte Risikobeschreibungen

---

503   Bruck/Möller/*Beckmann*, Einf. C, Rn. 4.
504   *Diringer*, S. 25 ff.
505   *Dreher*, S. 3, S. 145ff.
506   *Werber*, VersR 1986, 1; *Baumann*, r + s 2005, 313, 315; *Dreher*, S. 152ff., 160; *Diringer*, S. 31 ff; *Bruns*, § 10 Rn. 3 f.
507   *Evermann*, S. 26.
508   *Starke*, VersR 1966, 889, 891.
509   *Werber*, VersR 1986, 1, 2.
510   *Fenyves*, VersRdsch 1984, 79, 82; *Armbrüster*, S. 33, Rn. 111.
511   *Farny*, ZVersWiss 1975, 168, 182 Fn. 33.
512   *Dreher*, S. 173 ff.

erforderlich. Die Lebensversicherung beispielsweise beruht auf mathematischen Berechnungen und statistischen Angaben, die schwer verständlich sind. Darüber hinaus unterliegt das Versicherungswesen der staatlichen Aufsicht. All diese Faktoren haben zwangsweise die Komplexität der Leistungsbeschreibung zur Folge.[513]

Die besondere Stellung der AVB im Rechtssystem zeigt sich daher gerade auch beim Abschluss des Versicherungsvertrages. Auch wenn dieser aufgrund freiwilliger und privater Übereinkunft zustande kommt, hat der Versicherungsnehmer geringe Möglichkeit, auf die Einzelheiten des Vertrages Einfluss zu nehmen. Vielmehr werden diese bereits durch die normative Natur der AVB vorgegeben, die üblicherweise von einzelnen Versicherungsunternehmen für gleichartige Versicherungsverhältnisse als maßgebend aufgestellt werden.[514] Sie sind dazu bestimmt, jedem einzelnen Versicherungsnehmer gegenüber Vertragsinhalt zu werden, wenn nicht ganz ausnahmsweise abweichenden Vereinbarungen im Einzelfall vorliegen. Dabei sollen alle Vertragsverhältnisse in den in Betracht kommenden Punkten übereinstimmend geregelt werden. Alle bereits bestehenden und zukünftigen Verträge werden so einheitlich geregelt.[515]

Auch unterscheiden sich die AVB verschiedener Gesellschaften nicht groß. Das verwundert nicht weiter. Zwar sind die Versicherungsunternehmen in der Gestaltung ihrer AVB gegenüber den Konkurrenten grundsätzlich frei, es sind aber die gleichen Bedürfnisse aller Versicherungsunternehmen, die dann auch zu gleichen Regelungen führen.[516] So werden unverbindliche Musterversicherungsbedingungen von den Verbänden der Versicherer ausgearbeitet und öffentlich bekannt gegeben. Ihre Hauptfunktion liegt in der Erhöhung der Markttransparenz und der einheitlichen Handhabung der Materie.[517]

c. Die Aufsicht über Versicherungsunternehmen

Die Verwendung der AVB durch die Versicherer, die nicht selten Regelungen zum Nachteil der Versicherungsnehmer zum Inhalt hatten, war einer der Gründe für die Einführung einer staatlichen Aufsicht über das Versicherungswesen. Schon seit dem 19. Jahrhundert existierte in der Mehrzahl der deutschen Länder eine Versicherungsaufsicht. Die in Umfang und Intensität sehr unterschiedlichen landesrechtlichen Regelungen galten grundsätzlich für alle

---

513 *Evermann*, S. 26f.
514 Ehrenberg/*Hagen*, S. 32.
515 Ehrenberg/*Hagen*, S. 32 f.
516 Ehrenberg/*Hagen*, S. 33.
517 *Thunissen*, S. 9 ff., 20 ff.

privaten Versicherungsunternehmen.[518] Sie waren allerdings nicht in einem Gesetz zusammengefasst sondern in verschiedenen Gesetzen, Verordnungen und Ministerialverordnungen abgebildet.[519] Die Versicherungsaufsicht des 19. Jahrhunderts erstreckte sich in der Regel lediglich auf die Errichtung der Versicherungsanstalten und -unternehmen. Trotz dieser Aufsicht konnten zahlreiche Missstände des Versicherungswesens nicht verhindert werden. So kam es zu Schwindelgründungen von Unternehmen, die die Bereicherung der Direktoren zum Ziel hatten[520] oder die schnell in Konkurs fielen. Der schlechte Ruf der Versicherungsagenten erhöhte das Misstrauen in der Bevölkerung.[521] Darüber hinaus wurde das Ungleichgewicht zwischen Versicherungsunternehmen und Versicherungsnehmer dazu genutzt, um Regelungen aufzustellen, die bei kleinsten Vertragsverletzungen eine Leistungsfreiheit des Versicherers vorsahen.[522]

Vor diesem Hintergrund hatten sowohl der Gesetzgeber als auch die seriösen Versicherungsunternehmen Interesse an einer einheitlichen Versicherungsaufsicht. Der erste Entwurf zum einheitlichen Versicherungsaufsichtsgesetz (VAG) wurde 1898 veröffentlicht. Dieser hielt an der staatlichen Genehmigung der Versicherungsunternehmen durch das Versicherungsaufsichtsamt fest.[523] Im November 1900 wurde der Entwurf dem Reichstag vorgelegt und im Mai 1901 angenommen. Das Gesetz wurde am 12. Mai 1901 verabschiedet und trat am 1. Januar 1902 in Kraft.[524] Seinem Entwurf lag die Auffassung zugrunde, „dass das öffentliche Interesse an einer gedeihlichen und soliden Entwicklung des Versicherungswesens in besonders hohem Grade betheiligt ist und dem Staate die Pflicht besonderer Fürsorge auf diesem Gebiet auferlege. Maßgebend ist hierfür insbesondere einerseits die Rücksicht auf die große volkswirtschaftliche, soziale und ethische Bedeutung des Versicherungswesens, andererseits auf die Gefahr schwerster Schädigung des Volkswohls, die von einem Missbrauche des Versicherungswesens droht und um so näher liegt, als auf diesem Gebiete des Wirtschaft- und Verkehrswesens selbst der sorgsame und verständige Bürger ohne Hülfe von anderer Seite zu eigener zuverlässiger Beurtheilung der Anstalten, denen er sich anvertrauen muss, regelmäßig nicht im Stande ist."[525]

---

518 *Kilian*, S. 30 ff.
519 *Kilian*, S. 30.
520 So im Fall der Saxonia Dresden, siehe dazu und weitere Fälle bei *Kilian*, S. 99 ff.
521 *Kilian*, S. 63 ff.
522 *Dreher*, S. 25.
523 Zu Diskussionen der Verstaatlichung des Versicherungswesens *Kilian*, S. 121 ff.
524 RGBl. 1901, S. 139; Bruck/Möller/*Beckmann* Einf. A, Rn. 43.
525 Motive zum VAG, S. 24 1. Sp.; ausführlich zu den VAG-Motiven *Kilian*, S. 177 ff.

Das VAG regelt seitdem die Voraussetzungen, unter denen das Versicherungs-geschäft in Deutschland betrieben werden darf[526], sowie die laufende Aufsicht über den Geschäftsbetrieb der Versicherungsunternehmen.[527] Seit dem 1. Mai 2002 werden nun die Aufgaben der Versicherungsaufsicht durch die damals neu gegründete Bundesanstalt für Finanzdienstleistungsaufsicht (BaFin) wahrge-nommen. Als zentrale Rechtsgrundlage für die laufende Beaufsichtigung des ge-samten Geschäftsbetriebes sieht § 294 Abs. 2 VAG vor, dass die Aufsichtsbehörde den gesamten Geschäftsbetrieb im Rahmen einer rechtlichen Aufsicht allgemein und einer Finanzaufsicht im Besonderen überwacht. Gegenstand der Rechtsauf-sicht ist die ordnungsgemäße Durchführung des Geschäftsbetriebs einschließ-lich der Einhaltung der aufsichtsrechtlichen, der das Versicherungsverhältnis betreffenden und aller sonstigen die Versicherten betreffenden Vorschriften, § 294 Abs. 3 VAG. Im Rahmen der Finanzaufsicht hat die Aufsichtsbehörde nach § 294 Abs. 4 VAG darauf zu achten, dass die von Versicherungsunternehmen beim Abschluss von Versicherungsverträgen eingegangenen Verpflichtungen erfüllbar bleiben.[528] Darüber hinaus hat die BaFin gemäß § 294 Abs. 1 VAG die Belange der Versicherten zu wahren.

Bis zur Deregulierung der Versicherungsmärkte durch die Richtlinie 88/357 EWG im Jahr 1994 unterlagen sämtliche AVB und Tarife der Genehmigungs-pflicht der Aufsichtsbehörde. Diese behördliche Kontrolle der AVB führte vollends zur Standardisierung der AVB konkurrierender Versicherungsunter-nehmen. Dadurch sollte das Versicherungsangebot für die Versicherungsin-teressenten überschaubar bleiben und eine gewisse Markttransparenz mit der Möglichkeit des Preisvergleichs erreicht werden.[529]

Das Versicherungsaufsichtsrecht ist in den letzten Jahrzehnten stark von eu-ropäischen Harmonisierungsbestrebungen geprägt. Den rechtlichen Rahmen

---

526 So ist zum Betreiben des Versicherungsgeschäfts eine staatliche Erlaubnis notwendig, § 5 VAG.

527 Diese Regelungen werden durch Verordnungen, Rundschreiben und sonstige Ver-lautbarungen der Aufsichtsbehörde konkretisiert, *Armbrüster*, S. 9, Rn. 24.

528 Die wesentlichen Elemente der Finanzaufsicht liegen in der Bildung ausreichen-der versicherungstechnischer Rückstellungen, Anlage in entsprechende geeignete Vermögenswerte, Einhaltung kaufmännischer Grundsätze, Solvabilität der Unter-nehmen sowie Einhaltung der übrigen finanziellen Grundlagen des Geschäftsplans, § 294 Abs. 4 VAG.

529 *Angerer*, ZVersWiss 1985, 221, 224, 236, *Dreher*, S. 220.

bilden die Vorschriften zu den Grundfreiheiten. Dabei sind für den versicherungsrechtlichen Bereich die in Art. 49 und Art. 56 AEUV[530] niedergelegte Niederlassungs- und Dienstleistungsfreiheit sowie die Freiheit des Kapital- und Zahlungsverkehrs, Art. 63 AEUV, von besonderer Bedeutung. Eine besondere Bedeutung haben in letzter Zeit vor allem die Anforderungen an die finanzielle Leistungsfähigkeit der Versicherungsunternehmen erhalten.[531] Ziel der insoweit erlassenen Solvency II-Richtlinie[532] sind einheitliche Rahmenregelungen für die Eigenkapitalausstattung von Versicherungsunternehmen im Binnenmarkt. Die Richtlinie hatte eine grundlegende Umgestaltung des Versicherungsaufsichtsrechts mit gravierenden Änderungen zur Folge.[533] Die Umsetzung der Solvency II-Richtlinienvorgaben erfolgte im April 2015 mit dem Gesetz zur Modernisierung der Finanzaufsicht über Versicherungen[534], VAG, das am 1.1.2016 in Kraft trat.

d. Die besondere Bedeutung des Versicherungswesens

Das Versicherungswesen hat eine enorme wirtschaftliche und soziale Bedeutung. Die wirtschaftliche Bedeutung zeigt sich bereits in der bloßen Zahl der Versicherungsverträge. So bestanden im Jahr 2012 etwa 460 Mio. Versicherungsverträge, davon über 90 Mio. aus dem Bereich der Lebensversicherung.[535] Darüber hinaus haben Versicherungen und Versicherungsvertragsrecht auch eine hervorragende soziale und gesellschaftliche Bedeutung. Das wird schon beim Hauptzweck der Privatversicherung deutlich. Dieser besteht darin, das Risiko des Einzelnen auf die Gemeinschaft zu übertragen[536]. Die Gegenleistung des Einzelnen besteht in der Zahlung der Prämie, § 1 VVG. Im Versicherungsfall erhält der Versicherungsnehmer die vereinbarte Leistung.

Diverse Versicherungszweige wie die Lebens- und Unfallversicherung oder die Krankenversicherung verbinden das Risikogeschäft mit einem planmäßigen Spar- oder Einspargeschäft.[537] So ergänzt die kapitalbildende Lebensversicherung

---

530 Vertrag über die Arbeitsweise der Europäischen Union hieß bis zum 30.11.2009 Vertrag zur Gründung der Europäischen Gemeinschaft (EGV) und hatte eine abweichende Artikelabfolge.
531 *Armbrüster*, S. 578 ff., Rn. 2022.
532 Richtlinie 2009/138/EG, ABl. EU 2009 Nr. L 335/1.
533 Fahr/Kaulbach/*Bürkle* Solvabilität II, Rn. 1 ff.
534 BGBl. I Nr. 14 S. 434.
535 Statistisches Jahrbuch des GDV 2106, S. 8.
536 *Deutsch/Iversen* § 1 Rn. 3; Bruck/Möller/*Beckmann* Einf. A, Rn. 7.
537 *Farny*, S. 22.

zur sozialen Absicherung die gesetzliche Rentenversicherung und die betriebliche Altersvorsorge.[538]

Durch die Übernahme des Risikos bewirkt das Versicherungswesen nicht nur die Entlastung des Einzelnen, sondern auch des Staates.[539] An der Absicherung unvorhergesehener Schäden besteht ein öffentliches Interesse. Denn ohne die Versicherungen müsste das Gemeinwesen – nach dem Konzept staatlicher Solidarleistungen – für Schäden einstehen, die dem Einzelnen infolge Krankheit, Unfall oder Arbeitslosigkeit entstehen.[540] Darüber hinaus gehört die Versicherungsbranche durch die Bewältigung und Übernahme von Risiken zu einer der bedeutendsten überhaupt. So wird sie vom Bundesministerium des Innern zu den so genannten kritischen Infrastrukturen gezählt. Sie ist eine Einrichtung mit wichtiger Bedeutung für das staatliche Gemeinwesen, bei deren Ausfall oder Beeinträchtigung nachhaltig wirkende Versorgungsengpässe, erhebliche Störungen der öffentlichen Sicherheit oder andere dramatische Folgen eintreten würden.[541] Neben dem Finanz- und Versicherungswesen werden dazu lediglich acht weitere Sektoren gezählt, unter anderem Wasser, Ernährung und Gesundheit.

2. Bedeutung revisionsrechtlicher Entscheidungen und prozesstaktisches Verhalten in der Versicherungswirtschaft

Die zuvor dargestellte besondere Konstellation beim Gebrauch von AVB, das besondere öffentliche Interesse und die hervorragende wirtschaftliche und soziale Bedeutung der Versicherungswirtschaft machen die einheitliche Handhabung versicherungsrechtlicher Grundsätze besonders wichtig. Effektive Auslegung und Sicherung des Rechts durch höchstrichterliche Rechtsprechung sind hier oft von noch grundlegenderer Bedeutung als in anderen Rechtsbereichen.[542] Es wurde bereits verdeutlicht, dass Versicherungsnehmer beim Abschluss des Versicherungsvertrages, insbesondere als Verbraucher, in der schwächeren Verhandlungsposition sind. Im Verhältnis zum Versicherer fehlt es vor allem auch an geschäftlicher Erfahrung. Darüber hinaus sind Versicherungsnehmer grundsätzlich auf die Leistung des Versicherers angewiesen, können einzelne Vertragsinhalte aber nicht beeinflussen. Diese werden einseitig in den AVB

---

538 Bruck/Möller/*Beckmann* Einf. A Rn. 8.
539 *Zweifel/Eisen*, S. 19.
540 *Zweifel/Eisen*, S. 19.
541 http://www.bmi.bund.de/SharedDocs/Downloads/DE/Broschueren/2009/kritis. pdf?__blob= publicationFile, S. 5.
542 *Bruns*, FS Schilken, S. 207ff.

vorgegeben und enthalten die wesentlichen Bestandteile des Vertrages. Vor allem deshalb bedürfen Versicherungsnehmer eines besonderen Schutzes.[543] Die höchstrichterliche Rechtsprechung hat dabei in der Vergangenheit nicht selten als Korrektiv im ungleichen Verhältnis zwischen Versicherungsunternehmen und Versicherungsnehmer eingegriffen. Der gesetzliche Schutz des schwächeren Versicherungsnehmers wird von der Rechtsprechung ausgedehnt.[544] Ein Beispiel ist die so genannte Auge-und-Ohr-Rechtsprechung. Vor ihr war umstritten, ob der Versicherungsnehmer seine vorvertragliche Anzeigeobliegenheit gegenüber dem Versicherer erfüllt, wenn er Informationen mündlich an den Vermittlungsagenten übermittelt, dieser sie aber nicht an den Versicherer weiterleitet. Der BGH bejahte diese Frage und stellte fest, dass der Vermittlungsagent dem Versicherungsnehmer als das „Auge und Ohr" des Versicherers gegenüberstehe.[545] Diese Rechtsprechung hat der Gesetzgeber im Rahmen der Reform des Versicherungsvertragsrechts 2008 in §§ 69 ff. VVG gesetzlich verankert. Weitere Beispiele sind die Entwicklung der Erfüllungshaftung[546], der Repräsentantenhaftung[547] oder die Relevanzrechtsprechung[548].

Auf der anderen Seite sind die Versicherungsunternehmen bei der näheren Ausgestaltung ihrer Leistungen auf vorformulierte Bedingungswerke angewiesen. Durch die AVB können und werden Vertragsverhältnisse in vielen Punkten übereinstimmend und einheitlich geregelt.[549] Nur so kann das Massengeschäft von Versicherungen bewältigt werden. Um eben eine hohe Standardisierung der AVB konkurrierender Unternehmen, auch nach dem Wegfall der Kontrolle durch die Aufsichtsbehörde zu erreichen, werden unverbindliche Musterbedingungen von Verbänden der Versicherer herausgegeben.[550] Sie werden von nahezu allen

---

543 *Dreher*, S. 139.

544 *Dreher*, S. 139; *Bruns*, FS Schilken, S. 207.

545 BGH, 11.11.1987, VersR 1988, 234; 23.5.1989, VersR 1989, 833,834; 10.10.2001, VersR 2001, 1541, 1542; 30.1.2002, VersR 2002, 424, 426; Bruck/Möller/*Beckmann* Ein.A, Rn. 224.

546 RG, 19.1.1915 – Rep.II. 511/14 – RGZ 86, 128,133; BGH, 9.5.1951 – II ZR 8/51 – BGHZ 2, 87,90; 20.6.1963 – II ZR 199/61 – BGHZ 40 22, 24.

547 BGH, 21.4.1993 – IV ZR 34/92 – BGHZ 122, 250, 252; 10.7.1996 – IV ZR 287/95 – VersR 1996, 1229.

548 BGH, 21.4.1982 – IVa ZR 267/80 – BGHZ 84,84,87; 21.4.1993 – IV ZR 33/92 – VersR 93, 830, 832; 21.1.1998 – IV ZR 10/97 – VersR 1998 447,448; 7.7.2004 – IV ZR 265/03 – VersR 2004, 1117, 1118.

549 Ehrenberg/*Hagen*, S. 33.

550 Zur kartellrechtlichen Zulässigkeit vgl. Thunissen, S. 133 ff.

Versicherungsunternehmen übernommen.[551] Diese Ausgestaltung der Verträge offenbart bei näherem Hinsehen die herausragende Bedeutung der höchstrichterlichen Rechtsprechung auf diesem Gebiet. Zugleich werden Gründe für das prozesstaktische – verhindernde – Verhalten seitens der Versicherungsunternehmen deutlich. Erklärt ein Revisionsgericht in einem Verfahren eine Klausel für unwirksam, bedeutet das zugleich, dass eine Vielzahl bestehender Verträge betroffen ist. Der Versicherer hat zu befürchten, dass jeder Versicherungsnehmer sich auf die Unwirksamkeit berufen wird, der eine entsprechende Klausel in seinem Versicherungsvertrag hat. Darüber hinaus müssen aber auch andere, nicht am konkreten Prozess beteiligte Versicherungsunternehmen davon ausgehen, dass ihre Versicherungsnehmer sich auf die Rechtsprechung berufen werden, falls sie identische oder ähnlich lautende Klausel verwenden. Das wird häufig der Fall sein, da Versicherungsunternehmen regelmäßig die von Verbänden ausgearbeiteten Musterbedingungen in ihren Verträgen einsetzen.

Eine besondere Bedeutung kommt revisionsrechtlichen Entscheidungen auch vor dem Hintergrund von § 4 Abs. 1 a Finanzdienstleistungsaufsichtsgesetz (FinDAG)[552] zu. Danach kann die BaFin gegenüber beaufsichtigen Instituten und Unternehmen alle Anordnungen treffen, die geeignet und erforderlich sind, um verbraucherschutzrelevante Missstände zu verhindern oder zu beseitigen. Darunter ist jeder erhebliche, dauerhafte oder wiederholter Verstoß gegen ein Verbraucherschutzgesetz zu verstehen, der nicht nur einzelne Verbraucher betrifft (§ 4 Abs. 1a FinDAG). Dies gilt beispielsweise für die Nichtbeachtung höchstrichterlicher Entscheidungen mit verbraucherschützender Wirkung.[553] Zumindest in solchen Fällen kann die BaFin Unternehmen anweisen, Entscheidungen des BGH umzusetzen.[554]

---

551 *Armbrüster*, S. 35, Rn. 117.
552 Eingefügt durch das Gesetz vom 3.7.2015, BGBl. I S. 1114.
553 BT-Drs. 18/ 3994, S. 36.
554 Vor Einführung von § 4 Abs. 1a FinDAG war es nicht unumstritten, ob die BaFin Versicherungsgesellschaften zur Umsetzung höchstrichterlicher Entscheidungen anweisen konnte. Denn grundsätzlich oblag es jedem einzelnen Versicherungsnehmer, seine Interessen auf dem ordentlichen Rechtsweg durchzusetzen. Demgegenüber sollte die BaFin nicht einfach versicherungsrechtliche Streitigkeiten entscheiden können (*Winter*, S. 69). Hier ging auch die Forderung von *Schwintowski* (*Schwintowski*, DStR 2006, 429) zu weit, die BaFin solle Versicherungsnehmer über Zahlungsansprüche nach höchstrichterlichen Entscheidungen informieren können – sogar wenn der Versicherungsvertrag der Betroffenen zwischenzeitlich bereits gekündigt worden war (dagegen *Bürkle*, DStR 2006, 911; *Armbrüster*, S. 10, Rn. 32). Ebenso umstritten war, ob die BaFin Versicherungsunternehmen anweisen konnte, vom BGH für

Die Ausführungen zeigen, dass höchstrichterliche Entscheidungen gerade in versicherungsrechtlichen Rechtsstreitigkeiten im Grunde immer über den Einzelfall hinaus wirken. Um möglichst vielen Folgeprozessen und deren wirtschaftlichen Folgen zu entgehen, werden revisionsrechtliche Entscheidungen durch Versicherungsunternehmen verhindert oder verzögert. Entscheidungen mit „normbildenden Charakter" sollen vermieden werden[555], geben sie doch mit Leitcharakter, Breitenwirkung und Modellfunktion den Ausgang entsprechender Parallel- und Folgeprozesse vor.[556] Gerade der finanzielle Aspekt ist hier besonders hervorzuheben. Höchstrichterliche Rechtsprechung hat nicht selten dazu geführt, dass Versicherungsunternehmen Rückstellungen bilden mussten. Derartige Rückstellungen wie auch die Zahlungsverpflichtungen aus den gerichtlichen Verfahren selbst belasten das wirtschaftliche Budget und gehen letztlich auch zu Lasten der anderen Versicherungsnehmer. Aufgrund der Risikogemeinschaft haben sie in Form von erhöhten Versicherungsprämien diese Kostenlast mit zu tragen. Auf der anderen Seite geht auch das jahrelange Prozessieren zu Lasten der einzelnen Versicherungsnehmer. Es stellt sich schon die Frage, wie sich die Versicherungsunternehmen leisten können immer wieder bis zum BGH in derselben Rechtsfrage gegen unterschiedliche Versicherungsnehmer zu prozessieren und am Ende häufig die Entscheidung „zu verhindern". Dieses Vorgehen wird letztendlich von den Prämien der Versicherungsnehmer finanziert.

Nach den zuvor dargestellten Grundsätzen erscheint es umso wichtiger, höchstrichterlichen Entscheidungen im Versicherungsrecht eine große Wirkkraft zu ermöglichen. Nur durch Rückgriff auf tatsächlich geklärte Modellfälle kann eine korrekte, gerechte und effiziente Abwicklung der Vielzahl von Versicherungsfällen und Leistungsanträgen bewältigt werden.[557] Dazu ist es erforderlich, dass der BGH mit Gründen versehene Entscheidungen erlassen kann. Um das zu erreichen, darf dem prozesstaktischen Verhalten der Parteien in versicherungsrechtlichen Verfahren noch weniger Raum als in anderen Verfahren eingeräumt werden. Andernfalls wird die Funktionsfähigkeit des Versicherungswesens erheblich beeinträchtigt.[558]

---

unwirksam erklärte Klauseln, aus sämtlichen Bedingungswerken zu entfernen (vgl. *Baumann*, r + s 2013, 469, 473 f.; *Winter*, S. 70).

555 *Maultzsch*, S. 65 ff.
556 *Bruns*, FS Schilken, S. 207, 208 f.
557 *Bruns*, FS Schilken, S. 207, 209.
558 *Bruns*, FS Schilken, S. 207, 209.

§ 8 Bisherige Änderungsvorschläge zur Einschränkung der Dispositionsfreiheit im Revisionsverfahren

I. Grundüberlegungen

Im Rahmen der zuvor dargestellten Überlegungen wurde deutlich, wie wichtig Revisionsentscheidungen gerade auch für die Weiterentwicklung des Rechts sind. Dies gilt mehr denn je in versicherungsrechtlichen Verfahren, nicht zuletzt um den hohen materiell-rechtlichen Schutz für Verbraucher auch prozessual zu gewährleisten. Tatsächlich aber – und auch dies wurde zuvor deutlich – werden Revisionsverfahren im Versicherungsrecht häufiger als sonst mittels prozesstaktischem Verhalten verhindert. Erste Reaktionen des Gesetzgebers haben nun zunächst nur dazu geführt, dass eine einseitige Verhinderung von mit Gründen versehenen Entscheidungen nicht mehr möglich ist.[559] Dies erscheint nicht ausreichend und geeignet, um das vom Gesetzgeber eigentlich zu verfolgende Ziel – die Stärkung der Revisionsgerichte – zu erreichen. Gerade das, vor allem wirtschaftliche, Ungleichgewicht zwischen den Parteien ermöglicht es weiterhin, durch gemeinsames Handeln Entscheidungen zu verhindern.

Nachdem der Handlungsbedarf damit ersichtlich ist, sind im Folgenden Handlungslösungen darzustellen, um den Missständen, insbesondere in der Versicherungswirtschaft[560], zu begegnen. Zunächst werden die – vor den Änderungen der Vorschriften über die Rücknahme der Revision und des Anerkenntnisses – gemachten Änderungsvorschläge dargestellt.

II. Bisherige Änderungsvorschläge – Vor der Reform 2013

1. Verzicht auf gerichtliche Hinweise

a. Hintergrund

Es stellt sich die Frage, ob das Problem der Verhinderung von Grundsatzentscheidungen dadurch gelöst werden könnte, dass das Revisionsgericht in der mündlichen Verhandlung keine Hinweise im Hinblick auf die Erfolgsaussichten der

---

559 BT-Drs. 17/13948, S. 35 f.; § 5 2 a, b.
560 Die Überlegungen können auch in anderen, insbesondere im Bereich der bankenrechtlichen bzw. der in § 4 Abs. 1a FinDAG genannten Verfahren zur Anwendung kommen.

Revision zu erkennen gibt.[561] § 559 Abs. 1 ZPO bestimmt, dass der Beurteilung des Revisionsgerichts nur dasjenige Parteivorbringen unterliegt, das aus dem Berufungsurteil oder dem Sitzungsprotokoll ersichtlich ist. In der Revisionsinstanz ist grundsätzlich[562] weder das Vorbringen neuer Tatsachen noch die Geltendmachung neuer Ansprüche möglich. Das Revisionsgericht verfügt bereits über das gesamte Parteivorbringen als Grundlage seiner Entscheidung. Auf Ausführungen in der mündlichen Verhandlung ließe sich danach verzichten. Dadurch ergäben sich jedenfalls keine ersten Anhaltspunkte, um missliebige Entscheidungen durch Prozesstaktik zu verhindern.

b. Grundsätze und Prinzipien der mündlichen Verhandlung

Wie bereits zuvor dargestellt, darf das Gericht den Prozess nach § 128 Abs. 1 ZPO nur aufgrund der mündlichen Verhandlung entscheiden. Auch wenn im Revisionsverfahren grundsätzlich keine neuen Tatsachen vorgebracht werden können, ist die mündliche Verhandlung ein essentieller Bestandteil des Verfahrens, weil das Rechtsgespräch zwischen Parteien und Gericht nach § 139 ZPO – der über § 555 Abs. 1 ZPO auch im Revisionsverfahren Anwendung findet – von grundlegender Bedeutung ist. Das Gericht hat den Sach- und Streitstand mit den Parteien in tatsächlicher und rechtlicher Hinsicht zu erörtern und Fragen zu stellen. Die Erörterung dient dazu, die vom Richter für maßgebend erachteten Gesichtspunkte offen zulegen und so den Parteien eine Reaktionsmöglichkeit zu geben.[563] Wird das Rechtsgespräch unzulässig verkürzt und unterbleiben die erforderlichen Hinweise, kommt sogar die Verletzung des Willkürverbotes aus Art. 3 Abs. 1 GG in Betracht.[564] Insoweit ist § 139 ZPO keine bloße Ermessensvorschrift, vielmehr muss der Richter den Parteien sachdienliche Hinweise erteilen, dadurch wird das Gebot des fairen Verfahrens und der Waffengleichheit gewährleistet.[565] Nach § 139 Abs. 2 ZPO ist dabei auch auf entscheidungserhebliche Gesichtspunkte hinzuweisen. Diese Vorschrift gewährt den Parteien auch zu Rechtsfragen rechtliches Gehör. Dadurch werden und sollen Überraschungsentscheidungen verhindert werden. Die Parteien erfahren, welche Rechtsauffassung das Revisionsgericht vertritt und haben dadurch die Möglichkeit, ihre Rechtsauffassung noch einmal

---

561 Siehe auch *Hirsch*, VersR 2012, 929, 930.
562 Siehe zu den Ausnahmen Wieczorek/Schütze/ *Prütting* § 559 Rn. 32 ff.
563 MüKoZPO/*Wagner*, § 139 Rn. 1; Wieczorek/Schütze/*Smid*, § 139 Rn. 1 ff.
564 BVerfG, 24.3.1976 – 2 BvR 804/75 – BVerfGE 42, 64 ff.
565 Wieczorek/Schütze/*Smid*, § 139 Rn. 1 ff.

darzulegen. Gerade durch Interaktion und Reaktion ist es nicht ausgeschlossen, das Revisionsgericht noch umzustimmen.

c. Zwischenergebnis

Vor diesem Hintergrund ist ein Verzicht des Revisionsgerichts auf richterliche Hinweise in der mündlichen Verhandlung mit wesentlichen Prinzipien des Zivilprozesses nicht vereinbar.[566]

2. Fortsetzung des Verfahrens unabhängig vom Willen der Parteien

Dem oben beschriebenen Problem der Verhinderung von Grundsatzentscheidungen könnte dadurch begegnet werden, dass das Revisionsgericht auch dann eine Entscheidung trifft, wenn die Parteien kein Interesse mehr daran haben. Die Fortführung des Verfahrens unabhängig vom Willen der Parteien ist der Rechtsordnung nicht unbekannt. Das BVerfG entscheidet in bestimmten Verfahren auch dann, wenn eine Partei kein Interesse mehr an einer Entscheidung hat. In Anlehnung an diese Rechtsprechung des BVerfG wird vereinzelt gefordert, der Gesetzgeber solle Revisionsgerichten trotz des weggefallenen Parteieninteresses eine Entscheidungsbefugnis verleihen.[567]

a. Die Fortsetzung bundesverfassungsgerichtlicher Verfahren trotz Antragsrücknahme

aa. Die Entscheidung zur Rechtschreibreform

Das BVerfG hat in der Verfassungsbeschwerde wegen der Rechtschreibreform entschieden, obwohl der Antragsteller diese Entscheidung durch die Rücknahme der Verfassungsbeschwerde hat verhindern wollen.[568] Nachdem bereits mündlich über die Verfassungsbeschwerde verhandelt wurde und die Urteilsverkündung kurz bevorstand, nahmen die Beschwerdeführer die Verfassungsbeschwerde zurück. Sie befürchteten die Abweisung ihrer Verfassungsbeschwerde, da die Presse bereits vorab über die Erfolgsaussichten informiert war und darüber berichtete.[569]

Eine Vorschrift zur Rücknahme der Verfassungsbeschwerde existiert im BVerfGG nicht. Das BVerfGG regelt in §§ 52, 58 BVerfGG lediglich in den

---

566 So auch *Hirsch*, VersR 2012, 929, 930.
567 Ähnlich *Hirsch*, VersR 2012, 929, 932; *Althammer*, FS, Stürner, S. 101; *Bräutigam*, AnwBl 6/2012, S. 533.
568 BVerfG, 14.7.1998 – 1 BvR 1640/97 – NJW 1998, 2515.
569 *Marsch*, AöR 2012, 592, 597.

Verfahren der Bundespräsidenten- und Richteranklage die Rücknahme von Anträgen. Die Geschäftsordnung des Bundesverfassungsgerichts enthält keine zusätzlichen Bestimmungen darüber, wie bei der Rücknahme der Verfassungsbeschwerde zu verfahren ist.[570] Ungeachtet des Fehlens gesetzlicher Regelungen ist die grundsätzliche Rücknahme einer Verfassungsbeschwerde in der Rechtsprechung des BVerfG aber anerkannt.[571] Bis zu der „Rechtschreibreform-Entscheidung" galt, dass die Rücknahme der Verfassungsbeschwerde – anders als in Verfahren der abstrakten Normenkontrolle[572] und in Organstreitverfahren[573] – ausnahmslos zu einer Einstellung des Verfahrens führte.[574] In der „Rechtschreibreform-Entscheidung" stellte das Gericht indes fest, die Rücknahme der Verfassungsbeschwerde führe nicht ausnahmslos zur Einstellung des Verfahrens und erachtete die Rücknahme als unwirksam. Zur Begründung führte das BVerfG aus, die Dispositionsbefugnis des Beschwerdeführers sei eingeschränkt und die Fortsetzung des Verfahrens geboten, wenn die Verfassungsbeschwerde bereits vor der Erschöpfung des Rechtsweges wegen ihrer allgemeinen Bedeutung gemäß § 90 Abs. 2 BVerfGG zur Entscheidung angenommen wurde, das Gericht bereits über sie mündlich verhandelt habe und die allgemeine Bedeutung der Verfassungsbeschwerde auch in der Zeit bis zur Urteilsverkündung weiterhin bestehe.[575] Weiterhin verwies das BVerfG auf die Funktion der Verfassungsbeschwerde. Diese habe der Auslegung und Fortbildung des objektiven Verfassungsrechts zu dienen und es zu wahren.[576] Diese objektiven Funktionen und das besondere öffentliche Interesse an der Entscheidung überwögen gegenüber der individualrechtsschützenden Funktion einer Beschwerderücknahme.

570 *Hund*, FS Feller, 63.
571 BVerfG, 19.11.1991 – 1 BvR 1521/89 – BVerfGE 85, 109, 115; BVerfG, 14.7.1998 – 1 BvR 1640/97 – NJW 1998, 2515, 2518. Das gilt auch für die Erledigungserklärung. Auch in der Literatur wird die Möglichkeit des Beschwerdeführers die Verfassungsbeschwerde zurückzunehmen sowie für erledigt zu erklären, anerkannt. Siehe Benda/*E. Klein* § 15 Rn. 333ff; Lang, DÖV 1999, 624, 627.
572 BVerfG, 30.7.1952 – 1 BvF 1/52 – BVerfGE 1, 396, 414; 22.9.1958 – 1 BvF 3/52 – BVerfGE 8, 183, 184; 18.3.1969 – 2 BvF 1/66 – BVerfGE 25, 308, 309; 12.1.1988 – 1 BvF 1/86 – BVerfGE 77, 345.
573 12.10.1951 – 1 BvR 201/51 – BVerfGE 1, 14, 31.
574 BVerfG, 19.11.1991 – 1 BvR 1521/89- BVerfGE 85, 109, 113.
575 BVerfG, 14.7.1998 – 1 BvR 1640/97 – NJW 1998, 2515, 2518.
576 BVerfG, 14.7.1998 – 1 BvR 1640/97 – NJW 1998, 2515, 2518.

Daher könne der Verfahrensausgang nicht von Verfahrenshandlungen des Beschwerdeführers abhängig sein.[577]

bb. Reichweite der Entscheidung

Bis heute ist die Rechtsschreibreform-Entscheidung die einzige Sachentscheidung des BVerfG bei Antragsrücknahme geblieben. Das Gericht hat lediglich in einigen anderen Entscheidungen Bezug auf diese Rechtsprechung genommen. Mehrere Verfassungsbeschwerden, die sich gegen den Religionsunterricht und die Einführung des Schulfachs Lebensgestaltung-Ethik-Religionskunde in Brandenburg richteten, sah das BVerfG als beendet an, nachdem die Beschwerdeführer ihre Anträge zurücknahmen.[578] In der mündlichen Verhandlung machte das Gericht einen Vergleichsvorschlag, der angenommen wurde und zur Neuregelung des brandenburgischen Schulgesetzes führte. Das BVerfG sah die Rücknahmen der Verfassungsbeschwerden als wirksam an. Nach mündlicher Verhandlung seien das öffentliche Interesse an diesen Verfahren und die allgemeine Bedeutung der Verfassungsbeschwerden durch die gesetzliche Regelung entfallen.[579]

Auch im Verfahren über die Rückführung Asylsuchender nach Griechenland nahm das BVerfG Bezug auf die Rechtschreibreform-Entscheidung. Der Beschwerdeführer, ein irakischer Staatsbürger der über Griechenland nach Deutschland einreiste, wandte sich mit einer Verfassungsbeschwerde gegen die Ablehnung seines Asylantrages und die damit verbundene Abschiebung. Das BVerfG untersagte bereits im Wege der einstweiligen Anordnung die Vollziehung der Abschiebung wegen der Überlastung des griechischen Asylsystems.[580] Das Bundesministerium des Innern setzte die Rückführung von Asylsuchenden nach Griechenland für ein Jahr aus. Gleichzeitig wies es das Bundesamt für Migration und Flüchtlinge an, die Asylverfahren in Deutschland durchzuführen.[581] Nachdem das Bundesamt für Migration und Flüchtlinge den Bescheid hinsichtlich der Abschiebeandrohung aufhob, erklärte der Beschwerdeführer

---

577 BVerfG, 14.7.1998 – 1 BvR 1640/97 – NJW 1998, 2515, 2518; *Marsch*, AöR 2012, 592, 597.

578 BVerfGE, 31.10.2002 – 1 BvF 1/96, 1 BvR1697/96, 1 BvR 1718/96, 1 BvR 1783/96, 1 BvR 1412/96 – BVerfGE 106, 210, 213.

579 BVerfGE, 31.10.2002 – 1 BvF 1/96, 1 BvR1697/96, 1 BvR 1718/96, 1 BvR 1783/96, 1 BvR 1412/96 – BVerfGE 106, 210, 213.

580 BVerfG, 8.9.2009 – 2 BvQ 56/09 – DVBl 2009, 1304 f.

581 Laut Pressemitteilung vom 26.1.2011, Nr. 6/2011, soll das BVerfG unmittelbar nach der mündlichen Verhandlung dem Bundesministerium diesbezüglich eine Anregung erteilt haben.

die Verfassungsbeschwerde für erledigt. Das BVerfG stellte das Verfahren ein. Es könne dahinstehen, unter welchen Voraussetzungen eine für erledigt erklärte Verfassungsbeschwerde im Hinblick auf die ihr zukommende allgemeine Bedeutung fortgeführt werden könne.[582] Die Verfassungsbeschwerde habe ihre allgemeine Bedeutung hier jedenfalls dadurch verloren, dass das Bundesministerium des Innern das Bundesamt angewiesen habe, generell von der Überstellung Asylsuchender nach Griechenland abzusehen. Eine lediglich abstrakte Klärung der aufgeworfenen verfassungsrechtlichen Fragen sei nicht angezeigt.[583]

cc. Fortsetzung des Verfassungsbeschwerdeverfahrens bei Tod des Beschwerdeführers

Das BVerfG sieht sich auch beim Tod des Beschwerdeführers während des Verfahrens nicht gehindert, über die Verfassungsbeschwerde zu entscheiden. In der Wunsiedel-Entscheidung wurde ein Revisionsurteil des BVerwG angegriffen, in dem das versammlungsrechtliche Verbot einer Rudolf Heß-Gedenkkundgebung in Wunsiedel bestätigt wurde. Nachdem das Landratsamt die Versammlung unter Anordnung der sofortigen Vollziehung verbot, blieben die Anträge auf vorläufigen Rechtschutz in allen Instanzen erfolglos. Auch wurde die Klage in der Hauptsache in allen Instanzen abgewiesen. Der Beschwerdeführer verstarb sodann während des Verfahrens vor dem BVerfG. Das BVerfG entschied trotzdem zur Sache. Grundsätzlich erledige sich das Verfahren beim Tod des Beschwerdeführers auch ohne ausdrückliche gesetzliche Regelung.[584] Denn bei einer Verfassungsbeschwerde müsse der Beschwerdeführer nach Art. 93 Abs. 1 Nr. 4a GG persönlich betroffen sein. Ähnlich wie in der Entscheidung zur Rechtschreibreform führte das Gericht weiter aus, dass dieser Grundsatz aber nicht ausnahmslos gelte.[585] Stets lasse sich nur der einzelne Fall unter Berücksichtigung der Art des angegriffenen Hoheitsakts und des Standes des Verfassungsbeschwerdeverfahrens beurteilen.[586] Im konkreten Fall wurde die Fortsetzung des Verfahrens damit begründet, dass der Beschwerdeführer mehrfach Anträge auf einstweiligen Rechtschutz beim BVerfG gestellt hatte und vom Gericht auf den

---

582 BVerfG, 25.1.2011 – 2 BvR 2015/09 – BVerfGE 128, 224 ff.
583 BVerfG, 25.1.2011 – 2 BvR 2015/09 – BVerfGE 128, 224 ff.
584 BVerfG, 10.5.1957 – 1 BvR 550/52 – BVerfGE 6, 389, 442.; 3.3.2004 – 1 BvR 2378/98, 1084/99 – BVerfGE 109, 279, 304.
585 BVerfG, 10.5.1957 – 1 BvR 550/52 – BVerfGE 6, 389, 442; 4.11.2009 – 1 BvR 2150/08 – BVerfGE 124, 300, 318.
586 BVerfG, 10.5.1957 – 1 BvR 550/52 – BVerfGE 6, 389, 442.

Hauptsacherechtsweg verwiesen worden sei. Daraufhin habe er diesen durch drei Instanzen erfolglos durchlaufen. Er habe dabei als Versammlungsleiter im Interesse einer Vielzahl weiterer Betroffener gehandelt. Darüber hinaus sei die Sache vom Senat beraten und entscheidungsreif gewesen. Außerdem habe das Verfahren eine allgemeine verfassungsrechtliche Bedeutung gehabt, da die angestrebte Entscheidung – unabhängig von der höchstpersönlichen Betroffenheit des Beschwerdeführers – Klarheit über die Rechtslage für Meinungsäußerungen bei einer Vielzahl zukünftiger Versammlungen und öffentlichen Auftritten habe schaffen sollen. Dies und die grundsätzlich auch objektive Funktion der Verfassungsbeschwerde rechtfertigten deshalb, nach Auffassung des BVerfG, die Fortsetzung des Verfahrens trotz des Todes des Beschwerdeführers.[587]

b. Übertragung der Grundsätze auf das Verfahren vor Revisionsgerichten

Es ist fraglich, ob sich die soeben dargestellten Grundsätze auch auf das Verfahren vor Revisionsgerichten übertragen lassen. Könnte also der BGH bei Rechtsfragen von allgemeiner Bedeutung etwaig bedeutende Verfahrenshandlungen der Parteien für unwirksam erachten und so deren Dispositionsbefugnis außer Kraft setzen? *Hirsch* hat in Anlehnung an die Rechtsprechung des BVerfG vorgeschlagen, der Gesetzgeber solle der Erreichung des Revisionszieles unter bestimmten Voraussetzungen den Vorrang vor der Parteiherrschaft zumessen und dem Revisionsgericht die Möglichkeit einer Klärung der rechtsgrundsätzlichen Frage im Interesse des Rechts einräumen.[588]

Das BVerfG begründet sein Vorgehen mit der Funktion der Verfassungsbeschwerde, das objektive Verfassungsrecht zu wahren, auszulegen und fortzubilden. Wie bereits dargestellt, haben Revisionsgerichte ganz entsprechende Aufgaben, das Recht fortzubilden und für die Rechtseinheit zu sorgen.[589]

Die Besonderheiten des Verfahrens vor dem BVerfG sprechen indes gegen eine Übertragbarkeit der zuvor dargestellten Verfahrensfortsetzungsmöglichkeit. Dies beginnt bereits damit, dass Entscheidungen des BVerfG nach § 31 Abs. 1 BVerfGG die Verfassungsorgane des Bundes und der Länder sowie alle Gerichte und Behörden binden. Nach § 31 Abs. 2 BVerfGG hat die Entscheidung des BVerfG Gesetzeskraft, wenn das Gericht in dem Verfahren ein Gesetz als mit dem Grundgesetz vereinbar oder unvereinbar sowie für nichtig erklärt. Gerade

---

587 BVerfG, 4.11.2009 – 1 BvR 2150/08 – BverfGE 124, 300, 318 f.
588 *Hirsch*, VersR 2012, 929, 932.
589 Siehe oben § 3 I. 3. und 4.

dadurch zeigt sich die Betonung der objektiv-rechtlichen Seite der Verfassungs-beschwerde.[590]

Darüber hinaus ist das Verfassungsprozessrecht lückenhaft ausgestaltet. Es existieren gerade keine Vorschriften zur Rücknahmemöglichkeit einer Verfassungsbeschwerde. Es ist damit die Aufgabe des BVerfG, passende Regelungen zur Lückenschließung zu finden.[591] Dabei können Regelungen anderer Verfahrensbereiche nicht schlicht übernommen werden. Stets müssen die Besonderheiten des verfassungsrechtlichen Verfahrens beachtet werden.[592] Demgegenüber existieren in der Zivilprozessordnung ausdrücklich Regelungen über die Verfahrensbeendigung. Gesetzliche Lücken liegen – anders als im BVerfGG – nicht vor. Revisionsgerichte haben damit zwar die Aufgabe, das Recht fortzubilden und es zu vereinheitlichen – de lege lata aber nur soweit und solange die Parteien von ihrem Recht zur Verfahrensbeendigung keinen Gebrauch machen. Auch entsprechenden Überlegungen de lege ferenda[593] ist nicht zu folgen. Ein solches Vorgehen käme einer Amtsrevision gleich, die der Gesetzgeber schon seit der ZPO 1877 abgelehnt hat.[594] Im Übrigen hat sich der Gesetzgeber bei der letzten ZPO-Reform[595] in Kenntnis dieses von *Hirsch* unterbreiteten Vorschlags dagegen entschieden.

---

590 *Lang*, DÖV 1999, 624, 630.
591 *Hund*, FS Faller, S. 63ff.; *Marsch*, AöR 2012, 592, 601.
592 BVerfG, 28.6.1972 – 1 BvR 105/63 – BVerfGE 33, 247, 261; *Hund*, FS Faller, S. 63 f.
593 *Hirsch*, VersR 2012, 929 ff.
594 *Hahn/Stegemann*, II/1, S. 142, siehe auch die Ausführungen zur rechtshistorischen Entwicklung unter § 2 I sowie zum Zweck unter § 3 II Nr. 1.
595 BT – Drs. 17/13948, S. 35 f.

§ 9 Zur effektiven Begrenzung der Dispositionsfreiheit im Revisionsverfahren

Nachdem sich die zuvor dargestellten Lösungsmechanismen bisher als nicht ausreichend effektiv erwiesen haben, ist im Folgenden zu erarbeiten, wie prozesstaktischem Verhalten zur Verhinderung grundlegender Revisionsentscheidungen effektiv begegnet werden kann. Das weitere Vorgehen zielt dabei auf zweierlei ab: Erstens die Beteiligung der Bundesanstalt für Finanzdienstleistungsaufsicht (BaFin) am Revisionsverfahren, woraus zweitens letztlich die Einschränkung der Rechte der Revisionsparteien zur Verfahrensbeendigung resultiert.

I. Allgemein

Ausgangspunkt der Überlegungen muss jedoch sein, sowohl der Dispositionsmaxime als auch dem Interesse an der Revisionsentscheidung zur besten Wirkung zu verhelfen, ohne dass jeweils eine der beiden unverhältnismäßig beschränkt wird. Dies entspricht dem Grundsatz praktischer Konkordanz.[596] Der Konflikt zwischen verschiedenen Grundrechten untereinander oder mit anderen verfassungsrechtlich geschützten Gütern ist nach diesem Grundsatz praktischer Konkordanz zu lösen, der fordert, dass nicht eine der widerstreitenden Rechtspositionen bevorzugt und maximal behauptet wird, sondern alle einen möglichst schonenden Ausgleich erfahren.[597] In dem hier in Rede stehenden Zusammenhang darf die Dispositionsmaxime also auch nicht schlicht zugunsten des Interesses an Revisionsentscheidungen zurücktreten müssen.

Im Ergebnis lässt sich damit nicht schlicht dafür plädieren, die zivilprozessualen Vorschriften zur Rücknahme der Revision und Erledigung sowie zum Anerkenntnis und Vergleich für unanwendbar zu erklären, wenn ein Revisionsgericht vor einer grundlegenden Revisionsentscheidung steht. Verhältnismäßiger aber gleichwohl effektiv erscheint es hingegen, in derartigen Fällen jemanden am Verfahren zu beteiligen, der notwendigenfalls einer verfrühten Verfahrensbeendigung entgegenwirken kann. Dadurch könnte das bereits dargestellte prozesstaktische Verhalten verhindert werden.

---

596 BVerfG, 23.10.1952 – 1 BvB 1/51 – BVerfGE 2, 1, 72; 26.5.1970 – 1 BvR 83, 244 und 345/69 – BVerfGE 28, 243, 261; 19.6.1979 – 2 BvR 1060/78 – BVerfGE 51, 324, 345 f.
597 BVerfG 16.5.1995 – 1 BvR 1087/91, BVerfGE 93, 1 ff., 21; BVerfG 16.10.1979 – 1 BvR 647/70 – BVerfGE 52, 223 ff.; BVerfG 17.12.1975 – 1 BvR 63/68 – BVerfGE 41, 29 ff.

Eine solche Beteiligung Dritter sogar in Revisionsverfahren ist der deutschen Rechtsordnung – auch mit den daraus folgenden Einschränkungen der Verfügungsfreiheit der Parteien – nicht unbekannt. Sie existiert bereits in verwaltungs- und finanzgerichtlichen Verfahren. Darauf ist zunächst der Blick zu richten, um anschließend[598] zu untersuchen, ob sich signifikante Unterschiede ergeben oder Anleihen gezogen werden können, um dadurch im Zivilprozessverfahren prozesstaktisches Verhalten zur Verhinderung grundlegender Revisionsentscheidungen ausschließen zu können.

II. Die Beteiligung Dritter an Revisionsverfahren de lege lata

1. Die Beteiligung von Behörden an Revisionsverfahren der Verwaltungs- und Finanzgerichtsbarkeit

a. Zugang zum Revisionsgericht in VwGO und FGO

Sowohl VwGO als auch FGO haben ebenso besondere Voraussetzungen für den Zugang zur Revisionsinstanz wie die ZPO. In verwaltungs- und finanzgerichtlichen Verfahren ist die Revision ebenfalls streitwertunabhängig und vom Amts wegen zuzulassen. Die Revisionszulassung wegen grundsätzlicher Bedeutung kennen sowohl die Finanzgerichtsordnung[599] als auch die Verwaltungsgerichtsordnung.[600] Im Unterschied zur ZPO hat der Gesetzgeber in diesen Verfahrensordnungen allerdings Verfahrensfehler als Zulassungsgrund eigenständig normiert.[601] Dadurch soll insbesondere der Gesichtspunkt der Einzelfallgerechtigkeit zur Geltung kommen.[602] Im finanzgerichtlichen Verfahren soll dieser Zulassungsgrund auch das Fehlen der zweiten Tatsacheninstanz ausgleichen.[603] Des Weiteren bildet die Divergenz von Entscheidungen auch in diesen Verfahren einen Zulassungsgrund. Nach dem jeweiligen eindeutigen Gesetzeswortlaut ist die Revision im verwaltungsgerichtlichen Verfahren zuzulassen, wenn das Urteil von

---

598 Siehe dazu § 9 III.
599 § 115 Abs. 2 Nr. 1 FGO.
600 § 132 Abs. 2 Nr. 1 VwGO; auch im sozialgerichtlichen Verfahren nach § 160 Abs. 2 Nr. 1 SGG gegeben.
601 Zur Problematik der Rechtsanwendungsfehler sowie Verfahrensfehler bei der Revisionszulassung nach der ZPO siehe Wieczorek/Schütze/*Prütting* § 543 Rn. 45ff.
602 Praktisch wird die Zulassung wegen Verfahrensmangels nur im Hinblick auf die Nichtzulassungsbeschwerde, siehe zu sozialgerichtlichem Verfahren Meyer-Ladewig/*Leitherer*, § 160 SGG Rn. 16; zum verwaltungsgerichtlichen Verfahren Sodan/Ziekow/*Czybulka* § 132 Rn. 98 ff. und Rn. 44.
603 Gräber/*Ruban* § 115 FGO Rn. 73.

einer Entscheidung des BVerwG, des gemeinsamen Senats der obersten Gerichtshöfe des Bundes oder des BVerfG abweicht und auf dieser Abweichung beruht.[604] Demgegenüber werden die Fälle der Divergenz im finanzgerichtlichen Verfahren nach § 115 Abs. 2 Nr. 2 FGO – wie auch nach der ZPO – unter dem Zulassungsgrund „Sicherung einer einheitlichen Rechtsprechung" gefasst.

b. Beteiligte am Revisionsverfahren

aa. Finanzgerichtsordnung

Ein erster Unterschied zwischen dem revisionsrechtlichen Verfahren in der ZPO und der FGO zeigt sich bei den Beteiligten des Verfahrens. Die ZPO ist durch eine „Zwei-Parteien-Schablone"[605] geprägt. Im Unterschied dazu kann im finanzgerichtlichen Verfahren nach § 122 Abs. 2 FGO das Bundesfinanzministerium oder die oberste Landesbehörde in der Revisionsinstanz beitreten, soweit das Bundesrecht bzw. Landesrecht oder eine von den Landesfinanzbehörden verwaltete Abgabe streitig ist. Sinn und Zweck dieser Regelung ist es, dem Bundesministerium der Finanzen die Möglichkeit zu gegeben, sich jeder Zeit in ein laufendes Revisionsverfahren einzuschalten und entscheidungserhebliche rechtliche Gesichtspunkte geltend zu machen.[606] Dabei soll das besondere, über den Einzelfall hinausgehende Entscheidungsinteresse der Abgabenverwaltungsbehörden (vgl. Art. 108 GG) berücksichtigt werden.[607] Darüber hinaus ist es dem Bundesminister der Finanzen bzw. den obersten Landesbehörden dadurch möglich, dem Bundesfinanzhof Prozessstoff zur Verfügung zu stellen, der sonst nicht zugänglich wäre.[608]

Die Beteiligung der zuständigen Stellen am Revisionsverfahren ist zunächst mittels Aufforderung zum Beitritt durch den Senat nach § 122 Abs. 2 Satz 3 FGO möglich. Das kommt beispielsweise vor, wenn ein Urteil des BFH nicht im Bundessteuerblatt (BStBl.) veröffentlicht wurde, von der Finanzverwaltung deswegen nicht angewandt wird, was aber möglicherweise der Auffassung des Bundesministeriums der Finanzen widerspricht. Um Rechtsunsicherheit zu vermeiden, fordert der erkennende Senat das Bundesministerium der Finanzen dann zum Beitritt auf.[609] Darüber hinaus wird das Bundesministerium der Finanzen zum Beitritt aufgefordert, wenn eine Rechtsprechungsänderung, eine Abweichung

---

604 Siehe einerseits § 132 Abs. 2 Nr. 2 VwGO und andererseits § 160 Abs. 2 Nr. 2 SGG.
605 *Greger*, JZ 1997, 1077, 1080.
606 BFH, 25.06.1984 – GrS 4/82 – BFHE 141, 405.
607 Gräber/*Ruban* § 122 FGO Rn. 4.
608 BFH, 14.12.1983 – I R 301/81– BFHE 140, 126 ff.
609 BFH, 26.6.2012 – VIII R 41/09 – DStR 2012, 1745,1746.

von einer nicht bedeutungslosen allgemeinen Verwaltungsvorschrift i.S.d. Art. 108 Abs. 7 GG oder eine Entscheidung von größerer haushaltsmäßiger Bedeutung zu erwarten ist.[610] Darüber hinaus kann jeder Verfahrensbeteiligter den Beitritt der Behörde anregen.[611] Mit dem Beitritt zum Verfahren erlangt die Behörde die Rechtstellung eines Beteiligten. Damit hat sie Anspruch auf rechtliches Gehör, kann Anträge in der mündlichen Verhandlung stellen und hat das Recht auf Akteneinsicht. Eine Verpflichtung zum Beitritt besteht allerdings nicht. Vielmehr steht der Beitritt im Ermessen der Behörde.

bb. Verwaltungsgerichtsordnung

Auch die VwGO kennt die Beteiligung Dritter im Gerichtsverfahren. Den Behörden wird hier sogar – als hoheitlichen Sachwaltern – eine Normkontrollbefugnis gemäß § 47 Abs. 2 S. 1 2. Hs. VwGO zugestanden.[612] Besondere Bedeutung hat im verwaltungsgerichtlichen Verfahren dabei der Vertreter des Bundesinteresses, der sich nach § 35 Abs. 1 Satz 2 VwGO an jedem Verfahren vor dem BVerwG – außer in Wehrdienstsachen – beteiligen kann.[613]

Nach § 1 der Dienstanweisung vom 31.01.2001 hat der Vertreter des Bundesinteresses in den Verfahren vor dem Bundesverwaltungsgericht das öffentliche Interesse zu wahren und dadurch zur Verwirklichung des Rechts beizutragen. Der Vertreter des Bundesinteresses beim Bundesverwaltungsgericht wurde zum 1. Januar 2002 eingeführt[614] und ersetzte den zuvor mit vergleichbaren Funktion ausgestatteten Oberbundesanwalt. Der Begriff des öffentlichen Interesses ist ein unbestimmter Rechtsbegriff.[615] Er ist im Sinn eines übergeordneten Interesses des Gemeinwohls und der Rechtsverwirklichung zu verstehen. Gemeint sind damit die gemeinstaatlichen Belange des Bundes, die Belange der Länder und

---

610 *Kreft*, S. 162; *Desens*, S. 416.

611 Schwarz/*Dürr* § 122 FGO Rn. 8.

612 Siehe dazu *Schlacke*, S. 102 ff.

613 Nach § 36 VwGO kann beim OVG und VG nach Maßgabe einer Rechtsverordnung der Landesregierung ein Vertreter des öffentlichen Interesses bestimmt werden. Nach Satz 2 kann ihm dabei allgemein oder für bestimmte Fälle die Vertretung des Landes oder von Landesbehörden übertragen werden. Seine Bestellung ist nicht obligatorisch, derzeit gibt es nur noch den Vertreter öffentlicher Interessen in Bayern, Rheinland- Pfalz und Thüringen. Der Vertreter des öffentlichen Interesses vertritt keine Parteiinteressen, soweit er sich am Verfahren beteiligt und Rechtsmittel einlegt, BVerwG, 29.8.1963 – BVerwG VIII C 59/62 – NJW 1964, 683, 684.

614 Art. 14 des Gesetzes vom 9.7.2001, BGBl. I S. 1510.

615 *Schnapauff*, FS 50 Jahre BVerwG, 185,187 f.

Kommunen ebenso wie die des einzelnen Bürgers. Der Vertreter des öffentlichen Interesses kann daher von seiner Beteiligungsbefugnis auch im Interesse der objektiven Rechtsverwirklichung zugunsten der Bürger Gebrauch machen.[616] Der Vertreter des Bundesinteresses ist ein Organ der Rechtspflege. Es liegt in seinem Ermessen, ob und in welcher Art und Weise er im Einzelfall tätig wird, solange die Bundesregierung nicht von ihrer Weisungsbefugnis Gebrauch macht. Grundsätzlich aber steht er über den Parteien und soll für die Durchsetzung des Rechts sorgen.[617]

Insgesamt kommt dem Vertreter des Bundesinteresses eine dreifache Funktion zu.[618] Er vermittelt dem BVerwG in Abstimmung mit den Bundesbehörden fallübergreifende Informationen zur Entstehungsgeschichte von Normen, Gesetzesvorhaben, Verwaltungspraxis, transnationalen Bezügen und möglichen Auswirkungen von Entscheidungsalternativen und äußert sich ergänzend zu Rechtsstandpunkten und Konkretisierungsvorschlägen aus der Sicht der Bundesverwaltung.[619] Aufgrund seiner dem Gericht vergleichbaren objektiven Sichtweise wirkt er auch auf die Parteien im Sinne einer Streitschlichtung ein.[620] Ebenso ist er Bindeglied beim Informationsfluss vom BVerwG zu den Bundesbehörden.[621] Der Vertreter des Bundesinteresses kann das BVerwG auf laufende Parallelfälle sowie die über den jeweiligen Fall hinausgehende Auswirkungen seiner Entscheidung aufmerksam machen.[622] Auch in den Verfahren vor dem Großen Senat kann sich der Vertreter des Bundesinteresses nach § 13 Abs. 2, 4 RsprEinhG beteiligen. Statistisch betrachtet hat sich der Vertreter des Bundesinteresses im Jahr 2014 an 91 Verfahren vor dem BVerwG beteiligt. In diesen Verfahren ging es unter anderem um die Einstufung eines Irrtums über die Anzahl der bis zum 30. April 2006 abzugebenden Emissionsberechtigungen als höhere Gewalt i.S.v. § 6 Abs. 1 TEHG;[623] das beamtenrechtliche Streikverbot und dessen Kollision mit dem europäischen Recht[624] und die Zuständigkeit der Bundespolizei auf Bahnhofsvorplätzen.[625] Auch im Verfahren, das die Einstufung der

---

616 BVerwG 5.5.1961- V C 94 95/60 NJW 1961, 1835.
617 BT – Drs. Nr. 4278, S. 34.
618 *Schlacke*, S. 112.
619 §3, § 6 Absatz 3 der Dienstanweisung.
620 Schoch/Schneider/Bier/*Gerhardt*/*Olbrtz* § 35 VwGO Rn. 9.
621 § 9 der Dienstanweisung.
622 *Schnapauff*, FS 50 Jahre BVerwG, S. 185, 193.
623 BVerwG, 20.2.2014 – 7 C 3/12 – ZNER 2014, 281 f.
624 BVerwG, 27.2.2014 – 2 C 1/13 – BverwGE 149, 117 ff.
625 BVerwG, 28.5.2014 – 6 C 4/13 – DVBl 2014, 1317 f.

E-Zigarette als Arzneimittel bzw. Medizinprodukte und zur Zulässigkeit einer behördlichen Warnung vor ihr[626] zum Gegenstand hatte, beteiligte sich der Vertreter des Bundesinteresses.

c. Die Möglichkeiten der Revisionsbeendigung

Ebenso wie im zivilprozessualen Verfahren gilt auch im verwaltungs- und finanzgerichtlichen Verfahren die Dispositionsmaxime.[627] Ihre Geltung ergibt sich, wie im Zivilprozess, aus der Tatsache, dass beide Verfahrensordnungen eine Klage des Betroffenen voraussetzen. Auch hier bestimmen die Beteiligten den Streitgegenstand, das Gericht ist gemäß § 88 VwGO bzw. § 96 Abs. 1 S. 2 FGO an das Klagebegehren gebunden und wird nicht von Amts wegen tätig. Gegen die Geltung der Dispositionsmaxime im Verwaltungs- und Finanzgerichtsverfahren spricht auch nicht, dass in diesen Verfahrensordnungen der Untersuchungsgrundsatz gilt, § 86 Abs. 1 VwGO, § 76 Abs. 1 S. 5 FGO. Dies führt zwar zu einer Sachverhaltsermittlung durch das Gericht und nicht zur zwingenden Beibringung der Tatsachen durch die Parteien, hat aber keine Auswirkungen auf die Verfügungsbefugnis hinsichtlich des Streitgegenstandes.[628]

Im Vergleich zur ZPO bleibt aber zu prüfen, welche Auswirkungen die zuvor dargestellte Beteiligung Dritter, namentlich des Bundesministeriums der Finanzen nach der FGO und des Vertreters des Bundesinteresses nach der VwGO, an den Möglichkeiten der Verfahrensbeendigung hat.

aa. Verfahrensbeendigung nach der VwGO

Auch im verwaltungsgerichtlichen Revisionsverfahren können die Parteien das Verfahren – wie im Zivilprozess – durch Abschluss eines Vergleichs nach § 106 VwGO beenden, jedenfalls soweit sie über den Streitgegenstand verfügen können. Ebenso kommt eine Beendigung durch beidseitige Erledigungserklärung in Betracht. Auch ein Anerkenntnisurteil ist im verwaltungsgerichtlichen Verfahren möglich. Zwar enthält die VwGO keine ausdrücklichen Regelungen zur Beendigung des Verfahrens durch Anerkenntnisurteil. Lediglich in §§ 156, 87a Abs. 1 Nr. 2 VwGO wird das Anerkenntnis zumindest erwähnt. Nach § 156 VwGO fallen dem Kläger die Prozesskosten zur Last, wenn der Beklagte den Anspruch sofort anerkennt und durch sein Verhalten keine Veranlassung zur Erhebung der

---

626   BVerwG, 20.11.2014 – 3 C 25/13 – NVwZ 2015, 749 ff.
627   BVerwG, 10.6.1965 – II C 192/62 – BVerwGE 21, 217, 218; Schoch/Schneider/Bier/ *Messner*, § 173 VwGO Rn. 92; *Westemeier*, S. 33 ff, 72 f.
628   *Mezger*, S. 56ff, 64.

Klage gegeben hat. Gemäß § 87a Abs. 1 Nr. 2 VwGO entscheidet bei einem Anerkenntnis der Vorsitzende allein, falls die Entscheidung im vorbereitenden Verfahren ergeht. Beide Vorschriften setzen damit aber voraus, dass entsprechende
prozessuale Gestaltungserklärungen im Verwaltungsprozess abgegeben werden
können.[629] Hinsichtlich dieser Beendigungsmöglichkeiten ergeben sich keine Besonderheiten aufgrund der Beteiligung des Vertreters des Bundesinteresses am
Revisionsverfahren.[630] Die VwGO enthält hier – und damit anders als in § 140
Abs. 1 S. 2 – keine Regelungen, die eine Einflussnahme durch den Vertreter des
Bundesinteresses ermöglichte.

Anders ist dies bei der Rücknahme der Revision. Bei der Rücknahme der
Revision enthält die VwGO besondere Regelungen. Gemäß § 140 Abs. 1 S. 2
VwGO setzt Rücknahme der Revision nach Antragsstellung in der mündlichen
Verhandlung die Einwilligung des Beklagten, und wenn der Vertreter des Bundesinteresses beim Bundesverwaltungsgericht an der mündlichen Verhandlung
teilgenommen hat, auch seine Einwilligung voraus. Das gilt unabhängig davon,
ob er selbst einen Antrag gestellt hat.[631] Damit ist die Revisionsrücknahme im
Verwaltungsprozess hier nun doch strengeren Maßstäben unterstellt als nach
der ZPO. Der Vertreter des Bundesinteresses kann durch die Nichteinwilligung
zur Revisionsrücknahme dafür sorgen, dass das BVerwG eine mit Gründen versehene Entscheidung erlassen kann und damit seiner Aufgabe – der Rechtsfortbildung und Wahrung der Rechtseinheit – nachkommen kann.

bb. Verfahrensbeendigung nach der FGO

Die FGO erhält keine eigenen Regelungen hinsichtlich einer Verfahrensbeendigung durch Anerkenntnisurteil oder Vergleich. Infolgedessen findet damit
eigentlich § 155 FGO Anwendung, der – wie § 173 VwGO – bei fehlenden Regelungen, und wenn grundsätzliche Unterschiede beider Verfahrensarten es
nicht ausschließen, die Anwendung ZPO vorsieht. Ganz allgemein wird aber im
finanzgerichtlichen Verfahren die Anwendung von § 307 ZPO (Anerkenntnis)
abgelehnt. Auch die Möglichkeit der Verfahrensbeendigung durch Vergleich
wird verneint. Dies wird damit begründet, dass der materielle Steueranspruch
nicht zur Disposition der Beteiligten steht.[632] Die Beteiligten können das finanzgerichtliche Revisionsverfahren jedoch durch beidseitige Erledigungserklärung

---

629 *Mezger*, S. 18.
630 Schoch/Schneider/Bier/*Steinbeiß-Winkelmann* §35 Rn. 11; *Schlacke*, S. 112.
631 Sodan/Ziekow/*Neumann* § 140 VwGO Rn. 25.
632 Gräber/ *Stapperfend* § 76 FGO Rn. 5.

beenden.[633] Darüber hinaus erlaubt auch die FGO die Verfahrensbeendigung durch Revisionsrücknahme gemäß § 125 FGO. Nach Schluss der mündlichen Verhandlung ist hier die Einwilligung des Beklagten erforderlich, § 125 S. 2 FGO. Die Einwilligung des BFM ist nicht erforderlich, auch wenn es sich am Verfahren beteiligt hat.[634] Das BFM kann das Verfahren damit gegen den Willen der Beteiligten nicht fortsetzen.[635] Hier lässt sich lediglich auf eine mittelbare Einflussnahmemöglichkeit schließen, nachdem das BFM zu den beteiligten Finanzbehörden in einem Näheverhältnis stehen und auf deren Prozessverhalten Einfluss nehmen dürfte.[636]

d. Zusammenfassung

Es bleibt festzuhalten, dass der Zugang zu Revisionsgerichten in der Verwaltungs- und Finanzgerichtsbarkeit grundsätzlich nach den gleichen rechtlichen Gesichtspunkten wie im Zivilprozess ausgestaltet ist. Es finden sich aber auch Besonderheiten, vor allem die Beteiligung von Behörden am Verfahren im öffentlichen Interesse. Sie tragen damit etwa zur Sicherung der Rechtseinheit bei, indem sich ihre Mitwirkung bei einer beschleunigten, fundierten und einheitlichen verwaltungsrechtlichen Spruchpraxis auswirkt.[637] Die Beteiligung des BFM im finanzgerichtlichen Revisionsverfahren hat demgegenüber keine Auswirkungen

---

633 Scherer/ *Andres* § 69 Rn. 105.

634 Schwarz/*Dürr* § 122 FGO Rn. 8.

635 BFH, 11.11.2010 – VI R 17/09 – NJW 2011, 1101, 1102; 6.10.2005 – V R 64/00 – DStR 2006, 367, 369.

636 Allerdings besteht im Steuerrecht das Problem der Verhinderung einer Entscheidung des BFH auch. Hier wird von „Nichtanwendungsprophylaxe" gesprochen. Sobald der Bundesfinanzhof einen für das Finanzamt nachteiligen Gerichtsbescheid gemäß § 90 a Abs. 1 FGO erlässt, wird seitens des Finanzamtes nach § 91 a Abs. 2 FGO die mündliche Verhandlung beantragt. Anschließend wird der Steuerpflichtige durch einen Abhilfebescheid klaglos gestellt und das Finanzamt erklärt die Hauptsache vor der mündlichen Verhandlung für erledigt. Der Steuerpflichtige muss sich dem Antrag anschließen, um den Prozess nicht zu verlieren. Seitens des BFH wird nur noch über die Kosten entschieden, die bei Änderung des angefochtenen Bescheides gemäß § 138 Abs. 2 FGO der Behörde aufzuerlegen sind. So kommt es in der Kostenentscheidung nicht mehr auf den Gegenstand der ursprünglichen Revision an. Nach *Desens* hat die beschriebene Vorgehensweise der Finanzämter nur die Verhinderung missliebiger Präjudizien zum Ziel, *Desens*, S. 74; siehe auch *Christiansen*, DStR 2005, 264f.; *Spindler*, DStR 2007, 1061, 1063; *Eggesiecker/Ellerbeck*, DStR 2007, 1427ff.

637 *Rzepka*, BayVBl. 1992,295, 298; *Guckelberger*, BayVBl. 1998, 257, 258.

auf das finanzgerichtliche Verfahren und seine etwaige frühzeitige Beendigung durch die Beteiligten.

Indes führt die Beteiligung des Vertreters des Bundesinteresses im verwaltungsgerichtlichen Revisionsverfahren zu einer Einschränkung der Beendigungsmöglichkeiten. Die Beteiligten können das Revisionsverfahren hier ohne seine Mitwirkung zumindest nicht durch Rücknahme der Revision beenden. Auf die anderen Möglichkeiten der Verfahrensbeendigung hat die Beteiligung des Vertreters des Bundesinteresses dagegen ebenfalls keinen Einfluss. Gleichwohl könnte die verwaltungsprozessuale Ausgestaltung des Revisionsverfahrens mit der Beteiligung des Vertreters des Bundesinteresses eine Orientierung dafür bieten, wie dem Problem prozesstaktischen Verhaltens zur Verhinderung grundlegender Entscheidungen im Zivilprozess begegnet werden kann. Dazu ist der Blick im Folgenden darauf zu richten, ob eine entsprechende Beteiligung Dritter auch im zivilgerichtlichen Revisionsverfahren möglich ist.

2. Die Beteiligung von Behörden an Revisionsverfahren der Zivilgerichtsbarkeit

Das zivilgerichtliche Verfahren ist grundsätzlich vom Leitbild des Zweiparteiensystems geprägt.[638] Es dient in erster Linie dazu, Interessenkonflikte zwischen rechtlich gleichgeordneten Rechtssubjekten sachgerecht zu lösen.[639] Aber auch das Zivilprozessrecht kennt in einigen Bereichen bereits die Beteiligung von Behörden am Verfahren.

a. Die Beteiligung von Behörden am familiengerichtlichen Verfahren

Eine solche Beteiligung von Behörden an privatrechtlichen Streitigkeiten findet sich zunächst in familiengerichtlichen Verfahren. Diese Form der Beteiligung am Verfahren wurde bereits oben dargestellt.[640] Klarstellend ist hier noch einmal zu erwähnen, dass die Behörde Rechtsmittel einlegen kann, ohne selbst beschwert zu sein. Dieses nun in § 129 FamFG geregelte Verfahren war zuvor bereits durch §§ 631 f ZPO a.F. anerkannt, wonach die Staatsanwaltschaft in Ehenichtigkeitsklagen eine Prozessführungsbefugnis hatte.[641] Die dargestellte

---

638 Wieczorek/*Schütze* vor § 64 Rn. 1; Musielak/*Voit* Rn. 323.
639 BVerfG, 24.2.1971 – 1 BvR 435/68 – BverfGE30, 173, 199.
640 Siehe oben unter § 6 III 1.
641 Saenger/*Kemper* § 129 FamFG Rn. 1.

Beteiligung der Behörden erfolgt in Wahrnehmung öffentlicher Interessen und aufgrund des besonderen Schutzes der Institution Ehe durch Art. 6 Abs. 1 GG.[642]

b. Die Beteiligung der Kartellbehörden in kartellrechtlichen Verfahren

Eine unmittelbare Beteiligung von Behörden am zivilgerichtlichen Verfahren kennt auch das Gesetz gegen Wettbewerbsbeschränkungen (GWB). Historisch betrachtet wird das Kartellrecht in erster Linie als Wirtschaftsrecht und seine Durchsetzung als Frage der behördlichen Wirtschaftsaufsicht verstanden.[643] Dennoch ist das GWB seit der gesetzlichen Normierung nicht nur vom Gedanken der behördlichen Durchsetzung geprägt. Vielmehr existiert ein Nebeneinander öffentlicher und privater Durchsetzungsformen, die sich ergänzen sollen.[644] So räumt § 33 GWB Mitbewerbern und Marktbeteiligten bei Verstößen gegen das GWB sowie Wettbewerbsregelungen des Vertrags über die Arbeitsweise der europäischen Union (AEUV) Ansprüche auf Unterlassung, Beseitigung und Schadensersatz ein. Die Verpflichtung zum Schadensersatz bei Kartellverstößen soll im öffentlichen Interesse die Durchsetzung des Kartellrechts fördern und die behördlichen Sanktionsmöglichkeiten ergänzen.[645] Die im GWB geschaffenen Ansprüche werden prozessual vor den Zivilgerichten durchgesetzt, § 87 GWB.[646]

Gemäß § 90 Abs. 1 S. 1 GWB sind die zuständigen Gerichte verpflichtet, das Bundeskartellamt über alle zivilgerichtlichen Rechtsstreitigkeiten, die Verstöße gegen das deutsche oder europäische Kartellrecht zum Gegenstand haben, zu unterrichten. Die Mitteilung erfolgt nach § 90 Abs. 3 GWB formlos und ist an das Bundeskartellamt zu richten. Das Gericht hat gem. § 90 Abs. 1 S. 2 GWB dann dem Bundeskartellamt auf Verlangen Abschriften von allen Schriftsätzen, Protokollen, Verfügungen und Entscheidungen zu übersenden. Das Bundeskartellamt kann einen Vertreter zu entsenden, der am Verfahren durch schriftsätzliche Beteiligung oder in der mündlichen Verhandlung teilnimmt. Die Beteiligung der Kartellbehörde ist indes von geringem Einfluss. Sie fungiert vielmehr als amicus curiae, also als eine Person, die zur Wahrung öffentlicher oder allgemeiner

---

642 Musielak/Borth/*Grandel*, § 129 FamFG Rn. 3.

643 Casper/*Roth*, S. 109.

644 Casper/*Roth*, S. 109; *Kühne*, S. 274f.; *Roth*, ZZP129, 3, 23.

645 Immenga/Mestmäcker/*Emmerich* § 33 GWB Rn. 2.

646 Dabei gelten einige prozessuale Besonderheiten. So zum Beispiel die Konzentrationszuständigkeit bei den Landgerichten, § 87 GWB, Erleichterungen von Klagehäufungen, § 88 GWB aber auch die Möglichkeit zur Streitwertanpassung, § 89 a GWB.

Interessen dem Gericht ihre eigene Stellungnahme mitteilt.[647] Dadurch wird die Stellung der Parteien als Herren des Verfahrens nicht beeinflusst. Das Bundeskartellamt kann eine Klage nicht erzwingen. Es kann auch nicht verhindern, dass die Parteien über den Streitgegenstand gemäß ihrer Dispositionsbefugnis frei verfügen, indem sie die Klage zurück nehmen oder den Anspruch anerkennen.[648] Statistisch betrachtet ist jedoch eine regelmäßige Beteiligung des Bundeskartellamts in Revisionsverfahren vor dem BGH zu bemerken.[649]

Eine ähnliche Regelung enthält § 90a GWB, wonach die Europäische Kommission an Kartellverfahren vor deutschen Zivilgerichten aus eigener Initiative schriftlich oder in der mündlichen Verhandlung Stellung nehmen kann. Darüber hinaus finden die Vorschriften über die Beteiligung der Kartellbehörden in bürgerlichen Verfahren auch Anwendung auf Streitigkeiten, die sich aus dem Telekommunikationsgesetz (TKG) sowie Energiewirtschaftsgesetz (EnWG) ergeben, § 139 TKG, § 104 EnWG.[650] Die Vorschriften des TKG und EnWG enthalten am allgemeinen Kartellrecht ausgeprägte Regelungen für besondere Märkte. Strukturell ähneln sie dem allgemeinen Kartellrecht sowie den Vorschriften seiner Durchsetzung.[651]

Durch die Beteiligung der Kartellbehörden soll sichergestellt werden, dass das Allgemeininteresse an der Durchsetzung der Marktverhaltensnormen in bürgerlich-rechtlichen Rechtsstreitigkeiten ausreichend beachtet wird.[652] Dazu legt die Behörde ihre Rechtsauffassung und ihre ständige Praxis dem Gericht offen. Außerdem wird die behördliche Kartellaufsicht gefördert. Indem die zivilgerichtlichen Verfahren Wettbewerbsbeschränkungen öffentlich machen, kann das Bundeskartellamt in angemessener Weiser steuernd angreifen.[653]

c. Die Beteiligung der Bundesanstalt für Finanzdienstleistungsaufsicht (BaFin) nach dem UKlaG

Auch das Gesetz über Unterlassungsklagen bei Verbraucherrechts- und anderen Verstößen (UKlaG) kennt eine Beteiligung von Behörden neben den eigentlichen

---

647 *Poelzig*, S. 514.
648 Immenga/Mestmäcker/*Schmidt* § 90 GWB Rn. 8.
649 *Hirsch*, 50 Jahre Kartellamt, S. 4.
650 Auch § 14 Abs. 3 des Gesetzes über die Wahrnehmung von Urheberrechten und verwandten Schutzrechten – UrhWarnG – vom 9.9.1965 (BGBl. I S. 1294) ordnet die entsprechende Anwendung des § 90 GWB an.
651 *Kühne*, S. 281.
652 Immenga/Mestmäcker/*Schmidt* § 90 GWB Rn. 1.
653 *Meyer-Lindemann* in FK Bd VI, § 90 GWB Rn. 1, *Poelzig*, S. 199.

Parteien des Verfahrens. Die Vorschriften zur Verbandsklage wurden nach der Schuldrechtsreform im UKlaG neu systematisiert, sind inhaltlich aber im Wesentlichen unverändert geblieben. Die Verbandsklage durchbricht das Prinzip, nach dem nur der unmittelbar Betroffene zur Klage befugt ist, weil die Verwendung von AGB typischerweise allgemein zur missbräuchlichen Vertragsgestaltung führt.[654] Klageziel der Verbandsklage ist die Unterlassung der Verwendung oder Empfehlung von unwirksamen AGB. Es soll verhindert werden, dass sich Rechtsunkundige von der Geltendmachung ihrer Rechte durch unwirksame Klauseln abhalten lassen.[655] Hier wird der Schutz der üblicherweise schwächeren Vertragspartei deutlich.

In diesen Verfahren hat ein Gericht gemäß § 8 Abs. 2 Nr. 1 UKlaG vor seiner Entscheidung die BaFin zu hören, wenn Bestimmungen in Allgemeinen Versicherungsbedingungen (AVB) den Gegenstand der Klage bilden. Darüber hinaus ist die BaFin nach § 8 Abs. 2 Nr. 2 UKlaG anzuhören, wenn es sich um Bestimmungen in Allgemeinen Geschäftsbedingungen von Bausparkassen oder Kapitalanlagegesellschaften handelt, die nach §§ 5 Abs. 3, 8, 9 BauSparkG oder § 163 Kapitalanlegegesetzbuch einer Genehmigung der BaFin bedürfen. Es können also auch solche AGB Gegenstand einer Verbandsklage sein, die spezieller behördlicher Aufsicht unterliegen und sogar behördlich genehmigt werden müssen.

Die Beteiligung der BaFin durch Anhörung wurde vom Gesetzgeber damit begründet, dass die sogar zuvor von der Behörde zu genehmigenden AGB eine besondere Bedeutung für den Rechtsverkehr hätten.[656] Durch die Beteiligung soll der gerichtliche und behördliche Verbraucherschutz miteinander kombiniert werden.[657] Das gilt nicht nur für die Fälle, in denen die Aufsichtsbehörde die AVB genehmigt hat – also vor Wegfall der Genehmigungspflicht.[658] Die Abschaffung der generellen Genehmigungserfordernisse für AVB führte lediglich zu einer Gesetzesänderung, wonach die BaFin in allen Verbandsklageprozessen zu beteiligen ist, die AVB betreffen.[659] Dabei soll der Sachverstand und die Erfahrung der Aufsichts- und Genehmigungsbehörde in das gerichtliche Verfahren integriert werden. Die BaFin kann damit im gerichtlichen Verfahren, betreffend

---

654 Wolf/Lindacher/Pfeiffer/*Lindacher* vor § 1 UKlaG Rn. 1.
655 BGH, 10.12.2013 – X ZR 24/13 – NJW 2014, 1168, 1170.
656 BT- Drs 7/ 5422, S. 13.
657 BT- Drs. 7/ 5422, S. 13.
658 Präve, Rn. 54.
659 Änderung des § 16 AGBG durch Art. 10 des Dritten Durchführungsgesetzes zum VAG v. 21.7.1994, BGBl. I S. 1630.

noch zu genehmigender AGB[660], auch die Gründe für deren Nichtbeanstandung benennen und dadurch zur richtigen Beurteilung der rechtlichen Zulässigkeit der beanstandeten Klauseln beitragen.[661] Die Beteiligung der BaFin und ihre Stellungnahme hat dabei eine Indizwirkung.[662] Anders als im Rahmen ihrer allgemeinen Tätigkeit als Aufsichtsbehörde nach dem VAG dient die Anhörung im Rahmen der Verbandsklage nicht der Wahrung öffentlicher Interessen.[663]

Insgesamt ist die Beteiligung der BaFin hier auch von begrenzter Wirkung. Sie hat kein Antragsrecht und kann dem Verfahren nicht als Nebenintervenient beitreten. Darüber hinaus kann sie auch keine Rechtsmittel einlegen.[664] Zu beachten ist auch, dass die verpflichtende Beteiligung nach § 8 Abs. 2 UKlaG eine abschließende Sonderregelung darstellt und nur auf die im Gesetz genannten AGB Anwendung findet. Schließlich wird auch streitig beurteilt, ob die BaFin dazu verpflichtet ist, sich an Verfahren zu beteiligen. Teilweise wird dies unter Hinweis darauf bejaht, es ginge nicht um das Gehör für eine Behörde, sondern den Nutzen für das gerichtliche Verfahren.[665] Gegen eine Beteiligungspflicht spricht jedoch schon der Wortlaut des § 8 Abs. 2 UKlaG, wonach nicht die Behörde zu etwas verpflichtet wird, sondern lediglich das Gericht.[666]

d. Die Beteiligung von Datenschutzbehörden nach dem UKlaG

Durch das „Gesetz zur Verbesserung der zivilrechtlichen Durchsetzung von verbraucherschützenden Vorschriften des Datenschutzrechts" wurde § 2 Abs. 2 UKlaG um die Feststellung ergänzt, dass datenschutzrechtliche Vorschriften, Verbraucherschutzgesetze im Sinne des § 2 Abs. 1 UKlaG sind.[667] Darüber hinaus wird nach dem Vorbild des § 8 Abs. 2 UKlaG eine Beteiligung der Datenschutzbehörden an Zivilprozessen in § 12a UKlaG geregelt. Auch danach soll aber lediglich eine Anhörung der zuständigen Datenschutzbehörde zur Integration des

---

660 Die AGB von Bausparkassen und Kapitalanlagegesellschaften bedürfen vor ihrer Verwendung gemäß §§ 5 Abs. 3, 8, 9 BauSparkG sowie § 163 KapanlG der Genehmigung der BaFin.

661 Wolf/Lindacher/Pfeiffer/*Lindacher* § 8 UklaG Rn. 11.

662 LG Heilbronn, 7.4.2009 – 6 O 341/08 – BB 2009, 1148, 1152.

663 *Kühne*, S. 287.

664 Palandt/*Bassenge* § 8 UKlaG Rn. 6; Wolf/Lindacher/Pfeiffer/*Lindacher* § 8 UKlaG Rn. 28; *Präve*, Rn. 56.

665 Wolf/Lindacher/Pfeiffer/*Lindacher* § 8 UKlaG Rn. 27.

666 Ebenso *Präve*, Rn. 64. Gegen die Pflicht der Behörde sich zu beteiligen auch Palandt/*Bassenge* § 8 UKlaG Rn. 6.

667 BT- Drs. 18/ 4631, S. 6.

besonderen Sachverstands stattfinden.[668] Gleichzeitig sollen die zuständigen Datenschutzbehörden über mögliche Zuwiderhandlung gegen datenschutzrechtliche Vorschriften unterrichtet werden, um dann ggf. auch selbst tätig zu werden.[669]

III. Zusammenfassung

Die zuvor dargestellten Grundsätze zeigen, dass auch in zivilgerichtlichen Verfahren eine Beteiligung Dritter bekannt ist. Dies gilt etwa für das familiengerichtliche Verfahren durch die Beteiligung der Verwaltungsbehörde im öffentlichen Interesse.[670] Auch im Kartellrecht ist eine Beteiligung des Bundeskartellamts nach § 90 GWB vorgesehen. Bereits zuvor war zu erkennen, dass in der Verwaltungs- und Finanzgerichtsbarkeit eine Beteiligung von Behörden am Verfahren im öffentlichen Interesse vorgesehen ist. In allen Konstellationen ist aber auch deutlich geworden, dass nur in einem Fall – bei der Beteiligung des Vertreters des Bundesinteresses im verwaltungsgerichtlichen Revisionsverfahren – die Rechte der Parteien zur Beendigung des Verfahrens tatsächlich begrenzt werden. Das erklärt sich daraus, dass der Vertreter des Bundesinteresses eine besondere Funktion hat. Laut der Gesetzesbegründung hat er für die Durchsetzung des Rechts zu sorgen und steht über den Parteien.[671]

---

668 BT- Drs. 18/ 4631, S. 25.
669 BT- Drs. 18/ 4631, S. 25.
670 Wieczorek/Schütze/*Mansel* vor § 64 Rn. 33.
671 BT – Drs. Nr. 4278, 1. Wahlperiode 1949, S. 34, 43.

§ 10 Die Beteiligung der BaFin am zivilprozessualen Revisionsverfahren de lege ferenda

I. Zur Erforderlichkeit gesetzlicher Neuregelungen

Die bisherige Untersuchung hat gezeigt, dass der Zweck des Revisionsverfahrens nicht nur subjektiven Interessen der Parteien dient, sondern dadurch mindestens auch das Allgemeininteresse an der Wahrung der Rechtseinheit verwirklicht werden soll.[672] Die Wirkungen eines Revisionsurteils gehen vielfach über eine einfache, abschließende Rechtstreitentscheidung hinaus und wirken sich auf viele andere, anhängige oder künftige Verfahren oder auf das Vertrauen in die Rechtsprechung aus.[673] Die demgegenüber den Parteien zustehende Freiheit, einen Prozess einzuleiten, die Freiheit den Gegenstand zu bestimmen und über das Ende eines Prozesses zu disponieren[674], darf nicht den Blick darauf verstellen, dass diese Willensfreiheit dazu eingesetzt werden kann, Entscheidungen des Revisionsgerichts auch bewusst zu verhindern, insbesondere um eine Signalwirkung für andere außergerichtliche oder gerichtliche Verfahren zu vermeiden.[675] Die Zulassung derartigen prozesstaktischen Verhaltens durch Überbetonung der Willens- und Handlungsfreiheit wird der grundsätzlichen Bedeutung revisionsrechtlicher Entscheidungen nicht gerecht. Diese besondere Bedeutung ergibt sich zwar nicht aus einer präjudiziellen Wirkung von Revisionsentscheidungen[676], jedoch aus der bereits dargestellten Signalwirkung für andere Verfahren[677] aber auch für die Rechtsanwendung in Verwaltung und Rechtsanwaltschaft.[678]

Eine geradezu noch weitreichendere und grundlegendere Bedeutung kommt Revisionsentscheidungen im Bereich des Versicherungsrechts zu. Sie lässt sich auf den Gebrauch von Allgemeinen Versicherungsbedingungen[679] und die hervorragende wirtschaftliche und soziale Bedeutung der Versicherungswirtschaft

---

672 § 3 I. 4.
673 § 3 II. 2.
674 § 4 II. 4.
675 § 5 I. und renommierte Beispiele in § 5 II.
676 § 7 I. 2. b.
677 § 5 I.
678 § 7 I. 2. b. bb.
679 § 7 II. 1. b.

zurückführen.[680] Dies macht die einheitliche Handhabung versicherungsrechtlicher Rechts- und Grundsätze besonders wichtig.[681] Darüber hinaus verwirklicht die Rechtsprechung hier teilweise erst den Zweck versicherungsrechtlicher Gesetze und wirkt als Korrektiv im ungleichen Verhältnis zwischen Versicherungsunternehmen und Versicherungsnehmer.[682] Damit darf prozesstaktischem Verhalten, das zur Verhinderung grundlegender Revisionsentscheidungen führt, im Bereich des Versicherungsrechts noch weniger Raum gegeben werden. Hier rechtfertigt sich, die prozessualen Beendigungsmöglichkeiten der Revisionsparteien weiter einzuschränken.[683] Die in diesem Zusammenhang vom Gesetzgeber bisher vorgesehenen Lösungsmechanismen haben sich als nicht ausreichend effektiv erwiesen.[684] Gerade ökonomische und psychologische Aspekte wurden nicht ausreichend berücksichtigt[685], taktische Handlungsmöglichkeiten verblieben.[686] Zur effektiven aber auch verhältnismäßigen Einschränkung prozesstaktischer Handlungsmöglichkeiten im Bereich des Versicherungsrechts ist daher ein Dritter am Revisionsverfahren zu beteiligen. Eine solche Beteiligung Dritter ist im deutschen Prozessrecht nicht unbekannt.[687] Dies gilt etwa für das verwaltungsgerichtliche Verfahren, das familiengerichtliche Verfahren, das kartellrechtliche Verfahren, insbesondere aber für die Beteiligung der Bundesanstalt für Finanzdienstleistungsaufsicht (BaFin) nach dem UKlaG.

Daran lässt sich anknüpfen, so dass im Folgenden eine darauf aufsetzende Änderung der ZPO erarbeitet werden soll.

II. Regelungen de lege ferenda in Abgrenzung zur analogen Anwendung

Der dargestellte Lösungsmechanismus, jemanden am Verfahren zu beteiligen, der notwendigenfalls einer verfrühten Verfahrensbeendigung entgegenwirken kann[688], lässt sich aus zwei Gründen nicht durch eine analoge Anwendung existierender

---

680 § 7 II.
681 § 7 II. 2.
682 § 7 II. 2.
683 § 7 II. 2.
684 § 5 III. 3.
685 § 5 III. 3. b. aa. und bb.
686 § 5 III. 3. b. cc.
687 § 9 II. 1. und 2.
688 Siehe dazu § 9 I.

Regelungen realisieren. Voraussetzung der analogen Anwendbarkeit einer Rechtsnorm wäre zunächst das Vorliegen einer planwidrigen Regelungslücke. Es darf nicht gesetzgeberische Intention gewesen sein, den betroffenen Sachverhalt gerade nicht oder nicht der Analogie entsprechend zu regeln. Ob eine solche Absicht vorlag oder eine entsprechende Regelungslücke besteht, ist dabei vom Standpunkt des Gesetzes, der ihm zu Grunde liegenden Regelungsabsicht und Zwecke bzw. des gesetzgeberischen Plans zu beurteilen.[689] Gegen eine planwidrige Regelungslücke spricht für die hier möglicherweise weiterhelfenden Regelungen in § 8 Abs. 2 UKlaG und § 140 Abs. 1 S. 2 VwGO jedenfalls deren Ausnahmecharakter und die Regelungen in diesen speziellen Gesetzen der Rechtsordnung. Ein (Dritt-) Beteiligungsrecht der BaFin in gerichtlichen Verfahren ist in § 8 Abs. 2 UKlaG gerade nur für Unterlassungsklagen der Verbände bei Verbraucherrechts- und anderen Verstößen vorgesehen. Ebenso ist das Zustimmungserfordernis bei Revisionsrücknahme in § 140 Abs. 1 S. 2 VwGO ausdrücklich nur zugunsten des Vertreters des Bundesinteresses vorgesehen. Darüber hinaus ist auch zu beachten, dass sich die wenigen Regelungsansätze schon im Allgemeinen als nicht ausreichend effektiv erwiesen haben.[690]

III. Vorschlag zur Schaffung gesetzlicher Neuregelungen

Die zuvor dargestellten Überlegungen begründen die folgenden Vorschläge zur Anpassung der zivilprozessualen Vorschriften. Sie dienen der Verhinderung prozesstaktischen Verhaltens bei grundlegenden Revisionsentscheidungen im Bereich der Verfahren des Versicherungswesens, beispielsweise durch Rücknahme der Revision, Anerkenntnis oder Erledigungserklärung. Denn gerade im Versicherungsrecht ist die besondere Bedeutung revisionsrechtlicher Entscheidungen deutlich geworden.[691] Gerade hier rechtfertigt sich die Einschränkung zivilprozessualer Handlungsmöglichkeiten. Folgende Anpassungen sind daher vorzuschlagen:

1. Änderung von § 565 ZPO

§ 565 ZPO ist in seiner aktuellen Fassung[692] um einen dritten Satz[693] zu ergänzen, so dass es insgesamt heißt:

---

689   *Larenz/Canaris*, S. 195.
690   Siehe dazu § 8 II.
691   Siehe § 7 II. 2.
692   Aktuelle Fassung zuletzt geändert mit Wirkung ab 01.01.2014 durch Gesetz vom 10.10.2013 (BGBl. I S. 3786).
693   Im Folgenden kursiv.

Die für die Berufung geltenden Vorschriften über die Anfechtbarkeit der Versäumnisurteile, über die Verzichtsleistung auf das Rechtsmittel und seine Zurücknahme, über die Rügen der Unzulässigkeit der Klage und über die Einforderung, Übersendung und Zurücksendung der Prozessakten sind auf die Revision entsprechend anzuwenden. Die Revision kann ohne Einwilligung des Revisionsbeklagten nur bis zum Beginn der mündlichen Verhandlung des Revisionsbeklagten zur Hauptsache zurückgenommen werden. *Die Zurücknahme der Revision nach Beginn der mündlichen Verhandlung setzt auch die Einwilligung der Bundesanstalt für Finanzdienstleistungsaufsicht (BaFin) voraus, wenn die Bundesanstalt an der mündlichen Verhandlung teilgenommen hat.*"

2. Änderung von § 555 ZPO

§ 555 ZPO ist in seiner aktuellen Fassung[694] im dritten Absatz um einen zweiten Satz[695] und um einen zusätzlichen vierten Absatz zu ergänzen, so dass es insgesamt heißt:

„§ 555 Allgemeine Verfahrensgrundsätze

(1) Auf das weitere Verfahren sind, soweit sich nicht Abweichungen aus den Vorschriften dieses Abschnitts ergeben, die im ersten Rechtszuge für das Verfahren vor den Landgerichten geltenden Vorschriften entsprechend anzuwenden. Einer Güteverhandlung bedarf es nicht.

(2) Die Vorschriften der §§ 348 bis 350 sind nicht anzuwenden.

(3) Ein Anerkenntnisurteil ergeht nur auf gesonderten Antrag des Klägers. *Wenn die Bundesanstalt für Finanzdienstleistungsaufsicht (BaFin) an der mündlichen Verhandlung teilgenommen hat, ergeht ein Anerkenntnisurteil nur dann, wenn auch die Bundesanstalt einen entsprechenden Antrag stellt.*

(4) Wenn die Bundesanstalt an der mündlichen Verhandlung teilgenommen hat und die Parteien in der mündlichen Verhandlung oder durch Einreichung eines Schriftsatzes oder zu Protokoll der Geschäftsstelle den Rechtsstreit in der Hauptsache für erledigt erklärt haben, ist § 91a Abs. 1 nur anzuwenden, wenn auch die Bundesanstalt den Rechtsstreit entsprechend für erledigt erklärt. § 91a Abs. 1 S. 2 gilt entsprechend."

3. Einfügen von § 77a ZPO

Die zuvor dargestellten Änderungen von § 565 und § 555 ZPO setzen allerdings an anderer Stelle zusätzlich voraus, dass eine (Dritt-)Beteiligung der BaFin sichergestellt und normiert wird. Ohne ihre Beteiligung am Verfahren blieben die

---

694 Aktuelle Fassung zuletzt geändert mit Wirkung ab 01.01.2014 durch Gesetz vom 10.10.2013 (BGBl. I S. 3786).

695 Im Folgenden kursiv.

jeweiligen Einwilligungs- und Antragserfordernisse wirkungslos. Im Titel „Beteiligung Dritter am Rechtsstreit" lässt sich in der ZPO § 77a einfügen:

> *„§ 77a Rechtsstellung der Bundesanstalt für Finanzdienstleistungsaufsicht in versicherungsrechtlichen Verfahren*
>
> *(1) Die Bundesanstalt für Finanzdienstleistungsaufsicht (BaFin) kann sich an jedem Verfahren vor dem Bundesgerichtshof beteiligen, wenn Gegenstand der Klage Rechtsstreitigkeiten über Versicherungsverhältnisse sind.*
>
> *(2) Der Bundesgerichtshof gibt der BaFin Gelegenheit zur Äußerung.*
>
> *(3) Die BaFin ist Beteiligte des Rechtsstreits, wenn sie von ihrer Beteiligungsbefugnis Gebrauch macht."*

IV. Effektivität der vorgeschlagenen Neuregelungen

Die vorgeschlagenen Neuregelungen setzen das Ziel der vorliegenden Untersuchung – die Verhinderung prozesstaktischen Verhaltens bei grundlegenden Revisionsentscheidungen jedenfalls im Bereich des Versicherungsrechts – effektiv um. Im Einzelnen zeigt sich Folgendes:

1. § 77a ZPO n.F. normiert ein Beteiligungsrecht der BaFin, wenn Gegenstand der Klage Rechtsstreitigkeiten aus oder in Verbindung mit dem VVG[696] sind. Diese Normierung der Prozessbeteiligung ist, ähnlich wie in § 63 Nr. 4 VwGO, erforderlich, da Verfahrenshandlungen der BaFin sonst nicht möglich wären, und die weiterhin vorgesehenen Änderungen durch Einwilligungs- und Antragserfordernisse wirkungslos blieben. Die vorgeschlagene Änderung ist minimalinvasiv. Sie ist den im Verwaltungsprozessrecht bereits bekannten § 35 und § 63 Nr. 4 VwGO nachgebildet und beschränkt sich auf den Bereich des VVG. Gerade dort ist die besondere Bedeutung revisionsrechtlicher Entscheidungen deutlich geworden.[697] Die Beteiligung der BaFin am Rechtsstreit erfolgt dabei, wie bei der VwGO, nicht automatisch, sondern erst aufgrund der Erklärung, sich beteiligen zu wollen.[698]

2. § 565 S. 3 ZPO n.F. sieht ein Einwilligungserfordernis der BaFin vor, wenn diese sich in einem versicherungsrechtlichen Verfahren[699] beteiligt hat und

---

696 Versicherungsvertragsgesetz vom 23. November 2007 (BGBl. I S. 2631), zuletzt geändert durch Artikel 8 Absatz 21 des Gesetzes vom 17. Juli 2015 (BGBl. I S. 1245).

697 Siehe § 7 II. 2.

698 Vgl. dazu nur BVerwG 19.01.1987 – 9 C 247/86, BVerwGE 75, 338 ff.; *Kopp/Schenke*, VwGO, § 63 Rn. 5.

699 Diese Beschränkung ergibt sich aus der nur für versicherungsrechtliche Verfahren vorgesehenen Beteiligung der BaFin im vorgeschlagenen § 77a ZPO n.F.

die Revision nach Beginn der mündlichen Verhandlung zurückgenommen werden soll. Dies schließt prozesstaktisches Verhalten in versicherungsrechtlichen Verfahren durch Rücknahme der Revision bei grundlegenden Revisionsentscheidungen künftig aus.

3. Durch die letzte Reform der ZPO mit Wirkung ab dem 1. Januar 2014 ist mit § 555 Abs. 3 ZPO bereits eine Regelung eingefügt worden, die den Erlass eines Anerkenntnisurteils in der Revisionsinstanz von einem besonderen Antrag des Klägers abhängig macht. Der hier zusätzlich vorgeschlagene § 555 Abs. 3 S. 2 ZPO n.F. knüpft daran an und statuiert ein weiteres Antragserfordernis auch durch die BaFin, wenn diese sich am Rechtsstreit beteiligt hat. Auch dies dient dazu, prozesstaktisches Verhalten in versicherungsrechtlichen Verfahren auszuschließen, indem durch die Erklärung eines Anerkenntnisses eine mit Gründen versehene, grundlegende Revisionsentscheidung – ohne Zustimmung auch der BaFin – nicht mehr verhindert werden kann.

4. § 555 Abs. 4 ZPO n.F. schließt sodann prozesstaktisches Verhalten durch übereinstimmende Erledigungserklärungen aus. Wenn sich die BaFin am Rechtsstreit beteiligt, ist § 91a Abs. 1 nur anzuwenden – und damit ein Beschluss durch das Revisionsgericht nach einer nur summarischen Prüfung der Rechtslage nur zu erlassen – wenn auch die BaFin den Rechtsstreit für erledigt erklärt oder nicht im Sinne des § 91a Abs. 1 S. 2 ZPO widerspricht.

5. Im Ergebnis wird damit das Ziel der vorliegenden Untersuchung – die Verhinderung prozesstaktischen Verhaltens bei grundlegenden Revisionsentscheidungen im Bereich des Versicherungsrechts – erreicht.

6. Prozesstaktik wäre bei der hier vorgeschlagenen Änderung der ZPO künftig nur noch möglich, wenn Revisionskläger und Revisionsbeklagte einen Vergleich schließen. Dies kann durch die Beteiligung der BaFin nicht ausgeschlossen werden. Die Beendigung des Revisionsverfahrens nach einer Einigung der Revisionsparteien kann hier nicht von einer zusätzlichen Zustimmung der BaFin abhängig gemacht werden. Dies wäre nicht nur ein ganz erheblicher Eingriff in die zivilprozessualen Grundsätze der Rechtsordnung, sondern auch mit der grundlegenden Bedeutung der Vertragsfreiheit im deutschen Recht unvereinbar. Art. 2 Abs. 1 GG schützt die freie Entfaltung der Persönlichkeit. Sie umfasst neben dem allgemeinen Persönlichkeitsrecht auch die allgemeine Handlungsfreiheit[700]. Teil dieser umfassenden Garantie, die jede menschliche Betätigung einschließt, welche nicht den Schutz eines speziellen Grundrechts genießt, ist die wirtschaftliche Betätigungsfreiheit

---

700   Vgl. nur BVerfG 16.01.1957 – 1 BvR 253/56, BVerfGE 6, 32 ff.

und in ihrem Rahmen wiederum die Vertragsfreiheit.[701] Art. 2 Abs. 1 GG gewährleistet dem Einzelnen nicht nur das Recht, Verträge grundsätzlich so abzuschließen, wie er es wünscht. Vielmehr schützt er ihn auch davor, dass die öffentliche Gewalt bereits abgeschlossene Verträge nachträglich einer Änderung unterzieht.[702] Darüber hinaus erschiene aber auch eine ordnungsgemäße Beendigung des Revisionsverfahrens nicht möglich, wenn man einem Vergleich – ohne Zustimmung der BaFin oder anderer Dritter – die prozessbeendigende Wirkung abspräche. Es ist bereits nicht ersichtlich, welchen Tenor ein Urteil des Gerichts nach einer vergleichsweisen Regelung der Revisionsparteien haben sollte. An dieser Stelle muss die Beendigungsmöglichkeit des Revisionsverfahrens in den Händen der Parteien bleiben.

V. Kostenregelungen

Abschließend ist zu untersuchen, ob die vorgeschlagenen Änderungen auch eine Anpassung der Kostenregelungen erforderlich machen. Folgt man diesen Vorschlägen, so verlieren die Revisionsparteien ihr Kostenprivileg bei Revisionsrücknahme, Anerkenntnis und Erledigungserklärung jedenfalls in den Fällen, in denen die BaFin der vorzeitigen Verfahrensbeendigung nicht zustimmt. Denn ohne Zustimmung der BaFin tritt keine – erleichterte – Verfahrensbeendigung ein. Infolgedessen reduziert sich die Verfahrensgebühr nach Nr. 1215 des Kostenverzeichnisses zu § 3 Abs. 2 GKG nicht von 5,0 auf 3,0 Gerichtsgebühren. Dass die Parteien die Kosten des gerichtlichen Verfahrens zu tragen haben, rechtfertigt sich indes grundsätzlich durch die Tätigkeit der Gerichte für sie. Den Parteien geht es um die Entscheidung ihres Rechtsstreites und typischerweise nicht um eine Bedeutung für die Allgemeinheit.[703] Dann erscheint es aber zumindest nicht völlig widerspruchsfrei, wenn man bei Revisionsverfahren von grundlegender Bedeutung den Parteien eine höhere Gerichtsgebühr auferlegt, weil ein allgemeines, öffentliches Interesse an der Entscheidung besteht – ein Interesse, das die Parteien zwischenzeitlich gar nicht mehr haben.

Bei Rechtsstreitigkeiten von grundsätzlicher Bedeutung kommt alternativ in Betracht, die zusätzlich entstehenden Kosten der Staatskasse aufzuerlegen, wenn die betroffene Revisionspartei das Verfahren im Ergebnis (nur noch) im

---

701   St. Rspr. vgl. grundlegend nur BVerfG 12.11.1958 – 2 BvL 4/56, 2 BvL 26/56, 2 BvL 40/56, 2 BvL 1/57, 2 BvL 7/57, BVerfGE 8, 274 ff.

702   Vgl. BVerfG 08.04.1997 – 1 BvR 48/94, BVerfGE 95, 267 ff.; BVerfG 23.06.1993 – 1 BvR 133/89, BVerfGE 89, 48 ff.

703   *Hergenröder*, S. 452; Rosenberg/Schwab/*Gottwald*, Zivilprozessrecht, § 83 Rn. 1.

Interesse anderer und zur Beseitigung von Rechtsunsicherheit führt.[704] Der Gedanke einer Kostenentlastung ist bei Verfahren mit staatlicher Drittbeteiligung nicht unbekannt. So trägt etwa die öffentliche Hand die Kosten, die sich aus der Verfahrensbeteiligung der BaFin nach dem UKlaG sowie der Kartellbehörden nach dem GWB ergeben.[705] Unter Berücksichtigung dieser Grundsätze erscheint eine differenzierende Kostenverteilung sachgerecht, ausgerichtet an den unterschiedlichen Verfahrensinteressen. Bis zu dem Zeitpunkt, an dem die betroffene Revisionspartei die vorzeitige Beendigung wünscht, wird das Revisionsverfahren grundsätzlich (mindestens auch) zur Entscheidung ihres Rechtsstreits geführt.[706] Nach der Fortsetzung des Verfahrens durch Beteiligung der BaFin wird das Revisionsverfahren hingegen im Interesse der Allgemeinheit geführt. Diese zeitliche Zäsur der Interessen wird bereits in Nr. 1215 des Kostenverzeichnisses zu § 3 Abs. 2 GKG abgebildet. Dort ist eine Kostenreduzierung von 5,0 auf 3,0 Gerichtsgebühren vorgesehen, sobald das Interesse der Revisionspartei oder Revisionsparteien an der Entscheidung erlischt. Den zuvor dargestellten Interessen würde also bereits dadurch Rechnung getragen, wenn man die Kostenreduzierung auch auf die Fälle anwendete, wo die Revisionspartei(en) das Fortsetzungsinteresse verliert, das Verfahren aber zur Herbeiführung einer grundlegenden Entscheidung fortgesetzt wird, weil die BaFin einer vorherigen Verfahrensbeendigung nicht zugestimmt hat.

Dementsprechend ist zuletzt noch eine Ergänzung[707] am Ende von Nr. 1215 des Kostenverzeichnisses zu § 3 Abs. 2 GKG vorzuschlagen, so dass es insgesamt heißt:

704   *H. Koch*, S. 167, wobei er in Fußnote 289 auf die Entscheidung des BVerfG vom 7.12.1977 – 1 BvR 148/75 – NJW 1978, 259 verweist, in der die Kosten mehrerer Rechtsanwälte als notwendig im Sinne des § 34 Abs. 2 BVerfGG bejaht wurden. Das BVerfG begründete die Notwendigkeit aufgrund des Umfangs und der Schwierigkeit des Verfahrensgegenstandes, der von großer Bedeutung für die Allgemeinheit sei. Darüber hinaus gewinne der Grundsatz der Waffengleichheit eine große Bedeutung, wenn in der mündlichen Verhandlung dem Beschwerdeführer ein Kenner der Rechtsmaterie gegenüberstehe.

705   FK/*Meyer-Lindemann* § 90 GWB Rn. 8; Immenga/Mestmäcker/ *Schmidt* § 90 GWB Rn. 9.

706   *Hergenröder*, S. 452; Rosenberg/Schwab/*Gottwald*, Zivilprozessrecht, § 83 Rn. 1.

707   Im Folgenden kursiv.

„1215 Beendigung des gesamten Verfahrens durch

1. Zurücknahme der Klage
   a) vor dem Schluss der mündlichen Verhandlung,
   b) in den Fällen des § 128 Abs. 2 ZPO vor dem Zeitpunkt, der dem Schluss der mündlichen Verhandlung entspricht, oder
   c) im Fall des § 331 Abs. 3 ZPO vor Ablauf des Tages, an dem das Urteil der Geschäftsstelle übermittelt wird,

   wenn keine Entscheidung nach § 269 Abs. 3 Satz 3 ZPO über die Kosten ergeht oder die Entscheidung einer zuvor mitgeteilten Einigung der Parteien über die Kostentragung oder der Kostenübernahmeerklärung einer Partei folgt,

2. Anerkenntnisurteil, Verzichtsurteil oder Urteil, das nach § 313a Abs. 2 ZPO keinen Tatbestand und keine Entscheidungsgründe enthält,

3. gerichtlichen Vergleich oder

4. Erledigungserklärungen nach § 91a ZPO, wenn keine Entscheidung über die Kosten ergeht oder die Entscheidung einer zuvor mitgeteilten Einigung der Parteien über die Kostentragung oder der Kostenübernahmeerklärung einer Partei folgt,

   es sei denn, dass bereits ein anderes als eines der in Nummer 2 genannten Urteile vorausgegangen ist:

   Die Gebühr 1214 ermäßigt sich auf 3,0

   Die Gebühr ermäßigt sich auch, wenn mehrere Ermäßigungstatbestände erfüllt sind.

   Ebenso ermäßigt sich die Gebühr, wenn ein Ermäßigungstatbestand erfüllt ist, eine entsprechende Beendigung des Verfahrens aber wegen § 555 Abs. 3 Satz 2, § 555 Abs. 4 oder § 565 S. 3 ZPO nicht eintritt."

§ 11 Zusammenfassung

1. Schon bei der Betrachtung der historischen Entwicklung des Revisionsverfahrens wird deutlich, dass die prozessualen Regelungen kaum ein besonderes Interesse am Verfahrensausgang – an einer begründeten Entscheidung aus Gründen der Rechtssicherheit und -fortbildung – im Blick hatten. Besondere Beachtung und unterschiedliche Regelungen galten vielmehr dem Zugang zum Revisionsgericht und diesbezüglichen Überlegungen zur Entlastung der Gerichte. Erst mit der letzten Reform der ZPO mit Wirkung zum 1. Januar 2014 sind erste Ansätze erkennbar geworden, ein besonderes Entscheidungsinteresse (auch) anzuerkennen.[708]

2. Der Zweck des Revisionsverfahrens hat sowohl individuelle als auch allgemein orientierte, verobjektivierte Elemente. Die Revision ist ein Rechtsmittel, das von den Parteien eines Rechtsstreits im subjektiven Interesse eingelegt werden muss[709], es wird jedoch nur aus objektiven, grundsätzlichen Gründen eröffnet.[710] Dies zeigt, dass mit der Revision mindestens auch ein Allgemeininteresse an der Wahrung der Rechtseinheit verwirklicht werden soll.[711] Die Wirkungen eines Revisionsurteils gehen vielfach über eine einfache, abschließende Rechtstreitentscheidung hinaus und wirken sich auf viele andere, anhängige oder künftige Verfahren oder auf das Vertrauen in die Rechtsprechung aus.[712] Gegen eine zu starke Betonung individueller Interessen spricht auch, dass sich weder aus Art. 19 Abs. 4 GG noch aus einer anderen Vorschrift ein subjektives Recht auf ein Rechtsmittelverfahren ableiten lässt.[713] Bereits ohne die Betrachtung besonderer Zivilrechtsbereiche zeigt sich, dass das Revisionsverfahren jedenfalls nicht deutlich vorrangig den individuellen Interessen der Revisionsparteien zu dienen bestimmt ist.[714]

3. Neben den allgemein geltenden Grundsätzen – etwa rechtliches Gehör, faires Verfahren, Mündlichkeit, Öffentlichkeit oder Verhandlungsmaxime – ist

---

708 § 2 I. und II.
709 § 3 I. 2.
710 § 3 I. 3.
711 § 3 I. 4.
712 § 3 II. 2.
713 § 3 II. 2.
714 § 3 II.

im Zivilprozess aber auch die Geltung der Dispositionsmaxime anzuerkennen. Die Freiheit einen Prozess einzuleiten, die Freiheit den Gegenstand zu bestimmen und über das Ende eines Prozesses zu disponieren, fällt in den Schutzbereich des Art. 2 Abs. 1 GG.[715] Dieser Schutz schließt sodann – negativ – auch eine Verpflichtung zur aktiven Prozessführung aus. Vielmehr gestattet Art. 2 Abs. 1 GG dem Einzelnen frei darüber zu entscheiden, ob er seine Rechte geltend macht oder nicht (mehr).[716]

4. Bei der Beendigung von Revisionsverfahren ist also zunächst nur der Wille der Parteien – als Ausfluss der dargestellten Dispositionsmaxime – entscheidend.[717] Dies darf aber nicht den Blick darauf verstellen, dass diese Willensfreiheit dazu eingesetzt werden kann, Entscheidungen des Revisionsgerichts auch bewusst zu verhindern, insbesondere um eine Signalwirkung für andere außergerichtliche oder gerichtliche Verfahren zu vermeiden.[718] Eine unterliegende Partei wird vielfach kein Interesse an einer Grundsatzentscheidung durch das Revisionsgericht haben, nachdem ihr in der mündlichen Revisionsverhandlung die Ansicht des jeweiligen Senats mitgeteilt wurde.[719] Ihr stehen dann unterschiedliche Möglichkeiten offen, das Verfahren zu beenden, ohne dass das Gericht die mit der Revision verfolgte Rechtsfrage hätte abschließend entscheiden können, etwa Anerkenntnis[720] bzw. Revisionsrücknahme[721] oder Erfüllung der Klageforderung[722]. Das Interesse des Prozessgegners wird in der Regel trotzdem befriedigt, die höchstrichterlichen Ressourcen werden indes nicht unerheblich belastet.[723]

5. Die Zulassung derartigen prozesstaktischen Verhaltens durch Überbetonung der Willens- und Handlungsfreiheit wird der grundsätzlichen Bedeutung revisionsrechtlicher Entscheidungen nicht gerecht. Diese besondere Bedeutung ergibt sich zwar nicht aus einer präjudiziellen Wirkung von Revisionsentscheidungen[724], jedoch aus der bereits dargestellten Signalwirkung für

---

715 § 4 II. 4.
716 § 4 II. 4. c.
717 § 5 I.
718 § 5 I. und renommierte Beispiele in § 5 II.
719 §5 I. und II.
720 § 5 III. 1. d. und 2.
721 § 5 III. 1. c. und 2.
722 § 5 III. 1. b. und 2.
723 § 5 I. und renommierte Beispiele in § 5 II.
724 § 7 I. 2. b.

andere Verfahren[725] aber auch für die Rechtsanwendung in Verwaltung und Rechtsanwaltschaft.[726] Entscheidungen der Revisionsgerichte wird ein ganz erhebliches Vertrauen entgegengebracht.[727] Häufig fließen von der Rechtsprechung entwickelte Grundsätze auch in spätere neue gesetzliche Regelungen ein. Dies gilt etwa für das AGB-, das Reisevertrags- oder das Produzentenhaftungsrecht.[728]

6. Eine geradezu noch weitreichendere und grundlegendere Bedeutung kommt Revisionsentscheidungen im Bereich des Versicherungsrechts zu. Sie lässt sich auf den Gebrauch von Allgemeinen Versicherungsbedingungen[729] und die hervorragende wirtschaftliche und soziale Bedeutung der Versicherungswirtschaft zurückführen.[730] Dies macht die einheitliche Handhabung versicherungsrechtlicher Rechts- und Grundsätze besonders wichtig.[731] Darüber hinaus verwirklicht die Rechtsprechung hier teilweise erst den Zweck versicherungsrechtlicher Gesetze und wirkt als Korrektiv im ungleichen Verhältnis zwischen Versicherungsunternehmen und Versicherungsnehmer, etwa bei der sog. „Auge-und-Ohr-Rechtsprechung", der Repräsentantenhaftung oder der Relevanzrechtsprechung.[732]

7. Bei Berücksichtigung der zuletzt dargestellten versicherungsrechtlichen Erkenntnisse einerseits und der bereits eingangs dargestellten Bedeutung der Dispositionsmaxime andererseits erscheint es im Bereich des Versicherungsrechts umso wichtiger, höchstrichterlichen Entscheidungen eine große Wirkkraft zu ermöglichen. Nur durch Rückgriff auf Modellfälle kann eine korrekte gerechte und effiziente Abwicklung der Vielzahl von Versicherungsfällen und Leistungsanträgen bewältigt werden.[733] Demgegenüber erscheint die Dispositionsmaxime hier von nachgeordneter Bedeutung.[734]

---

725 § 5 I.
726 § 7 I. 2. b. bb.
727 § 7 I. 2. b. bb.
728 § 7 I. 1. b. cc.
729 § 7 II. 1. b.
730 § 7 II.
731 § 7 II. 2.
732 § 7 II. 2.
733 § 7 II.
734 § 6, insbesondere I. und II.

8. Damit darf prozesstaktischem Verhalten, das zur Verhinderung grundlegender Revisionsentscheidungen führt, im Bereich des Versicherungsrechts noch weniger Raum gegeben werden. Hier rechtfertigt sich, die prozessualen Beendigungsmöglichkeiten der Revisionsparteien (und die ihr zugrundeliegende Dispositionsmaxime) einzuschränken.[735]

9. Die in diesem Zusammenhang vom Gesetzgeber bisher (auch zuletzt) vorgesehenen Lösungsmechanismen haben sich als nicht ausreichend effektiv erwiesen.[736] Gerade ökonomische und psychologische Aspekte wurden nicht ausreichend berücksichtigt[737], taktische Handlungsmöglichkeiten verblieben.[738] Darüber hinaus vorgeschlagene Lösungen – etwa der Verzicht auf gerichtliche Hinweise oder die Fortsetzung des Verfahrens unabhängig vom Willen der Parteien – lassen sich mit rechtlichen, insbesondere verfassungsrechtlichen Grundsätzen nicht vereinbaren.[739]

10. Zur effektiven aber auch verhältnismäßigen Einschränkung prozesstaktischer Handlungsmöglichkeiten im Bereich des Versicherungsrechts ist daher ein Dritter am Revisionsverfahren zu beteiligen. Eine solche Beteiligung Dritter ist im deutschen Prozessrecht nicht unbekannt.[740] Dies gilt etwa für das verwaltungsgerichtliche Verfahren[741], das familiengerichtliche Verfahren[742], das kartellrechtliche Verfahren[743], insbesondere aber für die Beteiligung der Bundesanstalt für Finanzdienstleistungsaufsicht (BaFin) nach dem Unterlassungsklagengesetz.[744]

11. Eine Anwendung der bestehenden Regelungen kommt – auch im Wege der Analogie – nicht in Betracht. Es fehlt bereits an einer planwidrigen Regelungslücke, da die insoweit möglicherweise weiterhelfenden Regelungen in § 8 Abs. 2 UKlaG und § 140 Abs. 1 S. 2 VwGO Ausnahmecharakter haben und in diesen speziellen Gesetzen abgebildet wurden.[745] Eine Anwendung der bestehenden Regelungen reicht auch deswegen nicht aus, weil sie nach

---

735 § 7 II. 2.
736 § 5 III. 3.
737 § 5 III. 3. b. aa. und bb.
738 § 5 III. 3. b. cc.
739 § 8 II. 1. und 2.
740 § 9 II. 1. und 2.
741 § 9 II. 1.
742 § 9 II. 2. a.
743 § 9 II. 2. b.
744 § 9 II. 2. c.
745 § 10 I.

ihrem Inhalt und ihrer Reichweite das Problem der vorliegenden Arbeit – die Verhinderung prozesstaktischen Verhaltens bei grundlegenden Revisionsentscheidungen – nicht erfassen.[746]

12. Es bedarf daher einer gesetzlichen Anpassung der revisionsrechtlichen Regelungen in der Zivilprozessordnung. In Anlehnung an bestehende gesetzliche Regelungen wie § 8 Abs. 2 UKlaG und § 140 Abs. 1 S. 2 VwGO – und insoweit minimalinvasiv – ist daher vorzusehen, die BaFin als Dritte in versicherungsrechtlichen Revisionsverfahren zu beteiligen (§ 77a ZPO n.F.).[747] Ihre Beteiligung dient als verhältnismäßiges Korrektiv gegen eine frühzeitige prozesstaktische Beendigung des Revisionsverfahrens durch Rücknahme der Revision (§ 565 S. 3 ZPO n.F.)[748], Anerkenntnis (§ 555 Abs. 3 S. 2 ZPO n.F.)[749] und Erledigungserklärung (§ 555 Abs. 3 ZPO n.F.)[750]. Dies führt, in Verbindung mit einer gerechten Kostenverteilung (Nr. 1215 des Kostenverzeichnisses zu § 3 Abs. 2 GKG)[751], die wechselseitigen Interessen an Revisionsentscheidungen und Handlungsfreiheit zu einem verhältnismäßigen Ausgleich.

---

746   § 10 I.
747   § 10 II. 3.
748   § 10 II. 1.
749   § 10 II. 2.
750   § 10 II. 2.
751   § 10 III.

Literaturverzeichnis

Althammer, Christoph: Die Zukunft des Rechtsmittelrechts in „Die Zukunft des Zivilprozesses", Freiburger Symposion am 27. April 2013 anlässlich des 70. Geburtstages von Rolf Stürner, Mohr Siebeck Tübingen 2014

Angerer, August: Wettbewerb auf den Versicherungsmärkten aus der Sicht der Versicherungsbehörde, ZVersWiss 1985, S. 221–237

Arens, Peter: Die Befugnis des Revisionsgerichts im Zivilprozess zur Entscheidung in der Sache selbst, AcP 161. Band, 1962, S. 177–214

Armbrüster, Christian: Privatversicherungsrecht, Mohr Siebeck Tübingen 2013

Arndt, Adolf: Gesetzesrecht und Richterrecht, Festvortrag auf dem 32. Deutschen Anwaltstag in Glossar am 30. Mai 1963, NJW 1963, S. 1273–1284

Auer, Marietta: Materialisierung, Flexibilisierung, Richterfreiheit Generalklauseln im Spiegel der Antinomien des Privatrechtsdenkens, Mohr Siebeck Tübingen 2005

Badura, Peter: Die Bedeutung von Präjudizien im deutschen und französischen Recht, Referate des fünften deutsch- französischen Juristentreffens in Lübeck vom 13.- 16. Juni 1984 in Arbeiten zur Rechtsvergleichung, Band 123, Alfred Metzner Verlag Frankfurt am Main 1985

Baur, Fritz: Die dritte Instanz im künftigen Zivilprozess, ZZP, 71. Band, 1958, S. 161–187

Bähr, Otto: Das Rechtsmittel zweiter Instanz im deutschen Civilprozeß ein Beitrag zur Kritik des im königlich preußischen Justiz-Ministerium bearbeiteten Entwurfs einer deutschen Civilprozeß – Ordnung, Mauke Jena 1871

Baumann, Horst: Die „Pflicht" des Kraftfahrzeug-Haftpflichtversicherers gegenüber dem geschädigten Dritten zur unverzüglichen Schadenbearbeitung, r + s 2013, S. 469–477

–: Die Bedeutung der Entstehungsgeschichte für die Auslegung von Allgemeinen Geschäfts- und Versicherungsbedingungen, r + s 2005, S. 313–318

–: Beckmann, Roland Michael; Johannsen, Katharina; Johannsen Ralf (Hrsg.): Bruck/Möller Versicherungsvertragsgesetz, Großkommentar, Erster Band, Einführung §§ 1–32 VVG, De Gruyter Recht Berlin 2012 (Bruck/Möller/ Bearbeiter)

Baumbach, Adolf (Begr.): Zivilprozessordnung mit FamFG, GVG und anderen Nebengesetzen, 73. völlig neubearbeitete Auflage, C.H. Beck München 2015 (Baumbach/Bearbeiter)

Benda, Ernst; Klein Eckart; Klein, Oliver: Verfassungsprozessrecht, Ein Lehr-
und Handbuch, 3., völlig neu bearbeitete Auflage, C.F. Müller München Heidelberg 2012 (Benda/Klein/Bearbeiter)

Bender, Bernd: Zur Methode der Rechtsfindung bei der Auslegung und Fortbildung gesetzten Rechts, JZ 1957, 593–602

Berg, Wilfried: Grundsätze des verwaltungsgerichtlichen Verfahrens, Festschrift
für Christian-Friedrich Menger zum 70. Geburtstag, Carl Heymanns Verlag
Köln 1985 (Berg, FS Menger)

Bergmann, Friedrich Christian: Grundriss einer Theorie des deutschen Zivilprozesses, Neudruck der Ausgabe Göttingen 1827, Scienta Verlag Aalen 1973

Biedenkopf, Kurt H.: Die Betriebsrisikolehre als Beispiel richterlicher Rechtsfortbildung, Vortrag gehalten vor der juristischen Studiengesellschaft Karlsruhe am 23. Februar 1970, in Schriftenreihe juristische Studiengesellschaft
Karlsruhe, Heft 98, Verlag C.F. Müller Karlsruhe 1973

Birkholz, Hans: Die Revision im finanzgerichtlichen Verfahren, Forkel- Reihe
Recht und Steuern Stuttgart 1976

Blomeyer, Arwed: Zivilprozessrecht Erkenntnisverfahren, 2. vollständig über-
beitete Auflage, Duncker & Humblot Berlin 1985

Bomsdorf, Falk: Prozessmaxime und Rechtswirklichkeit, Schriften zum Prozessrecht; Band 19, Duncker & Humblot Berlin 1971

Bötticher, Eduard: Die Gleichheit vor dem Richter, Rede anlässlich der Feier
des Rektorwechsels am 11. November 1953, Im Selbstverlag der Universität
Hamburg 1954

Bork, Reinhard; Roth, Herbert (Hrsg.): Stein/Jonas Kommentar zur Zivilprozessordnung, Band 1 Einleitung §§ 1–77, 23. Auflage, Mohr Siebeck Tübingen
2014 (Stein/Jonas/Bearbeiter)

Bräutigam, Frank: Lasst den BGH sprechen! Für eine Rechtsfortbildung trotz
Rücknahme der Revision, AnwBl. 6/2012, S. 533

Brehm, Wolfgang: Rechtsfortbildungszweck des Zivilprozesses, FS für Ekkehard
Schumann zum 70. Geburtstag, Mohr Siebeck, Tübingen 2001 (Brehm, FS
Schumann)

Bruck, Ernst; Möller, Hans: Versicherungsvertragsgesetz Großkommentar, 9.,
völlig neu bearbeitete Auflage, Band 1, De Gruyter Rechtswissenschaften Ver-
lags- GmbH Berlin 2008 (Bruck/Möller/Bearbeiter)

Bruns, Alexander: Grundfragen des Versicherungsprozesses, FS für Eberhard
Schilken zum 70. Geburtstag, C.H. Beck 2015 München (Bruns, FS Schilken)

–: Der Zivilprozess zwischen Rechtsschutzgewährleistung und Effizienz ZZP,
124. Band, 2011, S. 29–44

–: Privatversicherungsrecht, C.H. Beck München 2015

Brunner, Heinrich: Grundzüge der deutschen Rechtsgeschichte, Leipzig 1903 2. Auflage

Büchner, Franz: Zur Geschichte der Versicherung, VersArch. 1957, S. 1–19

–: Geschichtlichen Betrachtungen zum Begriff der Versicherung, Festgabe für Hans Möller zum 65. Geburtstag, Verlag Versicherungswirtschaft e. V. Karlsruhe 1972 (Festgabe H. Möller)

Bülow, Oskar: Gesetz und Richteramt, Neudruck der Ausgabe Leipzig 1885, Scientia Verlag Aalen 1972

Bürkle, Jürgen: Behördliche Anordnungspflicht und Strafbarkeit wegen unterlassener Information durch Lebensversicherungsunternehmen? Erwiderung zu Schwintowski „Lebensversicherung – quo vadis?" – DStR 2006, S. 429–433

Bydlinski, Franz: Hauptpositionen zum Richterrecht, JZ 1985, S. 149–155

–: Juristische Methodenlehre und Rechtsbegriff, 2. ergänzte Auflage, Springer Verlag Wien, 1991

Canaris, Claus- Wilhelm: Methodenlehre der Rechtswissenschaft, 3., neu bearbeitete Auflage, Springer Verlag Berlin Heidelberg 1995 (Canaris, Methodenlehre)

Canstein, Raban von: Die rationellen Grundlagen des Civilprozesses und deren Durchführung in den neuesten Civilprozeß- Gesetzentwürfen Oesterreichs und Deutschlands, 1. Abteilung, Verlag Manz Wien 1877

Caspar, Matthias; Janssen, Andre'; Pohlmann, Petra; Schulze Reiner (Hrsg.): Auf dem Weg zu einer europäischen Sammelklage, sellier european law publishers GmbH München 2009 (Casper/Bearbeiter)

Christiansen, Alfred: Zum Grundsatz der Einzelbewertung – insbesondere zur Bildung so genannter Bewertungseinheiten, DStR 2005, S. 264–268

Creifelds, Carl (Begründer); Weber, Klaus (Herausgeber): Rechtswörterbuch, 21. Auflage, Verlag C.H. Beck München 2014

Cornils, Matthias: Zur Rücknahme der Verfassungsbeschwerde – Verfassungsprozessuale Anmerkungen zum Rechtsschreibreform- Urteil, NJW 1998, S. 3624–3626

Damrau, Jürgen: Die Entwicklung einzelner Prozessmaximen seit der Reichszivilprozessordnung von 1877, Görres-Gesellschaft zur Pflege der Wissenschaft: Rechts- und staatswissenschaftliche Veröffentlichungen der Görres-Gesellschaft: Neue Folge, Band 16, Paderborn 1975

Dauner- Lieb, Barbara: Die sog. isolierte Drittwiderklage – ein Beispiel gelungener richterlicher Rechtsfortbildung in Festschrift für Eberhard Schilken zum 70. Geburtstag, C.H.Beck München 2015

Desens, Marc: Bindung der Finanzverwaltung an die Rechtsprechung, Beiträge zum öffentlichen Recht, Band 206, Mohr Siebeck, Tübingen 2011

Deutsch, Erwin; Iversen, Thore: Versicherungsvertragsrecht, 7. Auflage, Verlag Versicherungswirtschaft GmbH Karlsruhe 2015

Diedrich, Frank: Präjudizien im Zivilrecht, Verlag Dr. Kovac Hamburg 2004

Diringer, Steffen: Prinzipien der Auslegung von Allgemeinen Versicherungsbedingungen, Veröffentlichungen des Instituts für Versicherungswissenschaft der Universität Mannheim, Band 70, Verlag Versicherungswirtschaft GmbH Karlsruhe 2015

Dreher, Meinrad: Die Versicherung als Rechtsprodukt, J.C.B. Mohr (Paul Siebeck) Tübingen 1991

Dreier, Horst (Hrsg.): Grundgesetz Kommentar, 3. Auflage, Band I Präambel, Artikel 1–19, Mohr Siebeck Tübingen 2013 (Dreier/Bearbeiter)

Duske, Klaus: Die Aufgaben der Revision, Ernst- Reuter- Gesellschaft der Förderer der FU e.V. Berlin 1960

Duttge, Gunnar: Freiheit für alle oder allgemeine Handlungsfreiheit, NJW 1997, 3353–3355

Duve, Christian; Keller, Moritz: Privatisierung der Justiz – bleibt die Rechtsfortbildung auf der Strecke? – Ein Beitrag zur Auflösung des Spannungsverhältnisses von Privatautonomie und Rechtsfortbildung in der Schiedsgerichtsbarkeit

Eggesiecker, Fritz; Ellerbeck, Eike: Nichtanwendungsprophylaxe der Finanzverwaltung durchkreuzen, DStR 2007, S. 1427–1430

Ebel, Wilhelm: Das Versicherungswesen als geistesgeschichtliche Erscheinung, VersArch 1959, 277

Ehrenberg, Victor (Hrsg.): Handbuch des gesamten Handelsrechts mit Einschluss des Wechsel-, Scheck-, See- und Binnenschifffahrtsrechts, des Versicherungsrechts sowie des Post- und Telegraphenrechts, 8. Band, I. Abteilung, O. R. Reisland Leipzig 1922 (Ehrenberg/Bearbeiter)

–: Versicherungsrecht, 1. Band, Verlag von Duncker & Humblot Leipzig 1893

Evermann, Manja: Die Anforderungen des Transparentsgebots an die Gestaltung von Allgemeinen Versicherungsbedingungen, Münsteraner Reihe, Heft 80, Verlag Versicherungswirtschaft Karlsruhe 2002

Fahr, Ulrich; Kaulbach, Detlef u.a. (Hrsg.): Versicherungsaufsichtsgesetz – VAG: mit Solvabilität II, Anlageverordnung und Kapitalausstattungsverordnung; Kommentar, 5, neu bearbeitete Auflage, C.H. Beck München 2012 (Fahr/Kaulbach/Bearbeiter)

Farny, Dieter: Versicherungsbetriebslehre, 5., überarbeitete Auflage, Verlag Versicherungswirtschaft Karlsruhe 2011

–: AVB unter dem Gesichtspunkt der „Produktbeschreibung", ZVersWiss 1975, S. 169, 184

Fasching, Hans Walter: Probleme des Revisionsverfahrens: Skizze einer rechtsvergleichenden Betrachtung der Revision im deutschen und im österreichischen Zivilprozess, de Gryter Berlin 1971

Felsch, Joachim: die Rechtsprechung des IV. Zivilsenats des Bundesgerichtshofs zur Sachversicherung (und Warenkreditversicherung), r + s 2014, S. 313–328

Fichte, Wolfgang: Revisionsrücknahme auch nach Einlassung des Revisionsbeklagten zur Hauptsache?, SGb 2014, S. 254–257

Fischer, Christian: Topoi verdeckter Rechtsfortbildungen im Zivilrecht, Beiträge zum Privatrecht, Band 123, Mohr Siebeck Tübingen 2007 (Ch. Fischer, Verdeckte Rechtsfortbildung)

–: Richterliche Rechtsfindung zwischen „Gesetzesgehorsam" und „ökonomischer Vernunft", ZfA 2002, S. 215–247

Fischer, Robert: Die Weiterbildung des Rechts durch die Rechtsprechung, Schriftreihe der Juristischen Studiengesellschaft Karlsruhe, Heft 100, Verlag C. F. Müller Karlsruhe 1971

Fikentscher, Wolfgang: Methoden des Rechts in vergleichender Darstellung, Band III und Band IV, Dogmatischer Teil, J.C.B. Mohr (Paul Siebeck) Tübingen 1977 (Methoden des Rechts)

–: Die Bedeutung von Präjudizien im deutschen und französischen Recht, Referate des fünften deutsch- französischen Juristentreffens in Lübeck vom 13.-16. Juni 1984 in Arbeiten zur Rechtsvergleichung, Band 123, Alfred Metzner Verlag Frankfurt am Main 1985 (Bedeutung von Präjudizien)

Forsthoff, Ernst: Die Bindung an Gesetz und Recht (Art. 20 Abs. 3 GG), DöV 1959, S. 41–44

Friauf, Karl Heinrich; Höfling, Wolfram (Hrsg.): Berliner Kommentar zum Grundgesetz, Band 2, Artikel 16–31, Erich Schmidt Verlag Berlin 2013 (Berliner Kommentar/Autor)

Fuchs, Christian Otmar: Einschränkungen der Dispositionsmaxime in der Revisionsinstanz: Werden alle Ziele erreicht?, JZ 2013, 990–994

Gedigk, Rüdiger; Zach, Michael: Die Kostenerstattung der LASIK- Behandlung in der privaten Krankenversicherung – zugleich Erwiderung auf die Anmerkung von Hütt VersR 2007, 1402 – VersR 2008, 1043–1045

Gilles Peter (Hrsg.): Effiziente Rechtsverfolgung, Deutsche Landesberichte zur VIII. Weltkonferenz für Prozessrecht in Utrecht 1987

Goenner, Nikolaus Thaddäus: Handbuch des gemeinen deutschen Prozesses, Band I, Erlangen 1804

Goette, Wulf; Habersack, Mathias; Kalss, Susanne (Hrsg.): Münchener Kommentar zum AktG, Band 6, 3. Auflage, C.H. Beck/ Verlag Franz Vahlen München 2011

Gottwald, Peter: Die Revisionsinstanz als Tatsacheninstanz, Schriften zum Prozessrecht, Band 38, Duncker & Humblot Berlin 1975 (Gottwald, Revisionsinstanz als Tatsacheninstanz)

–: Zivilprozessrecht, 17., neu bearbeitete Auflage, Verlag C.H. Beck München 2010 (Gottwald, Zivilprozessrecht)

Gräber, Fritz (Begr.): Finanzgerichtsordnung mit Nebengesetzen, 7., völlig neu bearbeitete Auflage, C.H. München 2010 (Gräber/Bearbeiter)

Greger, Reinhard: Vom „Kampf ums Recht" zum Zivilprozess der Zukunft, JZ 1997, 1077–1083

–: Erst deformiert, dann reformiert – Die Revision in Zivilsachen im verfassungsgerichtlich verordneten Wechselbild, Festschrift für Christoph Link zum 70. Geburtstag, J.C.B. Mohr (Paul Siebeck) Tübingen 2003

Grimm, Dieter: Sondervotum zu der Entscheidung des BVerfG vom 06.06.1989 – 1 BvR 921/85, NJW 1989, 2528–2529

Grunsky, Wolfgang: Grundlagen des Verfahrensrechts, 2. neubearbeitete Auflage, Gieseking Verlag Bielefeld 1974 (Grunsky, Grundlagen)

Guckelberger, Annette: Vor- und Nachteile eines Vertreters des öffentlichen Interesses, BayVBl. 1998, 257–263

Hahn, Carl; Eduard Stegemann (Hrsg.): Die gesamten Materialien zu den Reichs-Justizgesetzen, Band 2 Materialien zur Zivilprozessordnung, Abteilungen 1 und 2, 2. Auflage, Neudruck der Ausgabe Berlin 1881, Scienta Verlag Aalen 1983 (Hahn/Stegemann)

Hahn, Carl; Benno Mugdan: Die gesamten Materialien zu den Reichs- Justizgesetzen, Band 8 Materialien zum Gesetz betr. Änderungen der Zivilprozessordnung, Gerichtsverfassungsgesetz und Strafprozessordnung, Neudruck der Ausgabe Berlin 1898, Scienta Verlag Aalen 1983 (Hahn/Mugdan)

Haverkämper, Jörn: Die verfassungsrechtlichen Grundlagen der Maximen des Prozessverwaltungsrechts, Münster, Univ., Diss., 1973

Henke, Horst-Eberhard: Die Tatfrage: der unbestimmte Begriff im Zivilrecht und seine Revisibilität, Schriften zum Prozessrecht, Band 1, Duncker & Humblot Berlin 1966

Hergenröder, Curt Wolfgang: Zivilprozessuale Grundlagen richterlicher Rechtsfortbildung, Beiträge zum Privatrecht, Band 12, J.C.B. Mohr (Paul Siebeck) Tübingen 1995

–: Das „negative Präjudiz" als rechtsmissbräuchliches Prozessziel in Festschrift für Eugen Stahlhacke, Hermann Luchterhand Verlag Neuwied, Kriftel; Berlin 1995 (Hergenröder, FS Stahlhacke)

Hesberg, Dieter: Solvency II – Fixstern für eine neue Marktordnung?, in: Solvency II und Vermittlerrichtlinie – Zweiter Nürnberger Versicherungstag am 10. November 2004, hrsg. von Wambach, Achim und Herrmann, Harald, Schriftenreihe Wirtschaftsrecht, Band 6, IF-Verlag Nürnberg 2005

Hess, Burkhard: „Private law enforcement" und Kollektivklagen, JZ 2011, 66–74

Hesse, Konrad: die Grundzüge des Verfassungsrechts der Bundesrepublik Deutschland, 20., neubearbeitete Auflage, C.F. Müller Verlag Heidelberg 1995

Hillgruber, Christian: Richterliche Rechtsfortbildung als Verfassungsproblem, JZ 1996, 118–125

Hirsch, Hans Joachim: Richterrecht und Gesetzesrecht, JR 1966, 334–342

Hirsch, Günter: Revision im Interesse der Partei oder des Rechts, VersR 2012, 929–933

–: Schiedsgerichte – ein Offenbarungseid für die staatlichen Gerichte?, Schieds-VZ 2003, 49–52

–: Entwurf Rede anlässlich des Festaktes 50 Jahre Bundeskartellamt – Die Sicht der Gerichte, Informationsbroschüre des Bundeskartellamts 2008 Bonn

Hüffer, Uwe (Begr.); Koch, Jens(Bearb.): Aktiengesetz Kommentar, 11. Auflage, C.H. Beck München 2014

Hütt, Stephan: Anmerkung zur Entscheidung des LG Köln vom 28.3.2007, VersR 2007, 1402

Hund, Michael: Zur Rücknahme von Verfassungsbeschwerden, Festschrift für Hans Joachim Faller, C.H. Beck'sche Verlagsbuchhandlung München 1984 (Hund, FS Faller)

Immenga, Ulrich; Mestmäcker, Ernst- Joachim (Hrsg.): Wettbewerbsrecht Kommentar, 5. Auflage, C.H. Beck München 2014 (Immenga/Mestmäcker/Bearbeiter)

Isay, Hermann: Rechtsnorm und Entscheidung, Neudruck der Ausgabe Berlin 1929, Scienta Verlag Aalen 1970

Isensee, Josef; Kirchhof, Paul (Hrsg): Handbuch des Staatsrechts der Bundesrepublik Deutschland, Band VII Freiheitsrechte, Dritte, völlig neubearbeitete und erweiterte Auflage, C.F. Müller Verlag Heidelberg 2009 (Handbuch des Staatsrechts/ Bearbeiter)

Jaeger, Wolfgang u.a.(Hrsg.): Frankfurter Kommentar zum Kartellrecht, Verlag Dr. Otto Schmidt Köln 1982/2014

Jauernig, Othmar; Hess, Burkhard: Zivilprozessrecht, 30., völlig neu bearbeitete Auflage, Verlag C.H. Beck München 2011

Kahl, Wolfgang, Waldhoff, Christian; Walter, Christian (Hrsg.): Bonner Kommentar zum Grundgesetz, Ordner 4, Art. 15–19, 143. Aktualisierung zu Art. 19 Abs. IV GG, C. F. Müller Heidelberg 2009 (BK/ Bearbeiter)

Kaempfe, Hasso: Der Zugang zum Revisionsgericht in Zivilsachen, insbesondere die Annahmerevision, Univ. Diss Marburg 1979

Kern, Eduard: Geschichte des Gerichtsverfassungsrechts, C.H. Beck'sche Verlagsbuchhandlung München 1954

Kessal- Wulf, Sibylle: Die neuere Rechtsprechung des BGH zum Versicherungsrecht Unfallversicherung und Krankenversicherung, r + s 2010, S. 353–364

Kilian, Meike: Das Gesetz über die privaten Versicherungsunternehmungen von 1901, Rechtsordnung und Wirtschaftsgeschichte, Band 13, Mohr Siebeck Tübingen 2015

Kirchhof, Paul: Der Auftrag des Grundgesetzes an die rechtsprechende Gewalt in Richterliche Rechtsfortbildung, Erscheinungsformen, Auftrag und Grenzen, Festschrift der Juristischen Fakultät zur 600-Jahr-Feier der Ruprecht-Karls-Universität Heidelberg, C.F. Müller Juristischer Verlag, Heidelberg 1986 (Kirschhof, FS – Heidelberg)

Kissel, Otto Rudolf: Arbeitskampfrecht, Verlag C.H. Beck München 2002

Knappmann, Ulrich: Nachweis des Zeitpunktes eines Leitungswasserschadens, Anmerkung zu OLG Celle, 10.05.2012 – 8 U 213/11, r + s 2012, S. 493–496

Koch, Harald: Prozessführung im öffentlichen Interesse: rechtsvergleichende Entwicklungsbedingungen und Alternativen objektiver Rechtsdurchsetzung, Arbeiten zur Rechtsvergleichung, Schriftenreihe der Gesellschaft für Rechtsvergleichung, Alfred Metzner Verlag Frankfurt am Main 1983

Koch, Robert: Die Auslegung von AVB, VersR 2015, S. 133–145

Kocher, Eva: Funktionen der Rechtsprechung, Beiträge zum ausländischen und internationalen Privatrecht, Band 86, Mohr Siebeck Tübingen 2007

Kopp, Ferdinand (Begr.); Schenke, Wolf-Rüdiger (Hrsg.): Verwaltungsgerichtsordnung Kommentar, 21., neubearbeitete Auflage, C.H. Beck München 2015

Kraemer, Wilhelm: Das Revisionsverfahren in Zivilsachen nach dem Rechtsvereinheitlichungsgesetz, ZZP, 64. Band, 1951, S. 131–146

Kreft, Michael: Der Nichtanwendungserlass: Akzeptanz und Bindungswirkung der Finanzrechtsprechung in der Finanzverwaltung, Band 92, Centaurus-Verlagsgesellschaft, Freiburg i. Breisgau 1989

Kriele, Martin: Theorie der Rechtsgewinnung entwickelt am Problem der Verfassungsinterpretation, 2. durch ein Nachwort ergänzte Auflage, Schriften zum

Öffentlichen Recht, Band 41, Duncker & Humblot, Berlin 1976 (Kriele, Theorie der Rechtsgewinnung)

–: Gesetzestreue und Gerechtigkeit in der richterlichen Rechtsfindung in Festschrift der Rechtswissenschaftlichen Fakultät zur 600-Jahr-Feier der Universität zu Köln, Carl Heymanns Verlag KG Köln, Berlin, Bonn, München 1988 (Kriele, FS Köln)

–: Grundprobleme der Rechtsphilosophie, Wissenschaftliche Paperbacks, Band 10, Lit Verlag, Münster 2004 (Kriele, Grundprobleme der Rechtsphilosophie)

–: Richterrecht und Rechtspolitik, ZRP 2008, S. 51–53

Krüger, Wolfgang; Rauscher Thomas (Hrsg.), Münchener Kommentar zur Zivilprozessordnung, Band 1, §§ 1–354, 4. Auflage 2013, Verlag C. H. Beck München 2013 (MüKoZPO/Bearbeiter)

Kühne, Ulrich: Amicus Curiae: Richterliche Informationsbeschaffung durch Beteiligung Dritter, Veröffentlichungen zum Verfahrensrecht, Band 110, Mohr Siebeck Tübingen 2015

Künzl, Reinhard: Dispositionsmöglichkeiten der Parteien im Zivilprozess, Univ. Diss. Erlangen- Nürnberg 1986

Lames, Peter: Rechtsfortbildung als Prozesszweck – Zur Dogmatik des Zivilverfahrensrecht, Veröffentlichungen zum Verfahrensrecht, Band 9, J.C.B. Mohr (Paul Siebeck) Tübingen 1993

Lang, Heinrich: Wo kein Kläger, da acht Richter – Zur Entscheidungsbefugnis des Bundesverfassungsgerichts nach Antragsrücknahme-, DÖV 1999, S. 624–634

Langheid, Theo; Rupietta, Dirk: Versicherung gegen Terrorschäden, NJW 2005, S. 3233–3238

Larenz, Karl: Über die Bindungswirkung von Präjudizien, Festschrift für Hans Schima zum 75. Geburtstag, Manzsche Verlags- und Universitätsbuchhandlung Wien 1969 (Larenz, FS Schima)

Looschelders, Dirk; Roth, Wolfgang: Juristische Methodik im Prozess der Rechtsanwendung, Zugleich ein Beitrag zu den verfassungsrechtlichen Grundlagen von Gesetzesauslegung und Rechtsfortbildung, Schriften zur Rechtstheorie, Band 176, Duncker & Humblot Berlin 1996

Ludyga, Hannes: Entschädigung in Geld und postmortales allgemeines Persönlichkeitsrecht, ZEV 2014, S. 333–339

Lüke, Wolfgang: Zivilprozessrecht, 10. Auflage 2011

–: Die Beteiligung Dritter im Zivilprozess, Eine rechtsvergleichende Untersuchung zu Grundfragen der subjektiven Verfahrenskonzentration, Mohr Siebeck Tübingen 1992

Manes, Alfred: Grundzüge des Versicherungswesens (Privatversicherungsrecht), vierte, veränderte Auflage, Verlag B.G. Teubner Leipzig 1923

–: Versicherungswesen, 5. Auflage, Band 1 Allgemeine Versicherungslehre, Verlag B.G. Teubner Leipzig 1930 (Manes, Allgemeine Versicherungslehre)

Marsch, Nikolaus: Die objektive Funktion der Verfassungsbeschwerde in der Rechtsprechung des Bundesverfassungsgerichts, AöR 2012, S. 592–624

Martin, Reiner: Prozessvoraussetzungen und Revision, Erlanger juristische Abhandlungen, Band 15, Heymann Verlag Köln, München 1974

Maultzsch, Felix: Streitentscheidung und Normbildung durch den Zivilprozess, eine rechtsvergleichende Untersuchung zum deutschen, englischen und US-amerikanischen Recht, Beiträge zum Privatrecht, Band 155, Mohr Siebeck Tübingen 2010

Maunz, Theodor; Dürig, Günter(Begr.): Grundgesetz Kommentar, Band III, Band VI, C. H. Beck München 2015 (Maunz/Dürig/Bearbeiter)

May, Artur: Die Revision in den zivil- und verwaltungsgerichtlichen Verfahren, 2. überarbeitete und erweiterte Auflage, Heymann Verlag, Köln, München 1997

Medicus, Dieter: Entscheidungen des BGH als Marksteine für die Entwicklung des allgemeinen Zivilrechts, NJW 2000, S. 2921–2927

Meten, Detlef; Papier, Hans-Jürgen (Hrsg): Handbuch der Grundrechte in Deutschland und Europa, Band III Grundrechte in Deutschland: Allgemeine Lehren, C.F. Müller Verlag Heidelberg 2010 (Handbuch der Grundrechte/Bearbeiter)

Meyer- Ladewig, Jens (Begr.): Sozialgerichtsgesetz Kommentar, 11. neubearbeitete Auflage, C.H. Beck München 2014 (Meyer-Ladewig/Bearbeiter)

Mezger, Götz Ulrich: Das Verzichtsurteil und das Anerkenntnisurteil im Verwaltungsprozess, Europäische Hochschulschriften, Reihe 2, Band 1895, Peter Lang GmbH Frankfurt am Main 1996

Möllers, Thomas M.J.; Holzner, Florian: Zur Reichweite des § 7 I 1 KapMuG, NZG 2009, S. 172–175

Müller, Friedrich; Christensen Ralph: Juristische Methodik, Band 1, Grundlegung für die Arbeitsmethoden der Rechtspraxis, 2. neu bearbeitete und stark erweiterte Auflage, Duncker & Humblot Berlin 2010

Musielak, Hans- Joachim: Die Bindung des Gerichts an die Anträge der Parteien im Zivilprozess, Festschrift für Karl Heinz Schwab zum 70. Geburtstag, C.H. Becksche Verlagsbuchhandlung München 1990 (Musielak, FS Schwab)

–: Voit, Wolfgang: Grundkurs ZPO, 12. neu bearbeitete Auflage, Verlag C.H. Beck München 2014 (Musielak/Voit, Zivilprozessrecht)

–: (Hrsg.): Zivilprozessordnung mit Gerichtsverfassungsgesetz, Kommentar, 12., neubearbeitete Auflage, Verlag Franz Vahlen München 2015 (Musielak/ Voit/Bearbeiter)

Neumann: Revision und Reichsgericht, JW 1910, 312–315

Oelkers, Janine; Wandt, Domenik Henning: Höchstrichterliche Rechtsprechung zur Vermittlung von Bank- und Versicherungsprodukten – zur Zurechnung bei selbständigen Vermittlern –, BKR 2014, 89–97

Ogorek, Regina: Richterkönig oder Subsumtionsautomat, Veröffentlichungen des Max- Planck- Instituts für Europäische Rechtsgeschichte, Band 1, Vittorio Klostermann GmbH Frankfurt am Main 1986

–: Gesellschaftliche Erwartungen gegenüber Richterschaft, in Loccumer Protokolle 14/94, Dokumentation einer Tagung der Evangelischen Akademie vom 6- bis 8. Mai 1994 zum Thema „Die Rolle der Richter und Richterinnen zwischen Rechtsprechung und Politik", 1. Auflage, Rehburg- Loccum 1995 (Ogorek in Loccumer Protokolle)

Olzen, Dirk: Die Rechtswirkungen geänderter höchstrichterlicher Rechtsprechung in Zivilsachen, JZ 1985, 155–163

Ortloff, Hermann: Das Strafverfahren in seinen leitenden Grundsätzen und Hauptformen, Druck und Verlag von Friedrich Mauke Jena 1858

Palandt, Otto (Begr.): Bürgerliches Gesetzesbuch mit Nebengesetzen, 74. Auflage, C.H. Beck München 2015 (Palandt/Bearbeiter)

Pawlowski, Hans-Martin: Methodenlehre für Juristen, 3., überarbeitete und erweiterte Auflage, C.F. Müller Verlag, Heidelberg 1999 (Pawlowski, Methodenlehre)

–: Aufgabe des Zivilprozesses, ZZP, 80. Band, 1967, S. 345–391

Perdikas, Panayotis: Die Entstehung der Versicherung im Mittelalter, ZVersWiss 1966, 425–509

Peters, Hans: Das Recht auf freie Entfaltung der Persönlichkeit in der höchstrichterlichen Rechtsprechung, Arbeitsgemeinschaft für Forschung Forschung des Landes Nordrhein-Westfalen, Heft 109, Westdeutscher Verlag Köln und Opladen 1963

–: Die freie Entfaltung der Persönlichkeit als Verfassungsziel in Gegenwartsprobleme des Internationalen Rechtes und der Rechtsphilosophie, Festschrift für Rudolf Laun zu seinem 70. Geburtstag, Girardet & Co. Hamburg 1953 (Peters, FS Laun)

Pfeiffer, Gerd: Der BGH – nur ein Gericht für das Grundsätzliche?, NJW 1999, 2617–2622

Pohle; Rudolf: Revision und neues Strafrecht, Leipziger rechtswissenschaftliche Studien, Heft 56, Verlag von Theodor Weicher Leipzig 1930 (Pohle, Revision)

–: Empfiehlt es sich, die Revision (Rechtsbeschwerde) zu den oberen Bundesgerichten (außer in Strafsachen) einzuschränken und ihre Zulässigkeit in den einzelnen Gerichtsbarkeiten einheitlich zu regeln?, Gutachten für den 44. Deutschen Juristentag, J.C.B. Mohr (Paul Siebeck) Tübingen 1962

Poelzig, Dörte: Normdurchsetzung durch Privatrecht, Heidelberger Rechtswissenschaftliche Abhandlungen, Band 6, Mohr Siebeck Tübingen 2012

Pohlmann, Petra: Zivilprozessrecht, 3. Auflage, C.H. Beck München 2014

Präve, Peter: Versicherungsbedingungen und AGB- Gesetz, C.H. Beck'sche Verlagsbuchhandlung München 1998

Prütting, Hans: Die Zulassung der Revision, Carl Heymanns Verlag KG Berlin 1977 (Zulassung)

–: Prozessuale Aspekte richterlicher Rechtsfortbildung, Überlegungen zur Zulässigkeit und zu den Grenzen der Rechtsfortbildung mit einem Vorschlag an den Gesetzgeber in Festschrift der Rechtswissenschaftlichen Fakultät zur 600-Jahr-Feier der Universität zu Köln, Carl Heymanns Verlag KG Köln, Berlin, Bonn, München 1988 (Prütting, FS Köln)

–: Grundsatzfragen des deutschen Rehtsmittelrecht in Festschrift für Hideo Nakamura zum 70. Geburtstag, Seibundo Verlag Tokio 1996 (Prütting, FS Nakamura)

–: Der Zivilprozess im Jahre 2030: Ein Prozess ohne Zukunft? Faktoren in der Zukunftsdebatte: Anwälte, Richter und die ZPO, AnwBl 2013, 401–405

Raiser, Thomas: Rechtssoziologische und rechtspolitische Bemerkungen zur richterlichen Rechtsbildung im Zivilrecht, ZRP 1985, 111–117

Rauscher, Thomas; Krüger, Wolfgang(Hrsg.): Münchener Kommentar zur Zivilprozessordnung mit Gerichtsverfassungsgesetz und Nebengesetzen, 4. Auflage, C.H. Beck München 2013 (MüKoZPO/Bearbeiter)

Redeker, Konrad: Legitimation und Grenzen richterlicher Rechtsetzung, zugleich zu Robert Fischer: Die Weiterbildung des Rechts durch die Rechtsprechung, NJW 1972 S. 409–415

Rittman, Marion: Neuausrichtung der Versicherungsaufsicht (Solvency II): Implikationen und Ansatzpunkte für die Gestaltung des Risikomanagements in Versicherungsunternehmen, Gabler Verlag 2009 Wiesbaden

Rösler, Hannes: Präjudizienwirkungen im deutschen Zivilprozessrecht, ZZP, 126. Band, 2013, S. 295–333

Roth, Herbert: Modernisierung des Zivilprozesses, JZ 2014, S. 801–809

–: Die Zukunft der Ziviljustiz, ZZP, 129. Band, 2016, S. 3–24

Roth, Wulf-Henning: Sammelklagen im Bereich des Kartellrechts in Casper, Matthias; Janssen, Andre'; Pohlmann, Petra; Schulze, Reimann (Hrsg.): Auf dem Weg zu einer europäischen Sammelklage, Sellier. european law publishers GmbH München 2009 (Casper/Roth)

Rüthers, Bernd: Demokratischer Rechtsstaat oder oligarchischer Richterstaat?, Vortrag vor der Juristischen Gesellschaft zu Berlin am 10. April 2002, JZ 2002, S. 365–371

–: Geleugneter Richterstaat und vernebelte Richtermacht, NJW 2005, 2759–2761

–: Gesetzesbindung oder freie Methodenwahl – Hypothesen zu einer Diskussion, ZRP 2008, S. 48–51

Rzepka, Walter: Öffentliches Interesse im Sinne der §§ 35 ff. VwGO, BayVBl. 1992, S. 295, 300

Sachs, Michael (Hrsg.): Grundgesetz Kommentar, 6. Auflage, Verlag C.H. Beck München 2011 (Sachs/Bearbeiter)

Säcker, Franz Jürgen; Rixecker, Roland (Hrsg.): Münchener Kommentar zum Bürgerlichen Gesetzbuch, Band 1, Allgemeiner Teil, ProstG, AGG, 7. Auflage, C. H. Beck München 2015; Band 3, 6. Auflage, C. H. Beck München 2012

Saenger, Ingo (Hrsg.): Zivilprozessordnung Handkommentar, 6. Auflage, Nomos Verlag, Baden-Baden 2015 (Saenger/Bearbeiter)

Scherer, Stephan (Hrsg.): Münchener Anwaltshandbuch Erbrecht, C.H. Beck München 2014 (Scherer/Bearbeiter)

Schlacke, Sabine: Überindividueller Rechtsschutz, Phänomenologie und Systematik überindividueller Klagebefugnisse im Verwaltungs- und Gemeinschaftsrecht, insbesondere am Beispiel des Umweltrechts, Beiträge zum öffentlichen Recht, Band 179, Mohr Siebeck Tübingen 2009

Schlüchter, Ellen: Mittlerfunktion der Präjudizien, Eine rechtsvergleichende Studie, Walter der Gruyter Berlin, New York 1986

Schneiders, Uwe: Der Prozessvergleich – persönliche Anmerkung aus der Sicht eines Praktikers, FS für Eberhard Schilken zum 70. Geburtstag, C.H. Beck 2015 München (Schneiders, FS Schilken)

Schulte, Josef: Die Entwicklung der Eventualmaxime, Prozessrechtliche Abhandlungen, Heft 50, Carl Heymanns Verlag Köln u.a. 1980

Schmidt, Richard: Lehrbuch des deutschen Zivilprozessrechts, 2., umgearbeitete Auflage, Verlag von Duncker & Humblot Leipzig 1910

Schnapauff, Klaus- Dieter: Vom Oberbundesanwalt zum Vertreter des Bundesinteresses beim Bundesverwaltungsgericht, FS 50 Jahre Bundesverwaltungsgericht, Carl Heymanns Verlag Köln, München 2003

Schneider, Burkhard; Heppner, Heiko: KapMuG Reloaded – das neue Kapitalanleger- Musterverafhrensgesetz, BB 2012, S. 2703–2713

Schneiders, Uwe: Der Prozessvergleich – persönliche Anmerkung aus der Sicht eines Praktikers, Festschrift für Eberhard Schilken, C.H. Beck München 2015 (S. 457–467)

Schnorbus, York: Die Haftung des Rechtsanwalts im Lichte der höchstrichterlichen Rechtsprechung, DStR 1998, S. 1637–1645

Schoch, Friedrich; Schneider, Jens-Peter; Bier, Wolfgang (Hrsg): VwGO Kommentar, 28. Ergänzungslieferung, C.H. Beck München 2015 (Schoch/Schneider/Bier/Bearbeiter)

Schubert, Werner: Entwurf und Motive einer Prozess-Ordnung in bürgerlichen Streitigkeiten für den Preußischen Staat, Keip Verlag Goldbach 1994

Schulte, Martin: Rechtsprechungseinheit als Verfassungsauftrag, Dargestellt am Beispiel des Gemeinsamen Senats der obersten Gerichtshöfe des Bundes, Münsterische Beiträge zur Rechtswissenschaft, Band 20, Duncker & Humblot Berlin 1986

Schultes, Hans-Jörg: Beteiligung Dritter am Zivilprozess, Osnabrücker rechtswissenschaftliche Abhandlungen, Band 41, Carl Heymanns Verlag KG Köln, Berlin, Bonn, München 1994

Schumann, Eckehard: Das Rechtsverweigerungsverbot, ZZP, 81. Band, 1968, S. 79–102

Schwab, Karl Heinz; Gottwald, Peter: Verfassung und Zivilprozess, Verlag Ernst und Werner Gieseking Bielefeld 1984

Schwarz, Bernhard (Hrsg.): Kommentar zur Finanzgerichtsordnung, Haufe Verlag Freiburg (Schwarz/Bearbeiter)

Schwinge, Erich: Grundlagen des Revisionsrechts, 2. Auflage, Emil Semmel Verlag Bonn 1960

Schwintowski, Hans-Peter: Lebensversicherung – Quo vadis? Konsequenzen aus dem Urteilen des BGH vom 12.10.2005 (Teil I), DStR 2006, S. 429–433

Seifert, Karl-Heinz: Die Rechtsprechung des BGH zum Versicherungsrecht

Neuere Entscheidungen des IV. Zivilsenats des BGH zur Lebensversicherung und Anmerkungen zu „Nichtentscheidungen", r + s 2010, S. 177–186

Sellert, Wolfgang: Prozessgrundsätze und Stilus Curiae am Reichshofrat im Vergleich mit den gesetzlichen Grundlagen des reichskammergerichtlichen Verfahrens, Untersuchungen zur deutschen Staats- und Rechtsgeschichte, Band 18, Scientia Verlag Aalen 1973

Sodan, Helge; Ziekow, Jan (Hrsg.): Verwaltungsgerichtsordnung, Großkommentar, 4. Auflage, Nomos Verlagsgesellschaft, Baden- Baden 2014

Sonnenberg, Marcus: Kostenerstattung der LASIK- Therapie: PKV in der Pflicht, V u R 2011, S. 317–318

Spellenberg, Ullrich: Drittbeteiligung im Zivilprozess in rechtsvergleichender Sicht, ZZP, 106. Band 1993, S. 283–340

Spindler, Wolfgang: Der Nichtanwendungserlass im Steuerrecht, DStR 2007, S. 1061–1066

Stahl, Rainer: Die Bindung der Staatsgewalten an die höchstrichterliche Rechtsprechung, Eine rechtstheoretische Untersuchung auf der Grundlage des Bonner Grundgesetzes, Peter Lang GmbH Frankfurt am Main 1973

Starke, O.-Ernst: Die AVB in unserem Rechtssystem – Möglichkeiten und Grenzen der Rechtsprechung-, VersR 1966, S. 891–899

Staudinger, Julius v. (Begr.) Staudingers Kommentar zum Bürgerlichen Gesetzbuch mit Einführung und Nebengesetzen, Buch 1 Einleitung zum Bürgerlichen Gesetzesbuch; Buch 2, Recht der Schuldverhältnisse §§ 516–534, Sellier – de Gruyter Berlin 2013 (Staudinger/Bearbeiter)

Stuckert, Alexander: Die Erledigung in der Rechtsmittelinstanz, Schriften zum Prozessrecht, Band 203, Duncker & Humblot Berlin 2007

Stürner, Rolf: Verfahrensgrundsätze des Zivilprozesses und Verfassung, Festschrift für Fritz Baur, J.C.B. Mohr (Paul Siebeck) Tübingen 1981 (Stürner, FS Baur)

–: Der Liberalismus und der Zivilprozess, Grundlagen und Dogmatik des gesamten Strafrechtssystems, Festschrift für Wolfgang Frisch zum 70. Geburtstag, Duncker & Humblott Berlin (Stürner, FS Frisch)

Thiere, Karl: Die Wahrung überindividueller Interessen im Zivilprozess, Schriften zum deutschen und europäischen Zivil-, Handels- und Prozessrecht, Band 92, Verlag Ernst und Werner Gieseking Bielefeld 1980

Thomas, Heinz; Putzo, Hans (Begr.): Zivilprozessordnung, FamFG, GVG, Einführungsgesetze, EU- Zivilverfahrensrecht, Kommentar, 34. Auflage, C.H. Beck München 2013 (Thomas/Putzo/Bearbeiter)

Thunissen, Raphaela: Die kartellrechtliche Zulässigkeit von Musterversicherungsbedingung, Veröffentlichungen der Forschungsstelle für Versicherungswesen, Band 134, Verlag Versicherungswirtschaft GmbH Karlsruhe 2015

Traut, Ludger: Der Zugang zur Revision in Zivilsachen, Prozessrechtliche Abhandlungen, Band 126, Carl Heymanns Verlag Köln 2006

Wach, Adolf: Vorträge über die Reichs- Zivilprocessordnung, 2., veränderte Auflage, Adolf Marcus Bonn 1896

Wenzel, Joachim: Die Bindung des Richters an Gesetz und Recht, NJW 2008, S. 345–349

Werber, Manfred: Die Bedeutung des AGBG für die Versicherungswirtschaft, VersR 1986, S. 1–7

Westermeier, Georg: Die Erledigung der Hauptsache im Deutschen Verfahrensrecht, Eine vergleichende Darstellung des Prozessinstituts der Hauptsacheerledigung vornehmlich im Zivil- und Verwaltungsprozess unter Berücksichtigung der Arbeitsgerichtsbarkeit, der Finanzgerichtsordnung und der Verfahrensordnung für die Freiwillige Gerichtsbarkeit, zugleich ein Beitrag zur Weiterentwicklung der systematischen Einordnung eines Zwischenstreits, Schriften zum Prozessrecht, Band 189, Dunker & Humblot Berlin 2005

Wetzell, Georg Wilhelm: System des ordentlichen Zivilprozesses, 3. verbesserte und vermehrte Auflage, Verlag von Bernhard Tauchnitz Leipzig 1878

Wieczorek, Bernhard; Schütze, Rolf A. (Hrsg.): Zivilprozessordnung und Nebengesetze, 3., völlig neu bearbeitete Auflage, erster Band, §§ 1–127a (1994), 4. neu bearbeitete Auflage, Dritter Band, §§ 128–252 (2013), Siebenter Band §§ 511–591 ZPO (2014), fünfter Band, §§ 300–329, Walter de Gryter Berlin 2015 (Wieczorek/Schütze/Bearbeiter)

Wiedemann, Herbert: Richterliche Rechtsfortbildung, NJW 2014, S. 2407–2413

Winter, Gerrit: Versicherungsaufsichtsrecht Kritische Betrachtungen, Verlag Versicherungswirtschaft GmbH Karlsruhe 2007

Wißmann, Hinnerk: Wo kein Kläger, da kein Richter – Verfassungsprozessuale Anmerkung zum Urteil des BVerfG vom 14.7.1998 –, DÖV 1999, S. 152–156

With, Hans-Joachim de : Möglichkeiten und Grenzen der Vereinheitlichung der deutschen Verfahrensgesetze unter Berücksichtigung des Prozesszwecks, der Dispositionsmaxime, des Streitgegenstandes, der Verhandlungs- und der Untersuchungsmaxime, Univ. Diss. Erlangen 1958

Winter, Thomas: Revisionsrücknahme und Anerkenntnisurteil in der Revisionsinstanz, NJW 2014, S. 267–269

Wolf, Manfred; Lindacher, Walter F.; Pfeiffer, Thomas (Hrsg.): AGB- Recht Kommentar, 6. Auflage, C.H. Beck München 2013 (Wolf/Lindacher/Pfeiffer/Bearbeiter)

Wunderli, Ernst: Die Trennung von Tat- und Rechtsfrage bei den zivilrechtlichen Rechtsmitteln oberster Instanz im französischen und deutschen Recht, Zug 1947, zugleich Diss. Zürich

Umbach, Dieter C; Clemens, Thomas; Dollinger, Franz- Wilhelm (Hrsg.): Bundesverfassungsgerichtsgesetz, Mitarbeiterkommentar und Handbuch, 2., völlig neu bearbeitete Auflage, C.F. Müller Verlag Heidelberg 2005 (Umbach/Clemens/Dollinger/Bearbeiter)

Zeidler, Karl: Zur Problematik des Art. 2 GG, NJW 1954, S. 1068

Ziemssen, Johannes: Über die dispositive Natur von Verzicht und Anerkenntnis im Zivilprozess, Verlag W. Kohlhammer Berlin, Stuttgart, Leipzig 1908

Zöller, Richard (Begr.): Zivilprozessordnung, Kommentar, 30. neubearbeitete Auflage, Verlag Dr. Otto Schmidt Köln 2014 (Zöller/Bearbeiter)

Zweifel, Peter; Eisen, Roland: Versicherungsökonomie, zweite, verbesserte Auflage, Springer Verlag Heidelberg 2002

Druck:
Canon Deutschland Business Services GmbH
im Auftrag der KNV-Gruppe
Ferdinand-Jühlke-Str. 7
99095 Erfurt